ŒUVRES

DE

J. BARBEY D'AUREVILLY

ŒUVRES

DE

J. BARBEY D'AUREVILLY

UNE VIEILLE MAITRESSE

Perseverare diabolicum.

TOME SECOND

PARIS
ALPHONSE LEMERRE, ÉDITEUR
27-31, PASSAGE CHOISEUL, 27-31

M D CCC LXXIX

UNE
VIEILLE MAITRESSE

DEUXIÈME PARTIE.

I

*La comtesse d'Artelles
au vicomte de Prosny.*

Carteret... octobre 183...

OMMENT, cher vicomte, quatre mois passés sans m'écrire! Je serai donc obligée de vous prévenir! Certes, je suis restée assez longtemps dans la majestueuse dignité du silence, attendant votre hommage, qui n'est pas venu. Mais cette dignité m'ennuie à la fin,

et d'ailleurs, à nos âges, les avances ne compromettent plus. Rengorgez-vous donc, car en voici une très-positive que je vous fais. Pourquoi ne m'écrivez-vous pas ? Me croyez-vous donc si occupée à contempler les huit béatitudes de la lune de miel de notre chère Hermangarde que je n'aie plus d'attention et d'intérêt à vous donner ? La marquise de Flers vous a fait ainsi qu'à moi la politesse de vous inviter à sa campagne. Vous avez refusé, Dieu sait pourquoi. Mais du moins vous m'aviez promis de m'écrire, et cependant depuis que je suis ici je n'ai reçu nulle nouvelle de vous. Autrefois (ce mot que nous disons si souvent maintenant !) autrefois, vous étiez plus exact et plus empressé, vicomte. Il me semble que, sans beaucoup fureter, je pourrais trouver dans un coin de mon petit secrétaire de sainte Lucie deux paquets noués d'une *faveur* rose dont toutes les lettres mirent moins de temps à m'arriver qu'une seule que j'attends encore aujourd'hui. Je sais bien que nous n'avons pas tout à fait les mêmes choses à nous dire qu'alors. Le temps, en passant sur nous deux, a pris soin de vous ménager des excuses et de justifier votre paresse. S'il n'a pas mis l'oubli dans votre cœur, il a étendu la goutte sur vos doigts. Seulement, Monsieur, a-t-il respecté les miens davantage ? Cette coquine de Sophie Arnould, qui, dans toute sa vie, n'a ja-

mais connu d'honnête femme, disait que cette
vilaine goutte, qui empêche de garder ses bagues, était la croix de Saint-Louis... de je ne
sais plus quoi. Cette croix-là, vous l'avez probablement bien gagnée, monsieur de Prosny,
mais moi, qui n'ai pas, Dieu merci, vécu comme
vous, mon cher vicomte, je la porte aussi sur
l'épaule, comme les chanoinesses portent la leur.
Au moment même où je vous écris, l'épaule
n'est pas seule agressée. Ces mains que vous
avez trouvées jolies sont ornées d'une petite enflure qui est fort loin de les embellir. Cependant je n'emmitoufle pas mes sentiments dans mes
petites souffrances et je vous griffonne mes bon-
jours du fond de mes mitaines pour vous prouver,
une fois de plus, que nous autres femmes, nous
valons mieux que vous autres hommes, aussi
bien en amitié qu'en amour.

« Encore si c'est là ce qui vous empêche de
m'écrire ! Mais peut-être êtes-vous dans votre
silence bien moins intéressant que je ne le crois.
Je vous rêve souffrant et je m'inquiète. Et
peut-être vous portez-vous comme *un charme*,
la main agile (cette main qui n'écrit pas !), la
jambe leste, courant partout, dînant en ville,
jouant au tric-trac jusqu'à minuit et ne pensant
guère à votre vieille amie, si ce n'est le soir,
par hasard, en rentrant chez vous et en piquant
votre épinglette sur la pelotte que je vous ai

brodée; inutile et muet souvenir! Oui, peut-être vous serez-vous consolé peu à peu de mon absence. Les premiers jours auront été durs. Je vous aurai beaucoup manqué, sans nul doute, moi chez qui vous veniez assez habituellement tous les soirs. Mais vous vous en serez allé chez la douairière de Vandœuvre (ma rivale d'un autre âge), et vous aurez fini par trouver ses bergères aussi moelleuses que mon grand fauteuil à la Voltaire, et ses commérages aussi amusants que les miens. Voilà la vie! On n'oublie pas, mais on remplace. Vous voyez que le scepticisme, cet enfant posthume de l'expérience, est là tout prêt à me corriger de mes illusions, si je m'en faisais, même sur vous. Ne vous récriez pas; ne vous révoltez pas; je ne récrimine pas. Je peux absoudre un ami comme vous de ses petits torts et de ses petits défauts, et l'aimer encore par dessus le marché. Cela n'enlève rien, je vous assure, à l'affection que je vous conserve. Jeunes, on s'aime, sinon les yeux fermés, au moins aveuglés de flammes ou de larmes. On ne se voit guère comme on est. Mais quand on est vieux, on peut s'aimer les yeux ouverts et même à travers les lunettes qu'on porte pour y voir plus clair. Triste sentiment, diront les cœurs difficiles à qui le temps rabattra un jour le caquet, mais en somme le plus méritoire, car lorsqu'on s'aime ainsi, l'égoïsme n'a rien à y reprendre, et c'est qu'il est véritablement impossible de s'empêcher de s'aimer.

« Me reconnaissez-vous à ce langage, mon cher vicomte? Vous le voyez, ces quatre mois passés loin de vous ne m'ont pas changée. Ils n'ont point emporté cette manie que j'ai depuis trente ans de moraliser sur le cœur. Vous souvenez-vous quand vous m'appeliez votre *belle métaphysicienne ?*... Ah! mon vieil ami, j'ai pu l'exercer, ma métaphysique, depuis que je suis dans ce pays. Les sentiments d'Hermangarde pour son mari, de M. de Marigny pour Hermangarde, sont un merveilleux thème offert par un hasard bienfaisant à l'observation et à l'analyse. J'assiste, vous en doutez-vous?... à un de ces spectacles comme on n'en voit pas beaucoup dans la vie, au spectacle de l'amour sanctifié par le mariage, de l'amour légitime et heureux! J'en jouis profondément comme d'un rayon qui vient réchauffer ma vieillesse avec mélancolie, car il éclaire davantage les indigences de mon passé. A cette lueur si pure et si douce, en présence de ce bonheur si grand, si tranquille, je vois mieux tout ce qui a manqué à ma jeunesse, mais je le vois sans en souffrir. Le regret, qui fait le fonds de la vie de tant de femmes, jette son ombre sur mes pensées, mais il ne fait point naître dans mon âme des sentiments envieux ou amers. Quand mes facultés étaient plus vives, mes soifs de vivre plus exigeantes, je n'aurais pu supporter le spectacle que je vois encore une fois avant de mourir, et qui est si beau, mon pauvre vicomte, que tout ce qu'on nous conte du Paradis ne peut pas être mieux que cela !

« Vous étonnez-vous de ce que je vous mande ? Oui, n'est-ce pas ? Eh mon Dieu, moi aussi j'ai été étonnée, et même confondue d'étonnement ! J'ai commencé par là. Mais il a bien fallu convenir que ce mariage imprudent était, en définitive, de toutes les témérités la plus heureuse. Il a bien fallu s'humilier et faire réparation à ma vieille amie, la marquise de Flers, laquelle s'est trouvée, par l'événement, avoir mieux que moi et le monde compris M. de Marigny et son amour. Vous vous rappelez de quelles défiances j'étais armée contre cet homme, trop supérieur, s'il était faux, pour n'être pas excessivement dangereux. Je l'envisageais à travers la plus détestable des réputations. Cette hécatombe de femmes sacrifiées dont le monde parlait, la maladie et le chagrin de Mme de Mendoze et surtout cette liaison de dix ans avec cette horreur d'Espagnole que je ne connaissais pas et que vous m'avez montrée à son mariage, tout cela *nous* faisait conspirer contre la résolution prise par notre amie de donner sa petite-fille à M. de Marigny. Vous vous rappelez si nous y sommes

allés de main morte! si nous n'avons pas tout
tenté pour arracher Hermangarde à l'affreux
malheur qui la menaçait, du chef têtu de sa
grand'mère? Eh bien, qui l'aurait cru? Cette
tête-là avait raison contre nos deux fortes judi-
ciaires, mon digne ami. Le roué, le don Juan,
le Lovelace était sincère et profondément épris.
Le Diable, sans être vieux, devenait ermite,
mais aux pieds d'une si divine Madone que
toutes les voluptés de la vie devaient avoir
moins de charmes que cette douce pénitence
d'amour. Ah! vous ne le croirez pas tout de
suite; on ne croit guère pareille chose qu'à la
dernière extrémité. Mais *je l'ai vu, de mes propres
yeux vu; ce qui s'appelle vu!*... Voilà quatre
mois que j'observe ce Marigny, qui m'était si
suspect, et sa femme, et vraiment je n'oserais
pas dire lequel des deux aime davantage. S'il
fallait parier pour l'un ou pour l'autre, je crois,
d'honneur, que c'est pour lui que je parierais.

« Et n'allez pas, pour vous expliquer ma pa-
linodie, vous imaginer qu'il m'a séduite aussi,
ce grand vainqueur; qu'il se soit emparé de
moi, comme il l'avait fait de la marquise avant
son mariage, et qu'à force d'amabilités respec-
tueuses, avec le tact prodigieux qu'il a et
l'esprit de tout un enfer sous les grâces impérieuses d'un de ces archanges qu'on appelle les
Dominations (car il a tout cela à son service,

quand il veut réussir), il m'ait aveuglée après m'avoir conquise. Non : je n'ai pas l'imagination éternellement jeune de la marquise. J'ai toujours constaté la force d'influence qu'il y avait en M. de Marigny, mais je ne l'ai jamais subie. Je ne me pique que d'être raisonnable, et je me tiens ferme bien longtemps, appuyée sur mes préventions, quand j'en ai. Dans ces conditions, et pour une femme qui aima jadis, l'erreur ou l'illusion était-elle possible? N'est-il pas aisé de distinguer l'amour de ce qui n'est pas l'amour, fût-ce le désir le plus inextinguible, allumé par la plus adorable beauté? Certes, Hermangarde est bien belle. Elle peut ressusciter dans la poitrine du libertin le plus prostitué les plus brûlantes palpitations de la jeunesse. Mais ce n'est pas là la vie profonde, sereine, permanente de l'amour heureux et possesseur. Je ne m'y trompe pas. Je suis sûre de ne pas m'y tromper. Ce qu'éprouve Marigny en ce moment est mieux qu'une passagère et grossière ivresse. Je n'ai pas besoin des sourires noyés d'Hermangarde, de cette bonne pâleur que le bonheur étend sur les joues des femmes dont le cœur est plein, de ces rêveries qui penchent son front tout rayonnant des félicités de son âme, pour m'attester qu'elle est admirablement aimée. Je n'ai besoin que de regarder Marigny. Sa voix, son geste, toute sa personne, ce qu'il dit, ce qu'il ne dit pas, respire l'amour et l'exprime avec la plus irrésistible éloquence. Pour toutes les choses de la vie, il étend sous les pieds d'Hermangarde le manteau de velours que Raleigh étendait sous les pieds de sa souveraine, et c'est lui, lui qui est le souverain et le maître depuis quatre mois ! Ah ! je ne doutais pas d'Hermangarde ! Elle l'aimait à m'effrayer moi-même. Je ne doutais que de lui, indigne à mes yeux de cette ardeur profonde et contenue qu'il inspirait à cette trop sensible enfant. Mon amour-propre d'observatrice me dit que je n'avais pas tort peut-être, mais le mariage a transfiguré Marigny. Vous ne le reconnaîtriez pas. Ce que je haïssais en lui a disparu. C'était cet orgueil de Tout-puissant qui flambait sur son front, même alors qu'il l'inclinait devant vous ; c'était ce sentiment de familiarité audacieuse qu'il avait avec toutes les femmes et qui perçait jusque sous les formes polies de son respect ; c'était enfin cette attitude d'*aventurier* qu'il affectait dans le monde, comme si, ne relevant que de lui-même, il aimait à trancher sur le fond des hommes, nés comme lui, qui se réclament de leur naissance et de leurs relations. A présent, avec ses quatre-vingt mille livres de rente que la plus belle fille de France lui a apportées dans la queue de sa robe, ce n'est plus qu'un magnifique gentilhomme, d'un très-grand aplomb et de très-grandes manières, mais tempérées par l'amabilité d'un sentiment délicieux qui crée au dedans et au dehors de soi une inexprimable harmonie. Quelle magie que celle du bonheur! Quel velouté il met sur toutes choses! Et comme l'homme, pour peu qu'il soit de noble origine, s'accomplit quand il aime et qu'il est heureux!

« Inutile de vous dire, mon cher vicomte, le ravissement de la marquise. Elle est aux anges. Sa joie de sentir Hermangarde l'objet de soins qui ressemblent plutôt à un culte qu'à une suite d'attentions passionnées, est doublée par la surprise que j'ai éprouvée, en voyant les choses tourner d'une façon si opposée à mes prévisions et à mes craintes. Elle triomphe deux fois. Quoiqu'elle ait toujours été plus heureuse que moi, et que ce pauvre marquis de Flers l'ait aimée avec un dévouement et une adoration sans bornes, elle avoue pourtant que le bonheur de sa fille est plus grand que le sien n'a jamais été. « J'étais, dit-elle avec une distinction fort juste, l'idole de M. de Flers, et c'était tout ou à peu près; mais ma petite-fille et Marigny sont leur idole à l'un et à l'autre. En fait de jouissances, c'est la moitié de plus que moi. » Elle a raison. Assurément M. de Marigny ne rappelle guère cette grasseyante miniature du marquis de Flers que vous avez connu;

lequel disait si joliment *mon cœur* à sa femme et qui portait de la poudre de la couleur des cheveux de la Reine. Le mari d'Hermangarde n'a rien de cette fraîche et tendre élégance de pastel. Sa grâce, à lui, est le souple mouvement de sa force. Il a quelque chose de si mâle, de si *léonin,* diraient les écrivains de ce temps-ci, dans l'esprit et dans la physionomie, que l'amour qu'il inspire doit être de l'émotion en permanence, et celui qu'il ressent, la plus enivrante attestation qu'on est bien puissante, puisqu'on a pu le subjuguer. Cela est divin, cela. De tels sentiments, de telles sensations ont été inconnus à la marquise, qui menait son mari avec les genoux, comme les bons écuyers mènent leurs bêtes, et une facilité si grande que pour la gloire de son empire, elle mettait beaucoup d'habileté à le cacher. Elle n'avait pas, il est vrai, les exigences d'imagination d'Hermangarde, cette idéale Malvina à qui tous les Flers de la terre, avec leurs figures d'Adonis et leur ton musqué, n'auraient jamais arraché un regard seulement de profil, mais elle est restée assez femme pour reconnaître que l'amour d'une femme pour un homme doit être mêlé de beaucoup de respect et d'un peu de crainte, comme l'amour de Dieu.

« Elle et moi, mon cher vicomte, savez-vous à quoi nous passons notre temps à Carteret? A supputer sur nos dix doigts tous les motifs qu'a cette chère Hermangarde d'être la plus heureuse des femmes. Chaque jour nous en découvrons de nouveaux, c'est ceci ou cela que nous ajoutons à la somme de tous ses bonheurs. Jamais dévotes n'ont tourné dans leurs doigts les grains bénits de leurs rosaires plus que nous ne roulons et ne déroulons ce long chapelet de jouissances qui compose la vie de notre belle et charmante enfant. Nous voyez-vous bien, d'où vous êtes, recueillies dans cette fervente et perpétuelle occupation? Le théâtre de ce pieux exercice est un grand diable de château que je n'aimerais pas, si on ne s'y aimait pas tant... De toutes les propriétés de la marquise, c'est la seule que je ne connaissais pas. Ce château, d'un aspect sévère, est bâti sur le bord de la mer, au pied d'une falaise qui la domine. La mer est si proche, qu'à certaines époques de l'année elle vient battre le mur de la grande cour, construit en talus pour mieux résister à l'effort des vagues. Des fenêtres de la chambre où je vous écris, je vois une longue étendue de grèves assez monotone, et qui ne charme pas beaucoup des yeux usés et fatigués comme les miens. Tout d'abord, vous ne discernerez pas mieux que moi, mon cher vicomte, ce qui a décidé la marquise à choisir sa terre de Carteret pour y venir passer les premiers mois du mariage de sa petite-fille, de préférence à son beau et très commode château de Flers, situé aussi en Normandie ?... Eh bien, la raison de ce choix est la curiosité d'Hermangarde, qui ne connaissait pas la mer et dont la jeune tête est autrement conformée que la nôtre, car elle raffole de cet endroit qu'elle trouve superbe et ravissant. La marquise et moi, nous avons donc sacrifié nos rhumatismes et nos goûts à ce désir de *notre* fille, et nous avons bravement exposé à l'air salé de ces rivages nos délicatesses de grandes dames élevées par un siècle qui se souciait assez peu des beautés de la nature, quoiqu'il en parlât beaucoup. Hermangarde, qui n'a point passé sa jeunesse au fond des boîtes, doublées de satin, où nous avons passé la nôtre, sans descendre jamais des talons rouges sur lesquels on nous faisait percher, Hermangarde préfère à Paris les côtes de la Manche. Extasiez-vous de cette fantaisie, mon cher contemporain ! Elle y veut rester tout l'hiver. Elle nous a, l'autre jour, déclaré cette résolution d'une âme enchantée, qui n'a pas encore apaisé son besoin d'intimité et de solitude. En l'entendant, nous avons frissonné, sa grand'mère et moi, par anticipation et par sympathie, car le froid est terrible dans ce château inhabité depuis longtemps et dont les murailles sont verdies par l'humide souffle qui vient de la mer. M. de Marigny exprima le même vœu que sa femme. Il tient extrêmement à ne pas rentrer de sitôt à Paris où il pourrait rencontrer de nouveau cette *Malagaise* avec laquelle il a vécu si scandaleusement pendant dix ans. La marquise, fort renseignée sur son histoire, est très-touchée de cette précaution qu'il prend contre lui-même et contre d'anciens souvenirs. Mais moi qui ai vu l'espèce de femme dont il s'agit et qui, à dater du moment où je l'ai aperçue, n'ai pu croire un mot des *Mille et une Nuits* que vous m'avez contées sur elle, j'estime la précaution de Marigny parfaitement inutile, et son mérite à peu près nul.

« Ainsi, tenez-vous-le pour dit, mon cher vicomte ; ils passeront probablement l'hiver ici, puisqu'ils le désirent. Ils sont jeunes, ils sont forts, ils se portent bien, ils s'adorent, ils veulent être seuls. C'est au mieux. Mais il est convenu que les deux douairières retourneront à Paris. Nous les laisserons aux bras l'un de l'autre, et nous causerons d'eux avec vous, cet hiver, dans le boudoir rose et gris de la rue de Varennes. Nous n'avons pas envie de nous priver encore de la vue d'une félicité conjugale qui fait la nôtre, en mourant mal à propos d'une goutte rentrée ou d'un catarrhe. A nos âges, le froid est mortel. Il faut beaucoup d'ouate aux choses fragiles. Le froid nous chassera d'ici comme les hirondelles, seul rapport que des vieilles comme

nous aient avec les oiseaux du printemps!
Nous filerons aux premières bises. Mais quand
sera-ce? Je n'en sais rien. L'automne n'est pas
beaucoup avancé, cette année C'est la plus
belle saison en Normandie. Vous avez certainement le temps de me répondre et de me raconter votre vie de là-bas comme je vous ai raconté
la mienne. Que faites-vous? Que devenez-vous?
Avez-vous revu cette Vellini que je ne crains
plus? Et cette pauvre Mme de Mendoze? Se
console-t-elle enfin ou s'obstine-t-elle à mourir?... Écrivez, vicomte. Je l'exige. La marquise
vous envoie par moi les plus gracieux compliments qu'on puisse adresser à un indifférent
comme vous. Moi, toujours indulgente, je vous
aime malgré vos forfaits, et je vous enveloppe
mille reproches dans mille tendresses : ce qui
fait, Monsieur, deux mille choses aimables que
vous ne méritez pas.

« Y. DE BIGORRE, comtesse d'ARTELLES. »

II

On guérit de la peur.

UAND Mme d'Artelles, retirée dans son appartement, eut cacheté la lettre qui précède à son ami et un peu vassal M. de Prosny, elle quitta l'embrasure de la fenêtre à la lumière de laquelle elle avait tracé sa missive, et elle descendit dans le salon.

C'était le moment où d'ordinaire il s'y trouvait toujours quelqu'un. Cinq heures du soir venaient de sonner. A cette heure-là, Mme de Flers, qui déjeunait seule et qui avait reçu chez elle tout le jour soit M. de Marigny, soit Hermangarde, soit Mme d'Artelles, avait terminé sa toilette et pouvait vaquer, si besoin était, à tous ses devoirs de châtelaine. N'oublions pas, pour faire mieux comprendre cette douairière incomparable, comme le monde n'en reverra jamais plus, que sa toilette était d'autant

plus longue qu'elle la mesurait sur son âge.
Elle pensait, comme ce jeune et aimable sage
dont elle aurait été digne d'être la mère et à
qui de précoces infirmités avaient appris la
vieillesse[1] : que *plus on vieillit, plus on doit se
parer*. Aux différentes phases de sa vie, elle
s'était mise avec le goût d'une femme qui a
dans l'esprit toutes les nuances. Elle prouvait,
à son déclin, qu'elle savait son métier de vieille,
comme elle avait su tous les autres, à chaque
marche de cet escalier du temps qu'elle avait
descendu, comme elle descendait dans sa jeunesse le grand escalier de Versailles. « Les
femmes comme nous, disait-elle souvent, se
doivent de mourir dans leurs dentelles. » C'était,
à ses yeux, la pourpre qu'il ne fallait jamais
dévêtir, quand on avait été une des reines de
l'aristocratie française qui avaient porté le
sceptre d'éventail à Trianon.

L'exactitude de grande dame, que Mme la
marquise de Flers admettait dans toute son
existence d'intérieur, ne s'était point démentie.
On la voyait assise à la place consacrée, dans
une vaste bergère posée contre le trumeau entre la cheminée et la fenêtre. Cette bergère de
satin clair broché, et que le temps avait un peu
jaunie, était, avec une autre entièrement sem-

[1]. Vauvenargues.

blable et probablement destinée à Mme d'Artelles, les deux seuls meubles d'une époque moderne qu'il y eût dans ce vaste salon, décoré à la Louis XIII, et dont l'ameublement de velours ponceau et de chêne sculpté étalait gravement un luxe royal. Elles faisaient là, du reste, comme un contraste singulier. Elles avertissaient suffisamment l'observateur de la différence des temps et de l'amollissement des races. Ces femmes nées sous les courtines des lits Pompadour, et qui, sans la Révolution française, n'eussent jamais pris la peine de marcher à pied, n'auraient pu soutenir la fatigue de rester longtemps dans un de ces grands fauteuils où la reine Marie de Médicis se tenait, toute droite sous son busc. Leurs corps affaiblis avaient besoin de retrouver les molles sensations d'une jeunesse à laquelle il avait fallu, pour apprendre le pli de la rose, l'écroulement d'une monarchie.

Lorsque Mme d'Artelles souleva la portière du salon, la marquise de Flers était seule, les mains nues et oisives, comme toujours; l'une allongée sur le bras de sa bergère, l'autre posée sur un guéridon chargé de journaux, de quelques livres, d'une tabatière d'écaille et de lunettes, revêtues de leur étui de chagrin. Elle semblait si préoccupée que tout d'abord elle n'aperçut pas son amie. De la main appuyée sur le guéridon, elle tenait par un de ses angles une lettre pliée qu'elle regardait à rapides intervalles. Son front clair, sous ses rides longues et droites, s'obscurcissait des soucis de la réflexion. Elle relevait parfois son regard de la lettre qu'elle tenait, sur la mer, qu'on apercevait de la fenêtre et dont les flots montants, devenus plus verts à l'approche du soir, emplissaient démesurément ce petit hâvre, creusé par la nature, qu'on appelle le port de Carteret.

Sa rêverie inaccoutumée frappa Mme d'Artelles. Mais une telle distraction n'était pas si profonde dans un être d'un esprit aussi alerte que l'était Mme de Flers, qu'elle n'entendît pas le frou-frou de la robe de soie de la comtesse. Elle tourna vers cette commensale de toute sa vie, encore plus que de sa maison, une tête fine si bien portée encore, et lui faisant un petit salut familier et gracieux :

« Où donc étiez-vous, ma très chère belle ? lui dit-elle d'une voix libre et d'une attention déjà revenue.

— Moi! répondit Mme d'Artelles. J'étais à écrire et je m'y suis oubliée. Pardonnez-moi, ma chère amie ; j'aurais dû savoir que vous étiez descendue et seule, car il est trop bonne heure pour qu'Hermangarde et M. de Marigny soient rentrés.

— Ah! ma chère, liberté complète, reprit la marquise. J'ai toujours eu le respect de l'indépendance de ceux que j'aime. Je serais un fléau d'amitié si je ne pouvais vous céder, même pour une heure, à notre cher vicomte de Prosny.

— Oui, c'est à lui que j'écrivais, dit Mme d'Artelles. Croyez-vous qu'il ne m'a pas écrit une seule fois depuis notre départ de Paris? Il est bien de la plus insupportable lenteur!

— C'est une tortue épistolaire, répliqua la marquise, et vous aurez beau faire, ma chère comtesse, vos reproches les plus acérés ne traverseront pas son écaille. S'il éprouve la même difficulté de commencer ses lettres que de finir ses phrases, ce doit être un aimable correspondant.

— Dites tout ce que vous voudrez de lui! fit Mme d'Artelles, en roulant sa bergère auprès de son amie. Je suis trop mécontente de sa paresse pour le défendre contre vous. »

Elle ne s'assit pas... mais, avec cette curiosité que les femmes qui ont de l'usage cachent très-bien sous un air très-simple :

« Comme la mer monte! dit-elle en allant jusqu'à la croisée et en y restant quelques secondes, le front collé à la vitre.

— Oui, répondit Mme de Flers, c'est grande marée, M. de Marigny n'aura pas pensé à cela. Où est-il allé avec sa femme? S'ils tardent beaucoup, le pont de là-bas sera couvert et ils seront obligés de revenir par eau.

— Vous n'êtes pas inquiète, toujours ?... » fit la comtesse en se retournant. Et son œil de faucon tomba sur la lettre que tenait la marquise, mais le cachet et l'adresse n'étaient pas distincts dans le mouvement qu'imprimait à la missive la main qui l'agitait, et elle ne vit rien... de ce qu'elle voulait voir.

Un autre jour, elle n'eût pas eu cette curiosité, indigne des habitudes élevées d'une femme comme elle, mais elle avait remarqué, en entrant, le visage altéré de son amie, sur lequel la placidité intelligente d'un esprit apaisé depuis longtemps et la réverbération du bonheur d'Hermangarde versaient habituellement une sérénité infinie.

Mme d'Artelles supposait sans doute qu'il y avait un rapport secret entre la lettre de la marquise et la préoccupation dont elle paraissait obsédée.

« Non, dit Mme de Flers, je ne suis pas inquiète. Seulement je crains qu'Hermangarde ne prenne froid. Voici le soir. Nous sommes en octobre, et le froid est bien pénétrant sur la mer, quand le soleil est couché. »

La comtesse regagna lentement sa bergère et s'assit.

« Est-ce que vous avez fait comme moi,

marquise? dit-elle du ton naturel le plus dégagé, en rangeant les plis de sa robe, du bout de ses quatre doigts, avec une légèreté charmante. Est-ce que vous avez écrit à quelqu'un, que je vois une lettre entre vos mains? »

Mme de Flers se prit à sourire, et eut la petite malice d'être très-naturelle aussi, en répondant :

« A qui donc voulez-vous que j'écrive, ma chère belle? Je n'ai pas comme vous de vicomte de Prosny à admonester. Cette lettre que vous voyez là — Mme d'Artelles ne la voyait pas du tout, — n'est ni de moi, ni même à moi. Elle est adressée à M. de Marigny, et on vient de me la remettre à l'instant.

La comtesse ouvrit son sac à ouvrage, et chercha ses lunettes.

« Est-ce de Paris? fit-elle, comme par suite de conversation et sans attacher (semblait-il) la moindre importance à la réponse, en passant les branches d'or de ses lunettes dans les belles grappes de ses cheveux blancs.

— Oui, c'est de Paris, » répliqua la malicieuse marquise, avec une brièveté qui accusait plus de taquinerie que de réserve. On l'a vu, la marquise était un peu taquine. C'était là une des formes de cet esprit bienveillant auquel sa bonté, toujours présente, envoyait parfois d'adorables reflets de cœur.

Arrivée à ce point Mme d'Artelles ne pouvait faire un pas de plus. Elle avait trop de goût pour oser risquer d'être indiscrète, même avec une aussi intime amie que Mme de Flers. Elle prit courageusement son parti, et se mit à travailler à son filet.

Il y eut un peu de silence. Mais la douairière, qui aimait la comtesse et qui avait besoin de confiance en ce moment, car une idée inquiète la poursuivait, s'abandonna à cet instinct d'une âme alarmée. Elle ne craignit pas de récrimination de la part de son amie. N'avait-elle pas vu M. de Marigny détruire un à un tous les préjugés que la comtesse nourrissait contre lui depuis longtemps ?...

« Connaissez-vous cette écriture ? » fit-elle en lui tendant la lettre.

Mme d'Artelles prit la lettre, la regarda, l'approcha de ses yeux, la regarda encore, hocha la tête.

« C'est un abominable griffonnage, s'écria-elle. Ma foi, marquise, je ne connais personne qui écrive comme cela.

— C'est, reprit la marquise, une écriture de emme...

— ... de chambre, interrompit Mme d'Artelles.

— Non, dit la marquise. Les femmes de hambre ne plient pas ainsi leurs missives, et n'ont pas de cachets comme celui-ci. Voyez plutôt ! »

Elles avaient presque raison toutes les deux. C'était bien une écriture de femme, irrégulière, peu lisible, mais non tremblée. Elle indiquait plutôt une main nerveuse et hardie. C'était une de ces écritures qu'on appelle extravagantes, avec de grandes lettres au milieu des mots; l'opposé, comme l'avait bien vu Mme d'Artelles, de ces traits élégants, imperceptibles et penchés dont le caractère est de n'avoir point de caractère, dignes par conséquent de servir d'expression aux femmes comme il faut, qui n'en ont pas davantage.

Mais ainsi que l'avait observé Mme de Flers, la lettre était pliée d'une manière aristocratique et irréprochable, parfumée d'une odeur suave et distinguée. Le cachet, au lieu d'armoiries, avait à son centre une mystérieuse devise arabe que ces dames, qui n'étaient point orientalistes, ne purent jamais, bien entendu, déchiffrer.

« Je ne sais pas pourquoi, dit la marquise, cette lettre me trouble. Je lui trouve une physionomie suspecte. M. de Marigny, depuis qu'il est marié, n'en a point reçu de pareille. Je suis superstitieuse quand il s'agit du bonheur d'Hermangarde. Il me semble que cette lettre porte une menace dans ses plis.

— Mon Dieu ! fit pensivement Mme d'Artelles, est-ce que cette vieille maîtresse qui n'a pas bougé jusqu'ici, se raviserait ?... »

Elle avait mis la main sur le doute terrible. Les quatre yeux de ces deux femmes brillèrent de la même pensée en se regardant.

« C'est bien possible, reprit la comtesse. Elle a fait la morte pendant quatre mois, et puis tout à coup elle ressuscite. Elle écrit à son ancien amant. C'est assez cela. Elle a pensé qu'au bout de quatre mois le bonheur d'avoir une femme jeune et belle serait déjà bien vieux, bien usé, et que Marigny devrait être furieusement blasé sur ce bonheur-là. Elle lui a donné juste le temps de se dégoûter, et voici que la persécution commence. Eh bien! ma petite, ajouta gaiement Mme d'Artelles, tu te trompes, si tu crois réussir. M. de Marigny est encore fort amoureux de sa femme, et tu en seras pour les frais de style et de charmante écriture de tes *poulets !* »

Mme de Flers ne put s'empêcher de sourire, en voyant la joyeuse sécurité de Mme d'Artelles. Elle se demandait si cette femme qui plaisantait était bien la même qui s'était opposée avec une si extrême obstination à l'union de Marigny et d'Hermangarde. Celle qui avait toutes les terreurs avait maintenant toutes les confiances. Mme de Flers connaissait trop la nature humaine pour s'en émerveiller. Une véritable réaction s'était opérée en Mme d'Artelles. Le propre de toute réaction n'est-il pas de jeter l'esprit dans l'extrémité opposée à celle où il s'était d'abord précipité ? Comme la confiance de la marquise avait été plus fondée que les défiances de Mme d'Artelles, son inquiétude était plus raisonnable que la sécurité actuelle de son amie. Sa raison, ou pour mieux parler, ses sensations la trompaient moins. On l'a dit déjà, mais ce n'est pas trop que de le répéter, la marquise était supérieure à Mme d'Artelles, malgré l'opinion des *jugeurs* du faubourg Saint-Germain, qui croyaient avoir saigné à blanc leur bienveillance pour elle, quand ils avaient avoué qu'elle était la plus aimable des deux. D'ailleurs, si elle tremblait, elle avait ses raisons. Elle était renseignée. Elle savait l'histoire de Vellini. Elle gardait dans sa pensée le récit que lui avait fait Marigny, un certain soir, à sa prière. C'était comme un poëme flamboyant à la lueur duquel elle entrevoyait l'influence, possible encore, de cette femme singulière et inconnue. Elle ne l'avait pas aperçue le jour du mariage d'Hermangarde. A ses yeux expérimentés, Vellini n'était pas seulement, comme aux regards plus superficiels de la comtesse, une femme sans jeunesse et sans beauté, n'offrant le danger d'aucun charme. Elle la rêvait toujours comme Marigny l'avait peinte. « S'il l'a peinte comme elle est, quelle puissance!

pensait-elle ; s'il ne l'a pas peinte comme elle est, quelle puissance encore pour avoir fait de Marigny un peintre pareil ! »

Mais quoi que fussent ses craintes intérieures :

« Votre confiance me rassure, ma chère amie, dit Mme de Flers en tendant la main à la comtesse, — et ces deux femmes émues s'embrassèrent comme on s'embrasse en face d'un péril qu'on doit attendre, avec le sentiment fort et toujours jeune d'une immortelle amitié.

— Oui, rassurez-vous, rassurons-nous, reprit Mme d'Artelles. Est-ce de cette Vellini, cette lettre ? Ensuite fût-ce d'elle, je l'ai vue ; nous lui faisons trop d'honneur de trembler ainsi au premier signe de sa très-maigre main. Qu'est-ce qu'une lettre, après tout ? M. de Marigny qui a vaincu, à force d'amour, ma longue incrédulité à son amour, a bien vite et profondément oublié ici, dans les quatre murs de ce château où nous n'avons vu personne depuis bientôt cinq mois, et le monde de Paris, dont il semblait l'esclave, et ses amis de club, et ses mauvaises habitudes de libertin, et sa passion du jeu, plus forte et plus asservissante que le reste. En vérité, nous ne pouvons décemment perdre la tête à la première lettre qu'une femme quittée lui écrit ! Si c'était à Paris encore ! En train de craindre une fois, on pourrait s'effrayer d'une recherche ou d'une rencontre, mais ici à cent lieues de distance ! Ici, dans ce pays perdu, où Marigny est déterminé à passer l'hiver ! Enfin, ne le savez-vous pas, ma chère ? Pour un homme qu'est-ce qu'une lettre ? Les meilleurs, en amour, ont besoin de la présence réelle. Avec cela, que je ne crois pas, ajouta-t-elle, qu'une femme de l'espèce de cette Vellini écrive jamais comme *la Religieuse Portugaise !* »

La marquise disait bien oui à toutes ces choses, mais elle ne l'avouait pas à son amie; il y avait en elle un murmure, sous le calme revenu et retenu à l'ivoire sillonné de son front. Elle avait posé la lettre en question sur le guéridon, à côté d'elle, mais elle ne pouvait s'empêcher de la reprendre parfois et de la regarder encore. Ses yeux affaiblis n'en pouvaient plus voir l'écriture. Le soleil tombe vite en cette saison. Il venait de disparaître sous un banc de brumes. L'ombre prit soudainement le salon, dont les meubles et les tentures se foncèrent. La comtesse d'Artelles laissa son ouvrage et vint à la vitre une seconde fois. La mer montait toujours, et le hâvre, submergé, se confondait dans la nappe d'eau verte qui gagnait au loin, frangée d'écumes, le long des grèves.

« Je vous annonce, dit-elle, M. de Marigny et sa femme. Les voilà qui descendent de barque au pied du mur de la grande cour. Vous avez eu raison, ma chère amie ; ils auront trouvé le pont couvert. »

Cinq minutes après, ils entraient dans le salon où les attendaient Mme d'Artelles et la marquise, ne se doutant pas qu'il venait d'être question d'eux et qu'ils étaient l'objet d'une nouvelle inquiétude de la part de ces deux femmes, providents témoins de leur vie, qu'à une vigilance, si vite alarmée, ils auraient pu appeler les sentinelles de leur bonheur.

Mme de Marigny embrassa sa grand'mère, pendant que son mari baisait respectueusement la mitaine de Mme d'Artelles.

« Chère enfant, vous rentrez trop tard par ces grandes marées, dit la marquise, en sentant la fraîche humidité qui pénétrait les cheveux et les vêtements de sa petite-fille. Si vous vous rendez malade, vous me ferez mourir. Sonnez donc, Marigny, pour qu'on apporte du feu bien vite, et qu'elle puisse sécher ses vêtements.

— Ah ! bonne maman, ne craignez rien, dit-elle, ce n'est qu'un peu de vapeur et d'écume tombée sur ma robe pendant que nous passions, en barque, à la place du pont. Il est tout couvert ce soir, et l'on n'en aperçoit plus même la rampe. Je n'ai pas eu froid et je ne suis pas délicate. Je m'endurcis pour notre hiver si nous le passons à Carteret. Il faut bien que je m'accoutume à la vague et à la brise, puisque je suis la femme d'un amoureux de la mer ! »

On avait apporté du feu et des bougies pendant qu'elle parlait et on put voir le regard de rivale heureuse, coquette et tranquille, qu'elle jeta en disant ses paroles, sur cet amoureux de la mer, qui était le sien bien davantage !

Elle était debout à la cheminée, offrant à un feu de sarment qui petillait, ses bottines grises, mouillées d'eau marine. Elle avait emporté dans sa promenade contre les soudaines fraîcheurs du soir une pelisse de satin bleuâtre, et après avoir ôté son chapeau, elle en avait ramené le capuchon sur son front. Empressée de revoir sa grand'mère, elle n'avait pas rabattu ce capuchon, et dans cette espèce d'auréole de satin bouffant, elle était, malgré son imposante beauté, aussi jolie que le Caprice. Les beaux serpents d'or de ses cheveux blonds dégouttaient des perles d'écume sur ses joues transparentes, un peu pâlies par le mariage, mais auxquelles la brise de la mer avait ramené, pour une heure, l'éclat de leur virginité. Les cils humides, les lèvres humides, les yeux humides, plus humides encore, à ce qu'il semblait, du sein de cette rosée des nuits et des mers qui la diaprait tout entière, elle était d'une beauté si délicatement étincelante qu'on eût pu trembler de la voir se sécher à cette flamme grossière de la terre et s'évanouir comme un arc-en-ciel!

« Monsieur de Marigny, dit la marquise, en la lui donnant, on m'a remis pour vous une lettre venant de Paris. »

Marigny remercia, prit la lettre, en brisa le cachet, et lut à la clarté des bougies, posées sur la cheminée. Dans l'admirable confiance de son âme, Hermangarde n'exprima pas la curiosité étourdie de ces jeunes femmes qui veulent tout savoir et s'embusquent avec un empressement de mauvais goût derrière le cachet de toutes les lettres adressées à leurs maris. Non, c'était un être à part dans la vie; elle n'eût pas aimé assez pour être tranquille, qu'elle eût été trop fière pour ne pas être réservée. Pendant que Marigny lisait, elle avait ôté son gant et du dos de sa belle main rêveuse, elle écartait ses cheveux mouillés qui se collaient aux fossettes de sa bouche souriante.

Mais, si elle ne regardait pas Marigny, les deux douairières le regardaient pour elle. Leurs yeux scrutateurs ne le quittaient pas.

Lui, qui ne se croyait pas alors l'objet d'une double et scrupuleuse observation, acheva la lecture de la lettre, les sourcils immobiles, le visage calme, l'œil attentif, mais inaltérable. Arrivé à la fin, il la tordit dans ses mains tranquilles et la jeta au feu.

Puis, comme sa femme était toujours debout, en face de lui à la cheminée, il la prit tout à coup à la taille par-dessus la pelisse bleuâtre qu'elle n'avait point détachée, et il l'embrassa entre les deux yeux avec une chaste idolâtrie, à la place où, si on se le rappelle, il l'avait embrassée pour la première fois.

Il y avait un amour si vrai dans cette pure et simple caresse que les deux douairières se firent un signe d'intelligence et de triomphe.

Elles n'avaient plus peur.

III

Un nid d'Alcyon.

SI tout dans le monde a son théâtre, le bord de la mer est bien réellement celui que Dieu créa pour l'amour heureux. Au point de vue supérieur des analogies, la plus belle chose qu'il y ait dans l'âme humaine devait nécessairement avoir pour se montrer et s'épanouir à l'aise la plus belle chose qui existe dans la nature. Là seulement, pour qui a le sentiment des harmonies, le cadre est digne du tableau. Partout ailleurs, c'est la nature belle et puissante encore, mais ce n'est pas cet éclatant et triple hyménée de la terre, du ciel et de l'océan, si bien fait pour réfléchir, comme un nouveau miroir d'Armide, l'hymen plus mystérieux de deux cœurs. Les poètes l'ont bien compris, du reste. Le plus grand de tous peut-être n'a-t-il pas suspendu le frais tableau d'un amour sublime de passion vraie et d'innocence, aux côtes sinueuses d'une des Cyclades? Dans tout amoureux, il y a du grand poète. Hermangarde et Marigny avaient cédé à l'instinct juste de l'amour en choisissant le bord de la mer, pour y passer cette lune de miel qui, comme la lune du ciel visible, paraît plus douce, au bord des flots.

Hermangarde ne connaissait pas la mer. Cette grande idée manquait à son esprit. Elle avait voulu l'acquérir en même temps que son âme atteignait l'apogée de toutes ses puissances et se complétait par tous les partages de l'amour. Marigny, *l'aventurier* Marigny, qui avait vécu tant d'existences, n'éprouvait plus cette suave et première ivresse des facultés à leur aurore, ce vertige délicieux du cœur qui fait croire à la créature qu'elle est une divinité par cela seulement qu'elle est aimée; mais il était né près de la mer, il avait été, comme il le disait : *élevé, les pieds dans son écume,* et de tous les souvenirs de son enfance, l'idée du temps passé en face de l'Océan était la seule qui ne le faisait pas souffrir. Régénéré par le sentiment que lui inspirait Hermangarde, hasard inouï, coup de fortune qui aurait dû le faire trembler, car tant de bonheur doit avoir son revers sans doute, il s'abandonnait, avec l'impie sécurité du joueur, à vivre de la vie que lui envoyait la

Destinée, sur cette vaste côte dont les brisants ne parlaient même pas de naufrage à l'esprit de cet homme heureux !

Ainsi tous deux, Marigny et Hermangarde, avaient leurs raisons pour se trouver bien où ils étaient ; pour préférer à toutes les campagnes ce petit village de Carteret que n'aimait pas Mme d'Artelles et qui valait mieux que ses mépris. La comtesse avait dit le motif de son peu de goût pour le manoir de Carteret, moins commode et moins orné que le château de Flers, construit dans les terres et préservé par ses forêts des rafales du vent de l'automne. Comme une grande partie des femmes de son temps, Mme d'Artelles, hors l'amour, n'avait dans l'esprit aucun genre de romanesque. Les fortes beautés de la nature, ses aspects variés, sa simple nudité, parfois sublime, n'affectaient pas cette personne du XVIIIe siècle, qui n'avait rapporté des expériences de sa vie que beaucoup d'esprit de société et cette bonté qui reste toujours, quand on a eu l'âme tendre dans sa jeunesse. Elle ne voyait donc pas, elle ne pouvait pas voir ce qui plaisait tant dans ce paysage maritime à Hermangarde et à Marigny. Elle était injuste et aveugle, car sans être amoureux comme ils l'étaient, sans avoir dans ses fécondantes sensations ce réseau d'illusions divines que l'amour jette à tous les objets, il est cependant permis de trouver Carteret un des points les plus pittoresques et les plus originaux de la côte de Normandie. On en jugera par ce plan fidèle, pris dans la perspective d'une longue absence et colorié par le souvenir.

C'est un village d'un double aspect, riant par un côté, sévère par l'autre, bâti au pied d'une énorme falaise; espèce de forteresse naturelle, dressée sur la pointe de la presqu'île du Cotentin. Jersey est en face, Jersey, cette île hermaphrodite, qui n'est pas française, qui n'est pas anglaise, non plus, quoiqu'elle appartienne à l'Angleterre. La tradition de ces rivages raconte qu'à une époque bien reculée, sur ce détroit qui s'est agrandi par la rupture de la falaise, un pont de planches y conduisait. Quoi qu'il en soit de ces souvenirs que les générations se lèguent, Carteret et Jersey se regardent, et de si près, qu'on pourrait dire qu'ils se regardent dans le blanc des yeux. D'une rive à l'autre ils s'apparaissent, vagues ou distincts à l'horizon, taches d'un bleu foncé dans la brume; profils de maisons blanches quand le temps est clair. Assurément quand on l'observe, du pied de cette roche dumeuse, chaque jour minée davantage par l'irruption du flot qui monte, et dont beaucoup de fragments détachés forment assez loin, dans la mer, une ceinture de brisants redoutables, on est presque tenté d'adopter ces idées d'une voisinage séculaire. Le hâvre qui s'ouvre devant ces brisants et qui se creuse jusque sous les premières maisons de Carteret, est signalé aux matelots par deux espèces de phares grossiers, poteaux de bois plantés dans l'eau, semblables, à quelque distance, aux mâts d'un vaisseau submergé. Autrefois l'entrée de ce petit port naturel était défendue, en temps de guerre, par une large tour à créneaux adossée au roc de la falaise, solidement attachée à son flanc. Cette tour s'appelait *la Vigie.* Sur sa plate-forme solitaire, on trouvait encore, il y a plusieurs années, une pièce de canon de gros calibre, abandonnée, sans son affût, aux pluies du ciel et à la rouille. De ce point élevé, on domine la mer et la grève dont la jaune arène, découpée par les irrégularités du flux et du reflux, offre à l'œil les sinuosités d'une ligne dentelée d'écume brillante, qui passe sous *les Rivières,* village au nom charmant et moqueur, car il n'a de rivières que ses fossés, où l'eau de mer filtre à travers les sables et se ride au pied des ajoncs, puis sous *Saint-Georges,* paroisse au patron moitié Anglais, moitié Normand, et enfin va se perdre, à plus d'une lieue de là, jusque sous *Portbail.* C'est, à proprement parler, le côté fier et beau de Carteret, le côté cher aux organisations poétiques. Cette mer qui se prolonge à votre droite devant vous, cette immensité de sable que le vent roule par places en dunes assez épaisses et assez hautes pour que le douanier, la vedette de la côte, puisse y creuser une hutte contre la nuit et le mauvais temps ; à votre gauche, formant l'horizon à l'est, comme la mer le clôt au couchant, les toits bruns de Barneville et la tour carrée de son clocher singulier qui a peut-être soutenu des siéges ; tout cet ensemble un peu austère, mais grandiose, doit captiver les imaginations rêveuses. Par un soir brumeux de l'automne, quand la mouette mêle, en criant, son aile frissonnante à la vague, quand la mer est rauque et houleuse, la pâle Minna de Walter Scott pourrait revenir attendre son Cleveland sur l'âpre sommet de cette falaise, aux cavernes visitées des flots, et se croire encore aux Hébrides.

Mais en suivant la ligne du hâvre et en tournant le dos à la mer, la scène change et prend un autre caractère. On ne va pas bien loin sans trouver le village, bâti dans des sables, tantôt fermes, tantôt mouvants. Là, chaque maison qui a sa vigne et son figuier, a aussi son petit jardin d'une végétation un peu maigre, sous le souffle salé de la côte, mais dont la fraîcheur repose pourtant agréablement l'œil lassé de l'éclat des grèves. Les premières maisons de ce village, le manoir de

Mme de Flers en est une, sont presque toutes enceintes d'un mur de cour ou de jardin avec un escalier extérieur et intérieur, qui conduit sur le galet du rivage et dont la mer, dans ses grands *pleins*, gravit et bat les marches, comme celle des escaliers de Venise. Au second plan de cette ligne d'habitations blanches et propres, la flèche de l'église s'élance du sein d'un bouquet d'arbres, qui rappellent la plantureuse Normandie au voyageur, tenté peut-être de l'oublier. A soixante pas de ces maisons groupées harmonieusement sur ce coin de grève, un bras de mer, comme il en reste souvent au repli de ces plages, est traversé d'un pont construit grossièrement avec des planches et de grosses pierres jetées dans l'eau, à la file les unes des autres. C'est la frontière de Carteret que ce pont, qui disparaît aux marées sous le lent amoncèlement des vagues, et que M. et Mme de Marigny avaient trouvé couvert, en rentrant de leur promenade, un soir. Après ce pont, il y a encore quelques places d'herbes, semées de crystes-marines et de joncs : puis on entre dans les terres labourées, dans des champs de blé, de chanvre et d'orge, qui mènent au bourg de Barneville et aux villages environnants.

Tel était, plutôt indiqué que décrit, le lieu pour lequel Mlle de Polastron quitta Paris, après son mariage, avec son mari et son aïeule, la marquise de Flers. Pour une jeune fille qui n'avait jamais vu que Vichy et Plombières où sa grand'mère allait parfois, ce pays retiré, sauvage, original surtout, cette pointe hérissée des côtes de la Manche dut lui causer une impression d'une âpre saveur. Tout y attira son regard et rien ne le choqua. La population avec laquelle elle vécut est intelligente et n'est point grossière, quoique rude. La misère ne l'a point dégradée. La mer la nourrit, car cette côte, qui paraît aride, est au contraire très-opulente en toutes sortes de poissons. On y trouve, en des quantités inépuisables, des turbots, des plies, des raies déployées comme des éventails, des soles dont la chair tassée est ondée comme la mer elle-même; le *lançon* qu'on pêche dans le sable ; le rouget, aux nageoires pâlement vermillonnées et qui est peut-être le dauphin dont les Anciens nous ont tant parlé ; enfin, l'honneur exquis des tables normandes, le surmulet, cette bécassine de la mer, pour la délicatesse, et dont le foie écrasé donne l'éclat de la pourpre tyrienne. Il y a aussi de grandes abondances de coquillages, le crabe qu'ils appellent le *clopoint*, le homard aux écailles d'un bleu profond, les crevettes de la couleur et de la transparence des perles, les *vrelins*, spirales vivantes dans leur carapace mystérieuse, et qu'on mange avec des épingles, enfin toutes les variétés de ces gibiers de la mer. Telle est la fortune incessamment renouvelée, la richesse naturelle des habitants de ces rivages. Ils pêchent tous, les uns pour vivre, les autres pour vendre leur poisson aux marchés voisins. Du reste, c'était bien moins les mœurs de ce pays qu'Hermangarde avait voulu connaître, que la mer elle-même. Elle avait traversé une partie de la France, curieuse de juger la grande merveille qu'elle n'avait entrevue que sur la toile inerte des peintres, ou dans ses pensées. Jusque-là, un autre rêve, le rêve exterminateur de tous, avait offusqué de sa flamme le beau songe qu'elle se faisait de l'Océan. Mais puisque le premier était devenu sa vie, elle voulait que le second eût aussi sa réalité. Il l'eut, et ce fut un bonheur dans le bonheur pour elle, une joie de l'âme qui lui entrait par les yeux. Elle aimait. Elle admira. Est-ce que l'Admiration et l'Adoration ne sont pas sœurs? Jamais elle n'oublia l'heure où la première sensation de la mer s'éleva en elle. Ce fut le soir... un soir d'été, aride et brûlant. Elle avait roulé en berline toute la journée, quand tout à coup, à un certain moment de leur course, les pieds des chevaux firent jaillir autour de la voiture l'écume d'une eau qu'ils crevaient avec bruit en y entrant.

Ils plongeaient alors dans ce bras de mer, uni comme une rivière, qui est la limite de Carteret. Le soleil avait disparu, il y avait une heure. Mais ce n'était pas le couchant qui était de pourpre, c'était le crépuscule tout entier. Des vapeurs d'incarnat mourant noyaient l'horizon sur lequel ressortaient les lignes altières de la noire falaise ; et la mer qui montait alors, qui semblait venir majestueusement vers Hermangarde comme Hermangarde venait vers elle, semblait rouler un varech de roses dans l'albâtre de ses écumes, sous l'air empourpré qui pénétrait tout de sa nuance victorieuse, qui circulait autour de tout, comme le sang ému de la nature immortelle. C'était un spectacle élyséen. Hermangarde l'apercevait, appuyée sur l'épaule de *son Ryno* bien-aimé. Cette première impression, cette mer enflammée comme son âme, cette soirée, aux ardentes mélancolies, qui répondait si bien à tout ce qui brûlait en elle, lui sacrèrent ce petit village de Carteret, où elle venait cacher sa vie. Elle sentit qu'elle y serait heureuse. Nul pressentiment ne vint l'avertir qu'un jour la souffrance pourrait l'y atteindre. Ravie d'enthousiasme, elle ne vit pas ce vieux manoir (un peu triste, il faut en convenir), devant la grande porte duquel la fit descendre sa grand'mère. Elle en traversa, toute joyeuse, la cour pavée avec des galets, et la longue galerie dont le vent agitait les panneaux à travers les fentes des fenêtres mal jointes. Une fois que la marquise eut gagné son lit, elle entraîna Marigny sur l'escalier du mur en talus qui conduisait à la plage. Elle s'assit sur les marches de granit, comme si elle eût été l'humble femme d'un des pêcheurs de ce pays. La mer était retirée. Le ciel pur mirait ses étoiles dans la surface à peine ridée du hâvre et dans les fosses circulaires où l'eau séjourne entre les rochers découverts. Marigny, qui aimait à voir ces expansions de jeunesse dans un être qui lui appartenait si bien, ne s'opposa point à ses volontés. Il l'entourait seulement, pour qu'elle n'eût pas froid à la brise, de ses bras et de son manteau. « Quel charmant paysage! dit-elle, en levant sur lui ses grands yeux qui brillaient du bleu mystérieux des étoiles, ce sera notre nid d'Alcyon. » Et depuis, dans toutes leurs causeries, Carteret, le maritime village, qui semble nager sur la mer, quand la mer est haute, ne porta plus que ce nom-là.

A partir de cette soirée, de cette première impression, ils aimèrent ce village qu'Hermangarde venait de nommer d'un nom si sauvage et si doux, non pas uniquement parce qu'ils s'y aimèrent, comme l'aurait dit Mme d'Artelles; mais aussi parce qu'ils étaient dignes, l'un et l'autre, de comprendre tous les langages de la nature sur cette côte écartée, ouverte seulement à quelques pêcheurs, hommes primitifs, et à un petit nombre de matelots, revenus vieillis du bout du monde. La vie qu'ils y réalisèrent ne fut donc point l'existence close et énervée de Paris, que l'on emporte si souvent à la campagne. Le hâvre, la falaise, les longues grèves, les dunes lointaines, les rochers vêtus de varech, qui apparaissent aux eaux basses, ne furent point pour eux une *marine* de plus suspendue dans le grand salon de Mme de Flers, entre les deux rideaux de la fenêtre, à travers laquelle ils auraient pu les contempler et en jouir. Ce n'est pas de cette molle et nonchalante manière qu'ils passèrent leur temps à Carteret. Ils n'y firent point de l'admiration à distance. Courageux parce qu'ils étaient jeunes de sensations, et que le bonheur d'être ensemble enlève la fatigue du corps (la seule lassitude qui soit possible), ils abordèrent comme elle le mérite cette rude poésie du bord de la mer, si grande qu'il n'y en a plus d'autre peut-être, quand on l'a goûtée. Tout le temps qu'ils ne donnaient pas à l'excellente marquise, ils le passaient, au travail près, dont ils n'avaient pas besoin pour vivre, comme les habitants de ce pays. Ils le parcouraient en tant de sens qu'ils en eurent bientôt une parfaite connaissance. Ils s'enfonçaient parfois dans les terres, mais ce qu'ils préféraient à tout, c'était d'aller devant eux, en suivant les sinuosités de la côte. Heureusement ils avaient appris les heures du flux, car la promenade ne laisse pas d'être dangereuse, quand on s'attarde sur ces grèves si vite envahies. La falaise aussi les voyait quelquefois sur sa cime d'un vert foncé ou dans ses anfractuosités profondes. Au bout de quelques mois, il n'y eut pas une de ces anses creusées dans le rocher, pas une pointe de ces caps, où ils ne se fussent reposés. La pêcheuse de crevettes qui revenait, pieds nus, avec sa hotte au dos et son *haguet*[1] sur l'épaule, le douanier qui fumait, assis à trois pas de sa hutte de sable, les apercevaient de loin, regardant la mer, tranquillement assis, les pieds pendant sur le vaste abîme, comme s'ils avaient été deux amoureux du pays, accoutumés, dès leur enfance, à gravir cet effrayant promontoire. Quelquefois M. de Marigny abattait des mouettes ou des goëlands, à coups de carabine, tandis que la belle Hermangarde ramassait des crystes-marines, insoucieuse de son teint que l'air de la mer et le soleil hâlaient déjà. Longues promenades, entrecoupées de causeries

---

1. Petit filet faisant poche, attaché à un cercle en fer, dont une faucille serait la moitié.

divines, toutes pleines des mille grâces de l'intimité ! Ah ! comme ils oubliaient Paris, et le monde, et tout ce qui n'était pas eux-mêmes, et cette solitude ! Si une rafale, si une ondée ou un orage les surprenait et les forçait à chercher un abri dans le cœur fendu d'un de ces rocs, Hermangarde, à couvert dans sa niche de pierres, ressemblait à une apparition surnaturelle. Elle était bien fière et bien imposante pour une Madone, pour une de ces simples et blanches images aimées du matelot ; mais avec sa taille majestueuse et sa robe fouettée par les vents, une imagination exaltée l'aurait prise pour le Génie Dominateur de la tempête. Ainsi vivaient-ils, s'appropriant autant qu'ils le pouvaient ce pays retiré et ses mœurs sauvages. Hermangarde ne craignait même pas de monter avec son mari sur ces bateaux pêcheurs qui rasaient les côtes, entre deux marées. La marquise de Flers s'était bien un peu opposée à ces petites expéditions. « Que craignez-vous, maman, lui avait-elle dit avec sa confiance enthousiaste, en lui montrant son mari, n'ai-je pas mon étoile ?... Et la marquise, qui avait l'âme ferme comme une femme de race, avait cédé. D'ailleurs, pour ne rien exagérer, le danger auquel s'exposait sa petite fille n'était pas très menaçant. Les riverains de cette contrée, habitués à la mer dès leur bas âge, manœuvrent ces bateaux à la voile, nommés vulgairement *coquilles de noix,* et qu'ils montent pour la pêche ou la contrebande, avec une rassurante intrépidité. Ils ont l'audace et l'adresse du marin breton, leur voisin de côte et leur rival sur la mer. Ils sont Normands. Ils sont descendus des pirates qui faisaient pleurer Charlemagne, et qui vinrent conquérir, sur de légères barques d'osier, le sol dans lequel ils ont mordu comme une ancre qui ne doit plus jamais se lever.

IV

Courrier par courrier.

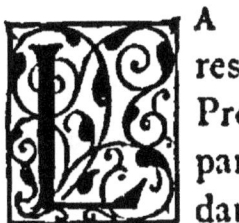A comtesse d'Artelles avait intéressé au jeu M. le vicomte de Prosny. Si elle ne l'avait pris que par les sentiments, l'excellente dame ! ce qu'il en restait au vicomte n'était pas assez pour le soulever de son égoïste paresse. Mais elle lui avait mandé des choses si extraordinaires, entre autres, et surtout, sa volte-face d'opinion en faveur de Marigny, que l'étonnement qui le prenait si souvent à la gorge, l'y saisit plus dru que jamais. Il eut besoin de se soulager de ses stupéfactions par une lettre. Quoiqu'il fût dévoué à la comtesse et qu'il l'aimât à sa façon, très peu exaltée, il est vrai, mais fidèle, il trouvait pourtant agréable de se moquer parfois de sa bonne amie, quand elle lui paraissait inconséquente ou entraînée. Ces petites révoltes lui faisaient

du bien. Elles l'arrachaient de temps à autre au double ilotisme de la soumission et de l'habitude. C'était un regain de caractère. Un peu de l'homme repoussait sous le sigisbé. Dans l'occurrence actuelle, ce fut une raison de plus pour écrire. Il répondit courrier par courrier. Il y sacrifia même une soirée, car il n'écrivait pas beaucoup plus facilement qu'il ne parlait. Il avait peine à se dépêtrer de ses pensées, et l'abondance pas plus que la netteté n'était le signe caractéristique de son génie. La douairière de Vandœuvre, sa d'Artelles II, se passa de lui, pour ce soir-là, et l'attendit vainement, Ariane nouvelle, en face de son tric-trac solitaire.

Sa lettre moins interrompue, moins hachée que sa parole, fut aussi moins confuse que sa conversation, ce modèle d'illogisme, d'incohérence et de difficultés, toujours victorieuses. Malgré l'agréable semis de *manière que...* qui l'ornait d'ordinaire, le trait n'y manquait pas, mais il était noyé dans les flots troubles d'une albumineuse verbosité. Les jours qu'elle était bienveillante, et pour ne pas sortir d'un ordre de faits cher au vicomte, la marquise de Flers comparait sa conversation à des œufs brouillés aux pointes d'asperges. Les pointes d'asperges étaient les épigrammes, quelquefois assez salées, dont il assaisonnait ses discours.

Voici la lettre du vicomte Chastenay de Prosny à la comtesse :

Paris, 17 octobre 18.., rue Louis-le-Grand, 5.

« Je n'ai jamais douté, ma chère comtesse, de l'excellence de tous vos mérites. J'ai toujours humblement pensé, comme il convenait, qu'ils étaient de beaucoup supérieurs aux miens. En ai-je d'autres que les bonnes grâces de votre amitié ? C'est fort douteux, ou plutôt, non, ce ne l'est pas. Je connais mes vices. Autrefois, je ne les trouvais pas assez nombreux, et maintenant si peu qu'ils me soient restés, c'est toujours trop. La paresse en est un, c'est vrai ; quant à la goutte, c'est bien pis qu'un vice, c'est une maladie. Vous avez deviné et pardonné les deux causes de mon long silence ; vous m'avez accordé, avec votre bonté infaillible, ces indulgences plénières qu'on obtient d'autant mieux qu'on en est plus indigne, car pour qui sont-elles faites, sinon pour les pécheurs ?

« Je baise donc, en signe de pardon et de reconnaissance, cette main enflée dont j'adore l'enflure qui n'empêche pas d'écrire. Je baiserais même votre mule, comme celle du Pape, si vous en aviez une encore, mais on n'en porte plus. C'était bon pour les pieds de notre jeunesse, ces pauvres pieds qui ont passé, comme s'ils avaient été des ailes ! Hélas ! comtesse, je me demandais, l'autre soir, où ils étaient allés en regardant ceux de la douairière de Vandœuvre, décidément cul-de-jatte, si cela peut vous être agréable, et dont par conséquent les articulations ont de bien autres afflictions que les nôtres. J'avais reçu votre lettre dans la matinée. Je pensais à vous. « Que votre jolie petite goutte à la main soit bénie, madame la comtesse ! » disais-je à part moi, en apercevant les tibias d'une des femmes de Versailles qui dansait le mieux le menuet, engloutis dans d'épouvantables babouches, bonnes pour des jambes attaquées d'éléphantiasis.

« Cette pauvre Vandœuvre ! Savez-vous que c'est bien mal à vous, comtesse, malgré toute votre amitié, toute votre bonté (mais les meilleures d'entre vous sont encore cruelles), de me dire qu'elle vous a remplacée dans ma vie, et qu'elle fait l'*intérim* de notre intimité, pendant votre absence? Est-ce possible, cela? Est-ce qu'on vous remplace? On pourrait, tout au plus, vous succéder. Mais elle ne vous succède même pas. J'ai conservé avec elle à peu près le même train d'habitude qu'avant votre départ. Je ne vais chez elle ni plus ni moins, parce que vous êtes partie. J'y fais mon tric-trac deux fois la semaine et j'y dîne tous les mercredis. Elle n'a jamais causé comme vous. Elle n'est pas restée du monde, comme vous, qui n'avez pas vieilli, tout en prenant des années. Excepté deux ou trois sempiternels commandeurs de Saint-Louis et votre serviteur, elle ne voit personne. Elle ne rajeunit guère, par conséquent, son magasin d'anciennes histoires. D'ailleurs, entre nous soit dit, depuis que sa grande *podagrerie* augmente, sa bonne humeur diminue. Je crois qu'elle baisse... Elle devient mauvaise joueuse. Au tric-trac, au piquet, elle discute tous les coups. Vous voyez s'il y a, dans tout cela, madame, quelque chose qui puisse dédommager de votre absence, et vous faire oublier au plus fidèle de vos sujets.

« Non, rien n'en saurait dédommager ! Songez donc que je vais chez vous tous les jours du bon Dieu, quand vous êtes à Paris ; que je n'ai pas mis une seule fois ma perruque, depuis vingt ans, sans aller vous offrir d'abord, comme à la reine de toute ma vie, les prémices de ses boucles renouvelées ! Permettez-moi de vous le dire, madame la comtesse, ce n'est pas que de l'amitié, c'est de la piété, cela. Je me serais reproché d'offrir, à qui que ce soit, parmi vos connaissances ou vos amies, le temps que je passais chez vous. Il faut bien que je vous le déclare, puisque vous me forcez à vous montrer toutes les délicatesses de mon âme ; puisque vos soupçons violent ma pudeur. Savez-vous bien ce que j'ai fait pour ne le donner à personne, ce temps qui vous était consacré ? Je l'ai offert à tout le monde, c'est-à-dire que je l'ai passé régulièrement à mon club de la rue de Grammont. On y joue mieux et plus cher le tric-trac que chez la douairière de Vandœuvre, et on y sait mieux la chronique des salons de Paris que partout ailleurs.

« C'est là, ma chère comtesse, que j'en ai entendu dire de belles et de toutes les couleurs, sur le mariage qui fait votre édification maintenant, après avoir fait si longtemps votre scandale. Comment ! comment ! comment !... C'est bien vous, vous, comtesse d'Artelles, qui m'écrivez ce que je lis là ? C'est bien vous qui croyez si fort au céladonisme conjugal de M. de Marigny ? C'est bien vous qui vous attendrissez sur l'immense bonheur de Mlle de Polastron, devenue Mme de Marigny, sans titre, et qui m'en écrivez en prose comme on en pourrait écrire en vers ? Eh ! quelle bise a soufflé sur votre falaise de Carteret, pour faire tourner ainsi, comme un moulin à vent, une opinion qui paraissait inébranlable ?... Oui, l'étonnement m'a pris ; il prendrait à moins. J'ai cru, d'honneur, que je rêvais. J'ai frotté les verres de mes besicles pour mieux voir. Mais je voyais toujours la même chose, une étonnante chose, une incroyable chose! c'est que vous étiez convertie à la *chevalerie* de M. de Marigny et au bonheur de sa femme. C'est que vous pensiez sur ce point comme la marquise de Flers, votre amie. Ah! par exemple, elle doit, je lui demande bien pardon de l'expression, rire joliment dans sa barbe, la marquise de Flers!

« Certes, je le regrette infiniment, comtesse: pourquoi n'a-t-on pas envoyé l'opinion publique de Paris par le coche, en votre pays de Carteret ? Elle se serait réformée peut-être à ce tableau parlant de l'amour conjugal qui vous enchante. Pourquoi moi-même n'y ai-je pu accompagner l'opinion publique ?... Cela ayant manqué, on continuera, je le crains bien, d'appeler ici le mariage de M{}^{lle} de Polastron et de M. de Marigny la première folie d'une femme qui n'en a jamais fait. Cette chère marquise de Flers! l'a-t-on assez tympanisée! C'était le premier mal qu'on disait d'elle, mais aussi comme on se vengeait d'avoir attendu si longtemps! A-t-on assez tiré à boulets rouges sur sa personne! S'est-on même assez appuyé de votre opinion pour mieux pointer ses pièces! car rien de plus agréable que de battre une amie avec une autre amie, comme on casse un verre avec un autre verre ; tout coup fait double, à ce jeu-là! Assurément, on ne se doutait guère que vous reviendriez à résipiscence ! Si on le savait, ce serait bien vraiment une autre histoire, — un nouvel hurra d'exclamations et de surprises La Moquerie Parisienne sonnerait l'hallali de toutes ses trompes, et j'aurais la douleur de vous voir dépecée par les charmants couteaux de l'Ironie et de l'Épigramme qui tuent et scalpent, et vous écorchent, quand ils vous ont tué et scalpé. Ah ! ma pauvre comtesse, ce n'est pas moi qui vous ferai courir un danger pareil ! Je suis trop votre ami pour donner cette joie à Mme de Lally, à Mme d'Outremont, à Mme de Vanvres et surtout à votre charitable cousine, Mme de Bigorre qui, en digne parente, ne manque jamais une occasion de tomber sur vous. Mort de ma vie ! quel sabbat feraient-elles sur votre enthousiasme de fraîche date pour ce vaurien de Marigny ! Allez, comtesse, ses amis, ses meilleurs amis, à lui, ne partagent pas votre confiance. Ils viennent presque tous à mon cercle de la rue de Grammont. Je les ai entendus causer, et ce qu'ils disent confirme terriblement mes humbles observations personnelles, qui étaient plus orgueilleuses, quand vous les preniez en considération autrefois. « Avec beaucoup de caractère, disent-ils (ils lui accordent cela), Marigny est dominé depuis dix ans par une maîtresse qui sait son empire et qui le gardera, puisqu'elle l'a gardé. Un si

long passé est une hypothèque sur l'avenir. »
Je crois qu'ils ont raison. Que de fois Marigny
a rompu pour renouer avec cette femme que
vous avez tort de mépriser, parce qu'elle n'est
pas jolie comme vous entendez qu'on doive
l'être dans vos salons, mesdames du faubourg
Saint-Germain, mais qui n'en est que plus
redoutable à l'esprit et aux sens, — permettez-
moi le mot, — d'un homme blasé, dit la Chronique, sur ces tartelettes à la crème de duches-
ses et de comtesses, qu'il a eues toujours devant lui, en piles, à sa très-facile disposition!

« Du reste, pendant qu'il se prépare à passer tout l'hiver là-bas, dans le vieux manoir de
sa vieille grand'mère, anachorète improvisé de
l'amour et de la fidélité conjugale, je vous
donne en quatre à deviner, ma chère comtesse,
ce que ses amis font à Paris. ! *Qui se ressemble
s'assemble,* disent les vieux sages. Ils se sont
donc assemblés et dans un sanhédrin d'après-
souper, ces docteurs de corruption élégante,
qui ne portent l'hermine ni sur l'épaule ni nulle
part, ont majestueusement ouvert un concours
sur l'intéressante question de savoir si, dans les
éventualités du mariage de M. de Marigny, la
femme légitime culbutera la maîtresse, ou si la
maîtresse culbutera la femme légitime. Là-
dessus, des paris se sont engagés de toutes
parts avec furie, comme s'il s'agissait de deux

chevaux ou de deux jockeys. C'est épouvantable, n'est-ce pas ?... J'ignore le terme assigné à ces insolentes gageures. Mais ce que je sais, c'est que la Vellini, qui fait toujours le contraire de ce qu'on croit d'elle, n'autorise, ni par sa conduite ni par son attitude, les impertinences aléatoires de ces messieurs. « Il faut avouer que cette Espagnole a la dissimulation d'une Italienne, me disait l'autre jour le comte Rupert, l'un des parieurs, on ne croirait jamais qu'elle songe à reprendre Marigny à sa femme. Elle affecte, sur ce point, une espèce d'incompréhensible indifférence, car la question la regarde bien un peu. L'amour-propre n'est-il pas le dernier de tous nos amours ?... Comme, pour mon compte, je ne tiens pas infiniment à perdre mes trois cents louis, j'ai voulu l'intéresser à mon pari autrement que par la vanité, mais ouitche! elle m'a envoyé promener avec une hauteur qu'on lui passe, je ne sais pourquoi, comme si elle était la favorite du roi Boabdil...

« Rupert avait raison. Je suis retourné chez la señora depuis le mariage de M. de Marigny, et elle m'a paru très-calme, très au-dessus, en apparence, de l'événement accompli ; mais qui sait ? peut-être, au fond, le diable n'y perdait-il pas. Elle n'était pas agitée, mais était-elle indifférente? Elle avait cette tranquillité que je lui ai toujours vue quand il s'est agi du mariage de son ancien amant : la sécurité d'un être parfaitement sûr de son fait, et qui aurait foi dans une étoile. Il faut que je vous raconte cette visite, ma chère comtesse. J'avais toutes sortes de motifs pour la lui faire : motifs de curiosité, motifs de rancune, car j'ai toujours sur le cœur la manière dont elle m'a traité un certain soir que j'allais chez elle par votre ordre. Vous en souvenez-vous?... Elle fut impertinente : je ne pus l'entamer, et je jouirais profondément de l'occasion qui me permettrait de lui payer cette vieille dette. De plus, j'avais entendu dire... une chose inouïe, aussi étonnante que votre opinion d'à présent sur M. de Marigny! que le jour du fameux mariage, on avait vu, après la cérémonie, la señora Vellini descendre du perron de Saint-Thomas d'Aquin avec la comtesse de Mendoze. On assurait qu'elles étaient montées dans la même voiture toutes les deux. Qui disait cela? qui avait vu cela? On ne nommait personne, mais cela se racontait tout bas, quoique chacun dît tout haut que c'était ridicule, absurde, impossible. Un pareil bruit me trottait perpétuellement dans la tête. Je voulais savoir ce qu'il en était, et pour cela, quelques jours après que vous fûtes partie, je m'en allai chez la señora.

« Je la trouvai dans son appartement de la rue de Provence, qu'elle n'a pas cessé d'habiter.

On me dit qu'elle était à sa toilette, car il était trois heures et elle se préparait à sortir. Je fis comme l'ancien chancelier de France à la porte du Roi, je frappai trois petits coups et j'entrai, par privilège. Elle était assise devant un grand miroir, enveloppée dans un vaporeux peignoir de couleur de soufre, jeté sur ses épaules de mécréante, en attendant l'autre qui sera de soufre tout de bon, et que le diable lui passera un jour dans le boudoir de son enfer. Une grande fille qu'elle nomme Oliva, et qui est bien le plus bel animal femelle que j'aie jamais vu tisonner du regard les sens d'un chrétien, était debout derrière elle, tordant dans ses fortes mains, roses de santé et de jeunesse, la chevelure noire de la señora qu'elle coiffait. Je n'ai connu, par parenthèse, que la Duthé et la señora Vellini qui eussent le fastueux courage d'avoir chez elle des filles de cette beauté éclipsante. Il est vrai que la Duthé, avec son profil égyptien, ne craignait pas grand'chose, tandis que la Vellini, avec son visage irrégulier et olivâtre, paraît tout naturellement éclipsée.

« — Entrez, me dit-elle assez gracieusement en me montrant dans un sourire ses blanches dents que vous appelleriez des palettes, car elles sont un peu larges, entrez, monsieur de Prosny. On me coiffe, mais qu'importe ! Est-ce que les dames d'autrefois ne recevaient pas à leur toilette? En faisant aujourd'hui comme elles, je vous rappellerai votre jeune temps.

« Je m'assis en la regardant, espérant assez peu, comtesse, trouver sur son visage les traces qu'avaient dû, je le supposais, y laisser les jours précédents. On ne lit guère dans sa physionomie, à moins qu'une émotion instantanée ne la saisisse. Ces sombres tempes gardent bien leur secret.

« Il s'agissait de la faire naître cette émotion, et une fois déjà, j'avais éprouvé que c'était assez difficile. Après quelques menus propos de politesse et de conversation oiseuse :

« — Eh bien, lui dis-je avec éclat, voilà donc la chose faite! Marigny est marié et je vous ai vue à son mariage. Vous avez eu là une drôle d'idée, señora, d'assister à une pareille cérémonie.

« — *Porque no?...* répondit-elle, en piquant une épingle d'or bruni à tête de topaze dans une natte. Quel miracle est-ce donc que j'aie voulu voir de mes yeux *celle* qui allait devenir la femme légitime comme vous dites, vous autres, de Ryno de Marigny?... Si on me tuait jamais, vicomte, avant de mourir je regarderais mon bourreau. Elle dit cela, je ne sais comment. Elle a la voix très-grave. Fut-ce une erreur? mais je crus qu'elle s'estimait parfaitement tuée depuis qu'elle avait vu Hermangarde.

« — Et comment la trouvez-vous ? ajoutai-je, voulant au moins la galvaniser.

« — Elle ! répondit-elle avec un accent de justesse et de vérité qui me renversa, ah ! très-belle ! oui, très-belle ; plus belle encore que ne l'était ma mère, qui était bien pourtant tout ce que j'ai jamais connu de plus beau.

« Vous m'avez quelquefois reproché mon air ébahi, ma chère comtesse, et probablement il me revint, car elle me regarda. Comme je me taisais :

« — Cela vous étonne donc beaucoup, ce que je vous dis là ? ajouta-t-elle. En effet, cette absence de toute ombre de jalousie ou de dépit me confondait encore plus que la première fois quand je lui avais parlé du mariage *arrêté* de Marigny. Alors ce pouvait être une ruse ; rien n'était irrévocable encore, mais à présent que l'affaire conclue, qu'après avoir vu Hermangarde, elle eût toujours cet incroyable sang-froid, et, en parlant d'une rivale victorieuse, cette espèce de bienveillante équité, voilà qui me renvoyait à ces vieilles idées auxquelles vous avez tant fait la guerre et que vous appelez mes *horreurs*. Elle était coiffée. Elle avait secoué de son épaule le peignoir soufre qui était tombé à ses pieds. Elle n'avait qu'un jupon brodé et son corset. Je me confesse à vous, chère comtesse. Je regardais cette épaule couverte d'un duvet brun et pressé, ces bras souples aux mouvements fluides, et je me demandais quelles ressources de gymnastique inconnue il y avait, cachées dans ce petit corps, en apparence si chétif, et qui forçait, sa camériste venait de le lui dire, moi présent, les meilleurs buscs d'acier. « Sirène du diable, pensai-je, de quels œufs d'esturgeon salés as-tu donc nourri ton Marigny, pendant tant d'années, pour que tu croies qu'il va revenir te demander tes caresses à ton premier coup de sifflet ?... »

« On lui apporta sa robe. Elle la mit. Cela me fit sortir de mes contemplations songeuses.

« — A propos de ce mariage, repris-je, on m'a dit une chose que je n'ai pas voulu croire, señora ?

« — Quoi donc ? fit-elle.

« — Que vous étiez sortie de Saint-Thomas d'Aquin, bras dessus, bras dessous avec la comtesse de Mendoze, une *plantée-là* comme vous, ma pauvre señora, et que vous étiez montée dans sa voiture, comme si vous étiez des amies de tous les temps.

« — *Porque no ?* fit-elle encore.

« Ah ! par ma foi, elle m'impatientait avec ses *porque no ? porque no ?* Elle devait bien savoir, morbleu, pourquoi la comtesse de Mendoze ne pouvait s'appareiller publiquement d'une fille de sa sorte, et j'allais peut-être le lui rappeler, lorsqu'elle l'oubliait, mais la curiosité m'inspira la prudence et je me contins :

« — Diable ! dis-je, tant pis pour moi alors ! car j'ai parié que c'était un conte. J'ai juré que c'était impossible..

« — Vous avez eu tort, monsieur le vicomte, répondit-elle en fermant son bracelet qui rendit un bruit sec, cela est vrai et vous avez perdu.

« — Bah ! fis-je bruyamment, et quel motif a pu déterminer cette liaison soudaine ? Est-ce la sympathie, née des mêmes malheurs ? car avant ce damné mariage, vous ne vous connaissiez guère, je présume, de manière que...

« Mais elle m'interrompit par le mot de Talleyrand : Vous êtes bien curieux ! et elle le prononça avec une superbe qu'une princesse de Bénévent n'aurait, certes, pas désavouée. On dit qu'elle est de grande race par sa mère, et il y a des moments où, parole d'honneur ! on le croirait.

« Je pris une pastille de cachou dans cette bonbonnière que vous m'avez donnée et me mis à sifflotter un air, en l'observant de l'angle de l'œil. Elle était habillée... Elle avait une robe de drap noir, que vous eussiez trouvée indécemment courte, car les chevilles qu'elle a remarquablement bien étaient à découvert sous la soie collante de ses brodequins. Cette robe était fermée par devant avec des topazes comme celles qu'elle avait piquées dans ses cheveux. Certes, un tel accoutrement était bizarre. Mais *le bizarre* est ce qui lui va le mieux! Elle se fourrerait un anneau dans le nez comme un bison ou une bayadère qu'elle nous entraînerait tous par ce diable d'anneau! Elle posa, tout en chantonnant, un chapeau d'homme sur sa tête, avec une plume tombant à l'épaule, comme si elle allait monter à cheval et commander une compagnie de mousquetaires noirs.

« — Voilà M. de Cérisy! s'écria-t-elle, j'entends la voiture. Nous dînons à Ville-d'Avray, vicomte. Voulez-vous dîner avec nous?

« Je refusai. C'était mon vendredi chez la douairière de Vandœuvre. Comme je la remerciais, Cérisy entra, l'air heureux de cette grâce d'accepter à dîner qu'elle ne lui octroie pas tous les jours. Malgré son air de grand flandrin, Cérisy est un homme de qualité et d'esprit. Il jette sa gourme dans quelques folies, mais après tout, il ne faut pas que les jeunes gens nous détroussent trop tôt de notre sagesse. Qu'est-ce qui nous resterait pour nous faire respecter de ces gaillards-là?... Il joignit ses instances à celles de la señora, mais je suis fidèle à mes amis et à mes habitudes, et je persistai dans mon refus.

« — Que je ne vous retienne pas, leur dis-je,

et je me levai. Oliva prit sur une encoignure un magnifique flambeau de bronze sculpté, à trois branches, appuyé sur trois monstrueuses griffes de lion, et elle en présenta la triple flamme ondoyante au cigare de sa maîtresse. Il y a bien dix ans que je vais chez la Vellini et de nuit ou de jour ; quelle que soit la raison ou l'heure, j'ai toujours vu ce flambeau allumé et brûlant. Les uns affirment que c'est un emblème, une des superstitions de cette tête étrange ; les autres disent simplement que la señora qui fume, comme toutes les femmes de son pays, veut avoir du feu toujours prêt sous sa main.

« Nous descendîmes tous les trois. Une calèche à quatre chevaux nous attendait.

« — Peste ! mon cher Cérisy, voilà qui est princier ! lui dis-je, en voyant le luxe de son attelage.

« — Ils ne sont pas très-faciles à mener, répondit-il avec un ton de galanterie, digne de son père, que j'ai fort connu et que nous appelions le *beau Muguet ;* mais sous la petite main de la señora, ils sont presque aussi dociles que nous.

« — Comment, la señora ? repris-je... Mais elle s'était déjà enlevée et campée sur le siège, avec la légèreté d'un page. Le cocher était passé derrière la voiture. Elle avait pris les rênes dans cette petite main dont venait de parler Cérisy, et du fouet qu'elle agita, elle frappa la crinière des deux chevaux de tête, qui, sous le vent de flamme de cette caresse mordante, bondirent, se cabrèrent et, s'encapuchonnant dans les rênes tendues, frémirent d'être si bien contenus.

« Cérisy était monté. « — Quand vous voudrez, señora», dit-il. L'audacieuse Espagnole sembla frapper à la fois les quatre croupes de ses chevaux. Ils s'élancèrent... Mais au second tour de roue, la voiture revint sur elle-même : tout ce puissant attelage avait reculé. Elle le ramenait en arrière vers moi :

« — Monsieur de Prosny, me dit-elle avec sa voix grave et ses yeux impassibles, si vous voyez Mme de Mendoze avant moi, offrez-lui mes affectueux compliments.

« Et la voiture partit comme une flèche de foudre. Les chevaux montèrent la rue de Provence à un galop fait pour tout briser. A l'angle de la rue de la Chaussée-d'Antin, je vis tourner de court et disparaître cette légère voiture qui battait presque les jambes des nobles bêtes qui la traînaient, et qui s'impatientaient et se forcenaient de n'avoir que cela à emporter !

« Eh ! eh ! grondez-moi si l'envie vous en prend, comtesse ! Ce qui venait de passer devant mes yeux, comme un météore, ne ressemblait guère à tout ce que j'avais adoré dans ma jeunesse. Mais quoique je ne sois qu'un vieux bonhomme, je sentis cependant quelque chose qui se rajeunissait en moi et qui absolvait presque tous les Marigny et les Cérisy de la terre de leurs folies pour un être comme celui-là !

« Mais ce ne fut là qu'un instant ; un diable de mouvement ou un mouvement du diable qui ne dura pas, madame la comtesse. « Ta, ta, ta, me dis-je *in petto,* elle se moque de moi, après tout, cette commère-là avec ses compliments à la comtesse de Mendoze. Eh bien, tête-bleu ! je les lui porterai, et aujourd'hui même. Nous allons voir ! Peut-être que Mme de Mendoze, qui montre ses chagrins à tout Paris, ne sera pas si discrète que cette señora de l'enfer. Je saurai quel lien il peut y avoir entre ces deux femmes, placées si loin l'une de l'autre dans la vie et dans la société. » Et du même pas, en disant cela, je me dirigeai vers l'hôtel de Mendoze. Mon mauvais génie m'y fit arrêter trop tard. La comtesse n'y était plus, elle avait quitté Paris depuis plusieurs jours pour une de ses terres. Ce fut même longtemps après être allé à l'hôtel de Mendoze que j'appris, je crois chez Mme d'Outremont, que la *malheureuse* comtesse (c'est son titre officiel) s'était retirée à son château de la Haie-d'Hectot, en Normandie, c'est-à-dire qu'elle habitait à une lieue et demie de Mme de Flers. Saviez-vous cela, ma chère amie? La société de Paris, qui sait tout, elle, même la topographie du Cotentin, quand il s'agit de faire du scandale, a fort bien remarqué que de toutes ses terres Mme de Mendoze avait justement choisi celle dont la situation la rapprochait le plus de M. de Marigny.

« Telle a été, en toute exactitude, ma chère comtesse, la visite qui a suivi votre départ à la señora Vellini. Comme vous voyez, je ne suis pas heureux avec cette femme-là, car voilà bien la seconde fois que j'échoue, quand il s'agit de connaître ses impressions ou ses desseins. Elle renverse tous les préjugés sur les femmes. Ajoutez que je ne sais pas un mot de la vérité ou de la fausseté de ses *relations* avec la comtesse de Mendoze, qui était bien réellement et assez ridiculement à Saint-Thomas d'Aquin, le jour du mariage, si vous vous le rappelez. On n'est donc pas moins renseigné que moi. On n'est pas dans une anxiété plus grande. Comptez cela aussi pour les trois quarts de ma paresse à vous écrire. Je m'attendais presque à vous décocher le fameux billet historique : *Prenez garde à vous, le diable est déchaîné!* mais le diable ne se déchaîne point. Je suis retourné plusieurs fois chez la Malagaise. Je l'ai toujours vue, son cigarre aux lèvres, fumant tranquillement comme un volcan qui n'éclate jamais, se berçant dans son hamac pendu au plafond, enveloppée dans un calme impénétrable et railleur ; mais le tigre est calme aussi et même somnolent jusqu'à ce qu'il bondisse, et son premier bond tombe si juste qu'il n'a pas besoin de le recommencer. La señora imitera-t-elle cette aimable bête, avec laquelle elle a peut-être plus d'un rapport de ressemblance? Ne fera-t-elle qu'un coup de dent du friand bonheur d'Hermangarde? Moi, je tiens pour les parieurs qui le croient. N'allez pas vous moquer de mon astrologie judiciaire. C'est de l'expérience. Je ne suis pas un moraliste bien foncé, mais il y a cinquante ans que je repasse l'alphabet de la nature humaine, et je m'imagine qu'une femme, comme cette Vellini, est très-menaçante pour la délicate chose, plus rare encore que belle et plus fragile que tout, que vous appelez le bonheur permis du mariage. Est-ce son petit corps qui est sorcier ou bien son âme? Si vous la connaissiez comme moi, vous croiriez aussi qu'elle a quelque secret, je ne sais où, dans sa personne, pour faire revenir à elle un homme. Je vous entends vous écrier que c'est fort laid, ce que j'ose vous écrire là ; mais que voulez-vous, madame la comtesse? Ce n'est pas ma faute, à moi, si on n'élève pas ses filles pour lutter avec de vieilles maîtresses qui ont toute honte bue, mais qui, à ce prix, font boire aux hommes toutes sortes de choses dont le goût ne se perd jamais. La belle Mme de Marigny, avec sa beauté surhumaine, donnera à son mari le même bonheur que vous avez donné au vôtre ; que cette charmante rose-thé, maintenant flétrie, Mme de Mendoze, a donné à Marigny, qui l'a quittée, et pour revenir à cette Vellini dont il est question. Ce sera toujours la même antienne. Vous appelez cela le bonheur des anges. Très-bien ! Mais les amoureux s'en fatiguent comme un musicien qui serait condamné à jouer toute une partition sur une corde unique. Vous avouerez que cela finirait par être ennuyeux pour le musicien. Aussi qu'arrive-t-il ? On trouve bientôt parfaitement gauche ce qu'on avait trouvé si pur. Et la Fidélité après la possession (je ne parle point de l'autre, dont j'ai été l'exemple à vos pieds) continue d'être, parmi les femmes comme il faut, un fabuleux prodige qu'on n'a jamais vu, tandis qu'ailleurs il existe, à l'état de monstruosité, il est vrai, mais enfin de monstruosité réelle et vivante, avec une alcôve pour bocal !

« Et maintenant pardon, mille fois pardon, chère amie, pour mes prophéties contre un bonheur qui vous intéresse. Dieu est certainement Dieu, malgré les philosophes qui le niaient dans ma jeunesse, et je ne suis pas son prophète. Je puis donc fort bien me tromper et souper à merveille après, comme je l'ai fait hier, par parenthèse, chez le chevalier de Falnat, un ami de ce pauvre Daigrefeuille. Quant à mes opinions sur les vieilles maîtresses et les jeunes mariées, pendant que je les écrivais, je vous voyais d'ici à Carteret, prendre ce grand air qui vous a toujours réussi quand j'ai eu le malheur de vous déplaire, et je vous entendais me dire : Taisez-vous, monsieur de Prosny ! Je me tais donc tout court, ma chère comtesse, et je n'allonge cette lettre, déjà trop longue, que de mes respects les plus tendres. Vous savez s'ils le sont !

« ÉLOI DE BOURLANDE-CHASTENAY,
VICOMTE DE PROSNY. »

V

Dans l'embrasure d'une fenêtre.

A réponse que M. de Prosny avait faite à Mme d'Artelles avec une maligne exactitude n'effraya pas la comtesse, mais l'impatienta. Elle y retrouvait tous les préjugés qu'elle avait perdus, mais elle ne respectait pas assez la tête de M. de Prosny pour les reprendre. En sus, il y avait un peu de moquerie innocente, car la moquerie du vicomte, petit acte d'émancipation à ses propres yeux, n'était jamais un acte d'insurrection positive. Non-seulement il n'aurait pas osé, mais il n'eût pas même songé à oser. Elle était sa monarchie de cœur depuis trente ans, et cette monarchie absolue, il la tempérait par de petites ironies, comme l'autre, dans l'ancien régime de France, se tempérait par des chansons. La comtesse, adroite comme les gouvernements devraient

l'être, et n'étant pas pour rien l'intime amie de
Mme de Flers, à qui elle avait vu pratiquer sur
feu le marquis une domination *modèle*, ne se
blessait pas des plaisanteries de son esclave.
Elle avait la longanimité de cette rusée commère italienne que l'Histoire, qui se mêle peu
du sexe des âmes, appelle sur son rabat et sur
sa moustache le cardinal Mazarin. Elle par-
donnait l'illusion d'une petite résistance dans
l'intérêt de son pouvoir.

Seulement, comme il faut que la femme se
retrouve un peu partout, elle eut un dépit impatient en lisant la lettre où le vicomte, qui
n'avait jamais été si brave, maintenait son opinion sur Vellini. « Voyez, dit-elle à la marquise, voilà que M. de Prosny me raille maintenant parce que je crois comme vous à la sincérité du cœur de M. de Marigny. C'est un
vrai tocsin qu'il nous sonne avec les clochettes
de son chapeau de fou. Ne le dirait-on pas
épris à son tour de cette odieuse femme qui fait
rêver jusqu'aux vieillards, et sur laquelle il
nous écrit six énormes pages, lui qui, d'ordinaire, se contente de quelques mots écourtés !
Et tout cela, vertu de ma vie ! parce qu'il l'a
vue à sa toilette dans un corset débraillé, ou
remplissant le noble rôle de cocher de M. de
Cérisy ! »

Assurément, avec ses habitudes du monde

Mme d'Artelles avait le droit de s'étonner. Mais la marquise, qui connaissait mieux la vie et combien peu le code des convenances pèse dans la balance des passions, la marquise ne partageait pas le dédain de la comtesse pour cette femme, qui, comme le disait son amie, *faisait rêver jusqu'aux vieillards.*

En effet, cette femme, cette Vellini, était pour elle une énigme dont elle ne parlait jamais, il est vrai, qu'à Mme d'Artelles, et encore ne lui en parlait-elle que bien sobrement, en quelques mots, mais qui préoccupaient et *tantalisaient* son esprit. Comme M. de Prosny, mais d'une autre manière, incessamment elle en rêvait. Quand, dans sa bergère, au coin du foyer ou à la fenêtre de son salon, elle fermait les yeux et baissait la tête, ses enfants, qui la regardaient, croyaient qu'elle était endormie et elle pensait à Vellini. Eux, qui l'aimaient presque autant qu'elle était aimable, se parlaient plus bas leur tendresse pour ne pas troubler son sommeil. Ils surveillaient en souriant entre eux, douce chose, mon Dieu ! que la piété filiale ainsi partagée ! ce sommeil qu'ils appréhendaient comme un affaiblissement des organes. Ils la contemplaient avec mélancolie, elle qui les avait bénis envers et contre tous. Puis, quand Hermangarde s'attendrissait en la voyant tombée dans ce sommeil facile aux vieillards, parce qu'ils vont

peut-être bientôt mourir, et que François de
Sales, à son heure dernière, appelait *le frère en
attendant la sœur,* l'épouse qui soutenait la fille
rapportait à son mari, en se détournant, une
larme qu'il buvait en silence, la seule espèce
de larmes que connussent les yeux purs de cette
femme heureuse ! Ingénieux à se tourmenter,
ils s'effrayaient à tort pourtant ; elle n'était point
assoupie. Cet esprit vif et attrayant ne reployait pas ses ailes, cette vieille que Dieu avait
tant douée ne s'affaiblissait pas comme eût fait
une matière moins subtile et moins mêlée aux
célestes étincelles. Elle était seulement retirée
en elle-même, abritant sa méditation sous le
voile trompeur du sommeil qui les inquiétait.
Mais la vie intérieure couvait au sein de ce repos.
Vellini, Vellini passait, en l'enflammant, au
fond de cette pensée, cachée, mais attentive.
Elle la voyait comme Marigny la lui avait
montrée, comme M. de Prosny devenu (par
miracle !) peintre en parlant d'elle, la lui avait
représentée à son tour, et elle cherchait le mot
de l'énigme illisible et non pas indistinct. « Il
y a plus difficile que de conquérir, pensait-elle,
c'est de garder sa conquête. Pour les femmes,
c'est le grand problème, » et elle, qui avait
cherché peut-être cette quadrature du cercle du
cœur sans la trouver jamais, se demandait si
Vellini n'avait pas, à son insu, le génie qu'il

fallait pour la découvrir sans chercher, pour dompter l'indomptable chimère dont le dos ailé tenta toute femme dans sa jeunesse... Alors la peur la prenait pour Hermangarde et elle rouvrait les yeux en sursaut. Mais ce qu'elle retrouvait devant elle chassait sa terreur comme un mauvais songe. N'y étaient-ils pas tous les deux? Ils y étaient l'un à côté de l'autre, tantôt ici et tantôt là, mais exprimant l'amour de leurs âmes dans leurs gestes et dans leurs regards. Parfois oisifs, ils se contentaient d'une main prise, d'un échange de pensées et d'accablantes délices par les yeux. D'autres fois Marigny (l'auraient-ils cru, ses amis de Paris, qui l'appelaient le fier Sicambre?), ce Marigny, dont l'intimité avec Vellini, Mme de Flers le savait, avait été une longue bataille, renouvelant la fable si vraie d'Hercule filant aux pieds d'Omphale, tendait ses poignets à l'écheveau de soie d'Hermangarde, qui le dévidait en le brouillant à dessein, pour sentir plus longtemps l'haleine du dieu de sa vie sur son front tiède et ses longs cils. Détails vulgaires, mais idéalisés par le cœur, par cet amour, beauté et mystère, qui jette des torrents de volupté et de poésie sur toutes les poussières de l'existence! C'était sans efforts et sans combat que la marquise se rassurait à ces spectacles, où l'homme gagne tant en grâce et la femme en puissance, fusion divine de deux âmes qui mêlent leurs facultés, en les partageant! Ah! quelle femme! fût-elle centenaire, ne s'est pas toujours retournée avec une passion de souvenir vers le bonheur évanoui de l'amour, quand elle a rencontré de ces félicités si bien gravées et si visibles dans la vie, qu'on dirait une eau-forte dont les yeux les plus affaiblis peuvent saisir aisément la perfection et l'empreinte!... Tels étaient les sentiments de la marquise. Elle jouissait du bonheur de ses enfants, moitié pour eux, moitié pour elle. Elle passait de longues heures, les mains jointes sur sa ceinture, à contempler ce chef-d'œuvre du destin auquel elle avait contribué, et qui condensait tous les bonheurs épars et moins grands de sa vie, en un seul, pour son Hermangarde. On aurait juré qu'elle priait. Et qui sait? peut-être priait-elle. Elle n'avait jamais été pieuse, mais elle n'avait jamais non plus été incrédule. Ce qu'elle n'avait pas demandé à Dieu pour elle, peut-être le demandait-elle pour sa petite fille. Tous les grands sentiments sont de grandes croyances, et toutes les grandes croyances ne s'appellent-elles pas? Oui, elle aimait tant Hermangarde qu'elle eût fait volontiers, cette femme du XVIIIe siècle, des neuvaines à la Vierge Marie, la protectrice des amours saintes, la Mère de toutes les piétés, pour qu'elle protégeât la fragilité sublime d'un amour semblable ; pour qu'elle eût pitié d'un si saint amour.

Mais que cela fût ou non, elle n'était pas femme pourtant à s'en remettre uniquement au ciel du bonheur qu'elle lui demandait. Elle pensait à le couvrir de ses propres mains, à l'assurer par des voies humaines. C'était là sa pensée de toutes les heures, comme le prouvera une des dernières conversations qu'elle eut avec sa petite-fille, quelques jours avant de quitter son ancien manoir de Carteret et de retourner à Paris.

Il n'étaient pas sortis ce jour-là. La pluie tombait depuis le matin, une pluie des derniers jours d'octobre, fine, pressée, filtrant d'un ciel gris et qui semblait ternir la mer en y tombant, car la mer aussi était grise et son écume roulait du gravier au rivage. Des fumées cernaient l'horizon, Jersey était noir, mauvais signe, disent les marins de cette côte. Le vent qui poussait de longues plaintes, en soufflant de la falaise, annonçait de l'eau pour le reste de la journée et rendait toute promenade impossible. Ils n'avaient pas quitté le salon. A une certaine heure, selon son usage, Mme d'Artelles s'était retirée dans sa chambre et ils étaient restés seuls avec la marquise. Hermangarde brodait. Marigny, le bras passé derrière elle, sur le dos de son fauteuil, regardait le mouvement languissant de ces belles mains qui travaillaient. Ils avaient d'abord causé tous les trois. Puis la marquise avait paru s'assoupir. Elle s'était isolée d'eux par les cils baissés, mais non par la pensée. Discrétion délicate qui ménageait les plus sensitives pudeurs de sa fille, en ne voulant pas voir tomber quelque baiser, difficile à retenir, sur ce cou dont la ligne inclinée passait si près de la bouche de Ryno.

Après un temps qui ne leur parut guère, un domestique souleva la portière du salon. Un fermier demandait M. de Marigny. A ce moment, Mme de Flers avait rouvert les yeux.

« Ryno vous a-t-il réveillée, ma mère? dit Hermangarde. Malgré les précautions qu'il avait prises, Marigny pouvait avoir fait quelque bruit, tout en traversant le salon.

— Non, mon enfant, répondit la marquise, ton mari ne m'a point éveillée; je ne dormais pas.

— Méchante bonne maman, dit Hermangarde, qui reste près d'une heure sans rien dire à ses deux enfants! Que faisiez-vous donc, alors, les yeux fermés et dans le silence?...

— Ah! fit la marquise, avec sa finesse accoutumée, je vous écoutais vous aimer. »

Une nuance d'un rose pâle traversa les joues pâles de la chaste femme, qui plus d'une fois avait été obligée de mettre sa main sur les lèvres de son mari pour y étouffer de ces ardents soupirs qui implorent mieux que la voix quelque caresse.

« Mère, dit-elle après une légère pause, est-ce que vous êtes jamais de trop entre nous? Est-ce que nous ne serons pas assez longtemps sans vous entendre puisque vous voulez nous quitter, pour nous priver, pendant que vous êtes ici encore, de votre esprit et de votre voix? »

Et elle jeta un triste coup d'œil vers la fenêtre d'où l'on voyait la pluie tomber lentement sur les grèves.

« C'est vrai, répondit la marquise, suivant le regard d'Hermangarde, voici l'hiver : il va falloir bientôt partir. M#{me} d'Artelles est pressée de revoir Paris et se plaint de ses rhumatismes. Vous allez rester seuls, mes chers enfants, mais la plus seule des trois sera encore votre vieille grand'mère, lorsqu'elle sera loin de vous.

— Chère maman, dit M#{me} de Marigny, touchée du ton de la marquise, en laissant là sa broderie pour venir prendre la pose qu'elle prenait quand elle était jeune fille, et en s'agenouillant sur le tabouret aux pieds de sa grand'mère, j'aime ce pays ; j'y suis si heureuse ; l'été m'y a été si bon ; mais je vous préfère à tous les pays du monde ! Si je le veux, Ryno retournera à Paris !...

— Non! non! repartit vivement la marquise, retrouvant sa fermeté sous l'attendrissement qui la pénétrait. Non, ma chère enfant, je ne veux point de ton sacrifice. Restez ici, puisque vous vous y plaisez; je vous aime presque mieux ici qu'à Paris, où vous iriez dans le monde sans moi, et où je ne vous verrais pas beaucoup davantage. »

Elle ne disait pas la vraie raison qui la faisait les *aimer mieux* à Carteret qu'à Paris, tout l'hiver. Mais si elle parlait du monde, des distractions du monde, elle ne pensait qu'à Vellini.

Elle se mit à passer les mains sur le pur ovale du visage de sa petite-fille, qui avait couché câlinement la tête sur les genoux maternels, et caressant la joue de Briséis, tournée vers elle :

« Tu ne sais donc pas, mon beau cœur, lui dit-elle, avec une douce mélancolie, combien le bonheur d'une femme est fragile. Tu ne sais qu'une chose, toi, c'est ton bonheur. Garde-le bien, en restant ici. Tous ceux qui tiennent à leurs trésors les cachent dans la solitude. Ryno t'aime avec idolâtrie. C'est un noble caractère, mais l'amour qu'il a pour toi n'est pas d'une autre espèce que l'amour des hommes. Ici, qu'aimerait-il s'il ne t'aimait pas? tandis qu'à Paris, il est des distractions de toutes sortes;

et pour une femme aimée, toute distraction est une ennemie. »

La belle joue que la marquise flattait de la main changea de couleur.

« Voulez-vous bien, folle enfant, ne pas pâlir comme cela ! reprit la marquise. Qu'est-ce que je t'ai dit pour t'émouvoir ainsi, grand Dieu ?... Ma chère enfant, je te donne un conseil dans l'intérêt de ton bonheur, qui est aussi le mien. Et elle embrassa la joue pâle, mais qui resta pâle. L'amour t'aurait-il égarée au point de te faire croire qu'aimer et se laisser aimer, c'est assez pour retenir l'amour qu'on inspire? T'imaginerais-tu que ton mari, qui n'est plus un enfant comme toi, n'a pas aimé avant de te connaître? Le cœur d'un homme ! ah ! quelle femme peut se vanter d'avoir bien fermé cet abîme, et d'en avoir toujours la clef?

— Oh ! vous avez raison, grand'mère, dit à son tour Hermangarde, en relevant son visage ému, nulle femme ne peut se vanter d'une telle puissance, s'envelopper l'âme dans une si douce sérénité. Si j'ai pâli tout à l'heure, c'est à cela que je songeais... Je pensais à cette infortunée Mme de Mendoze, dont la pensée m'a toujours suivie depuis un soir...

— Quel soir? Et qui vous a dit, fit la marquise, que Marigny ait aimé Mme de Mendoze?

— Oh ! mère, reprit Hermangarde, ce n'est

personne et c'est tout le monde. Les oreilles des jeunes filles voient et leurs yeux entendent. Dans ces quelques soirées où vous m'avez conduite avant d'être mariée, j'ai surpris, sans avoir besoin de faire une question, tout ce qu'on reprochait à Mᵐᵉ de Mendoze, tout ce qu'on disait d'elle et de Ryno. Je ne savais pas ce que c'était que d'aimer alors... Je trouvais bien extraordinaire ce que j'entendais chuchoter sur M. de Marigny, dont les femmes parlaient comme d'un démon ; je n'avais pas l'air de comprendre, mais je me demandais de quels moyens usaient les hommes pour se faire aimer, comme on disait qu'il était aimé de Mᵐᵉ de Mendoze, malgré l'éclat de l'abandon qu'il en avait fait. J'observais profondément cette femme partout où je la rencontrais. Mon Dieu ! que j'avais pitié d'elle ! Elle qui avait été si jolie était méconnaissable. On la disait mourante. Je ne pouvais lui montrer l'intérêt que je lui portais au fond de mon âme. Il y avait des moments où l'envie me prenait, la voyant si malheureuse, de traverser le salon où j'étais et d'aller l'embrasser, devant tout le monde, comme on embrasse une sœur. Quand on l'accusait, j'étais toujours tentée de la défendre ; je ne savais comment l'avertir de la sympathie que j'avais pour elle. Ne vivant que dans une pensée et dans une souffrance, elle ne se doutait pas de ce qu'il y avait pour elle dans mon cœur. Un jour, comme nous sortions de chez Mme de Bruck, je lui mis sa pelisse sur les épaules, et je ne pus m'empêcher de lui baiser la main. Heureusement le vestibule était sombre, vous ne me vîtes pas et personne ne me vit, mais moi je vis bien, dans les ombres, les yeux qu'elle fixa sur les miens, étonnés, attendris, confondus! Quelque temps après, je la rencontrai chez Mme de Valbreuse, elle fut sur le point de s'évanouir et le sang faillit l'étouffer et monta à ses lèvres quand on annonça M. de Marigny. Lui, je ne l'avais pas vu encore, mais alors je compris. » Elle s'arrêta.

« Que compris-tu, ma pauvre enfant? reprit la marquise.

— Je compris alors, répondit-elle, en rougissant comme si elle avait été une jeune fille encore, qu'il n'y avait plus qu'à mourir quand *il* ne vous aimait plus.

— Tu m'avais pas dit cela, petite? dit Mme de l ers, avec moins de reproche que de réflexion.

— Non, bonne maman, fit Hermangarde, je n'ai pas osé; je l'aimais. Si je vous avais parlé de Mme de Mendoze, j'aurais craint de me nuire à moi-même, en nuisant à Ryno dans votre esprit. Vous n'ignoriez pas ce que le monde disait, mais à quoi bon rappeler à votre pensée des faits qui vous auraient indisposée contre lui? Il venait tous les soirs, et d'ailleurs ce que j'éprouvais me fit bientôt oublier Mme de Mendoze. Mes pensées étaient toutes à lui; je n'en eus plus une seule pour elle.

— Malheureuse femme, dit la marquise, et singulière destinée! Toi qui lui avais montré un intérêt dont elle était privée, c'était toi qui devais épouser l'homme qu'elle aimait avec une passion si profonde.

— Savez-vous ce qu'elle est devenue, maman? dit Hermangarde. Je n'en ai jamais parlé à Ryño.

— Mme d'Artelles et M. de Prosny disent tous deux qu'ils l'ont aperçue dans une des tribunes de Saint-Thomas d'Aquin, à ta messe de mariage. Elle aura voulu voir la consommation de son malheur de ses propres yeux. Elle a, ce jour-là, cruellement expié ses fautes... Les femmes seules peuvent comprendre ce qu'elle a déployé de courage. Te doutais-tu, ma pauvre fille, de tout ce que tu faisais souffrir?

— Ah! si je l'avais su, ma mère, je n'aurais pas été si heureuse!

— Depuis, reprit Mme de F'·rs, nous sommes arrivés ici, et il paraîtrait qu'elle serait devenue notre voisine. M. de Prosny, qui est bien le meilleur timbalier de nouvelles qui soit dans

Paris, a écrit dernièrement à Mme d'Artelles que Mme de Mendoze était retirée à son château de la Haie-d'Hectot. Si elle y est, elle vit furieusement solitaire, car il n'y a que nous dans les environs. »

Hermangarde demeura toute pensive. C'était une âme généreuse. La pitié autrefois ressentie la surprenait et la pénétrait avec une force nouvelle. Si ce n'avait pas été une sorte d'impiété envers Ryno lui-même, elle aurait eu regret de son bonheur à ce prix.

Mme de Flers, qui était la raison vivante de cette tête, adorablement romanesque comme tout ce qui est grand dans la vie, mit le doigt sur le front d'Hermangarde.

« A quelles choses impossibles rêve cette tête-là? lui dit-elle, comme si le même sang qui passait dans leurs cœurs l'eût avertie des sentiments de sa fille aimée, et comme si l'expérience de toute sa vie dût s'opposer à ces sentiments trop sublimes, inutiles toujours, quand ils ne sont pas dangereux.

— Oui, répondit Hermangarde, ce sont des choses impossibles. Je pensais à aller au-devant de cette femme qui a aimé Ryno, et qui en a été aimée. Je pensais à lui demander pardon de mon bonheur... Et si j'y allais cependant, il est bien probable que je la blesserais davantage.

— Vous êtes une noble et bonne femme, ma chère fille, dit la marquise, mais c'est une nécessité de la vie de ne pouvoir se livrer à ses meilleurs sentiments. Non-seulement le monde, qui met d'indignes motifs sous toutes choses, expliquerait de travers la moindre démarche que tu ferais vis-à-vis de Mme de Mendoze; mais peut-être elle-même n'y comprendrait-elle rien non plus. Tu n'es plus pour elle qu'une rivale heureuse et ta pitié l'injurierait. Entre elle et toi il y a un mur plus haut que la muraille de la Chine. C'est ton mariage. Vous pouvez vous rencontrer dans le monde, puisque vous appartenez toutes deux à la même société, mais cette société vous fera un devoir à l'une et à l'autre, de par l'autorité de ses convenances, de vous envelopper dans cette indifférence polie sur laquelle l'observation la plus aiguë glisse comme sur une armure sans défaut.

— J'aurai bien de la peine, grand'mère, reprit naïvement Hermangarde, à regarder jamais comme une autre femme la femme qui aura été aimée de Ryno.

— Mais elle ne l'est plus, fit la marquise. Hélas! on dit qu'elle a été bien imprudente; qu'elle a malmené son bonheur. Il ne faut pas toujours, mon enfant, ajouta cette doctoresse de l'amour, se dodelinant dans sa cape noire comme un docteur dans ses hermines, et qui profitait de tout hasard pour professer à sa petite-fille une science qu'elle possédait à fond, il ne faut pas rejeter tous les torts sur les hommes, s'il vient un jour où ils se détachent. La faute en est aussi aux femmes qui abusent de leur puissance ou ne savent pas s'en servir. Je te le disais, il n'y a qu'un moment, mon beau cœur. Ce n'est pas tout que d'aimer et d'être aimée. Il y a l'amour, puis il y a la politique de l'amour. C'est une politique obligée. Les femmes qui n'entendent pas le gouvernement du cœur qui les aime perdent bientôt leur empire. On dit que c'est l'histoire de Mme de Mendoze. C'est une âme charmante, mais les âmes charmantes doivent être doublées d'habileté, si elles veulent tenir au mauvais vent de vie. Je ne la condamne point, la pauvre femme ; je la plains. On raconte qu'elle a aimé Marigny avec une imprévoyance du lendemain et un esclavage de tout son être qui expliquent un peu l'abandon où elle est tombée. Nous ne sommes point à Constantinople, ma chère enfant. Quelque tendre qu'on soit, il faut rester personnelle. Il ne faut pas être uniquement une chose ornée de dentelles, comme l'oreiller sur lequel on est heureuse. »

Hermangarde écoutait sa grand'mère avec l'attention qu'elle eût prêtée à un oracle, et,

comme l'oracle est toujours un peu obscur, elle
ne comprenait qu'à moitié cette politique de
l'amour, nécessaire à toutes celles qui veulent
être aimées. Il y avait dans les éléments de
son être une fierté, disons mieux, une pureté de
fierté, qui la rendait bien différente de cette
faible Mᵐᵉ de Mendoze, perméable à un seul
sentiment, l'amour. Mais elle lui ressemblait
en ceci pourtant, que la comtesse n'avait pas
une plus généreuse, une plus entière manière
de se livrer toute au bonheur de l'homme qu'elle
aimait, et d'y sacrifier jusqu'à l'amour même.
C'était là ce qui inquiétait la marquise au moment de quitter son manoir de Carteret. Elle
était plus triste de cela que de son départ. Elle
qui avait fait porter longtemps son *doux joug,*
comme dit l'*Imitation,* au marquis de Flers, elle
qui avait toujours été, en amour, une Princesse
des Ursins, sans disgrâce, désespérait de voir
naître dans la poitrine de sa fille, tabernacle des
choses les plus saintes, mais fermée par la Fierté
et par la Pudeur, ce génie de l'intrigue du cœur
qui empêche parfois d'être trop sincère. Elle
sentait amèrement le danger que l'âme qu'elle
avait créait à sa fille. Elle ne pouvait croire
que la femme à qui appartenait un tel visage,
se pliât jamais aux rouéries innocentes qui sont
à l'amour ce que sont à la dentelle les épingles avec lesquelles on la fait. N'y a-t-il pas

des âmes qui par leur grandeur, leur simplicité et les plus adorables réserves, sont fatalement, en bonheur, des maladroites sublimes? « Pourquoi es-tu *toi?* et pourquoi vaux-tu mieux que *moi?* » pensait-elle, en regardant Hermangarde dans l'ombre du jour qui tombait. La rafale langoureuse se mêlait à la pluie. La mer, désolée et méchante, y répondait des brisants. Il est des jours où tout est présage. De la fenêtre que la nuit commençait d'emplir, on voyait vaciller les feux des phares, penchés sous le vent. M⁽ᵐᵉ⁾ de Flers comprenait mieux, devant ce spectacle, l'inflexibilité des choses créées, contre lesquelles le cœur se brise et no peut rien. Elle embrassait vainement le front dans lequel elle eût voulu faire entrer toute l'expérience de sa vie, et l'expérience de toute sa vie lui rappelait tout bas quelle est, quand il s'agit de l'âme, la stérilité des conseils!

Heureusement Marigny, en rentrant au salon, les tira du silence et de la tristesse dans lesquelles elles allaient chavirer. Il rentra, un flambeau à la main. La lumière de sa présence pénétra dans leurs âmes mieux que dans leurs yeux la lumière de son flambeau. O puissance de la vie intime, magie d'être ensemble, influence du rapprochement des cœurs qui s'aiment, dans les quatre pas d'un salon! Elles redevinrent gaies et légères. L'une oublia

Mme de Mendoze et l'autre ses pressentiments. Leur bonheur menacé, ce soir-là, par le je ne sais quoi qui est peut-être le commencement du malheur, resta inaltérable ; ce bonheur qu'il n'est pas donné à l'homme de décrire autrement qu'en répétant mille fois son nom !

VI

La providence qui s'en va.

EU de jours après cette soirée, la marquise de Flers, accompagnée de son inséparable Mme d'Artelles, quitta Carteret et regagna Paris. Elles partirent toutes deux dans une bonne berline, par un temps vif, mais qui n'annonçait pas encore ces cruautés de la saison devant lesquelles elles fuyaient les engourdissantes frigidités de l'hiver. Les deux époux qu'elles laissaient dans leur *nid d'alycon*, ainsi qu'ils aimaient à nommer le château presque marin qu'ils habitaient, les conduisirent, jusqu'à la lande de la Haie-d'Hectot, au delà de Barneville, cette bourgade normande, si remarquable par la tour carrée et crénelée de son clocher. Un domestique conduisait derrière la voiture deux fringants chevaux de

main qui devaient ramener M. et Mme de Marigny à Carteret.

La peine de quitter sa grand'mère, pour la première fois de sa vie, jetait un touchant reflet de mélancolie sur le visage sérieux d'Hermangarde. Cette grande personne avait, pour ce jour-là, revêtu une amazone de velours noir et placé sur ses bandeaux blonds et lisses comme de l'or en fusion coulant vers ses tempes, un chapeau de feutre à la Louis XIII, avec sa plume sombre, qui à chaque mouvement frissonnait. On eût dit qu'elle était sculptée dans cette mise équestre et sévère qui touche au costume de l'homme, mais qui ne l'est pas. Il fallait la voir, le corsage emprisonné sous les boutons de jais de cette amazone qui prenait le ferme contour de cette poitrine comme une armure noire et dont la jupe ne pouvait cacher, dans le nombre bouffant de ses plis, ces formes opulentes qui alanguissent la démarche d'une femme, d'un poids si divin. Par l'expression, l'attitude, le port, le calme répandu en elle, comme elle dépassait les femmes de ce siècle et leurs morbidezzes ! Elle avait la grave et romanesque grandeur de son nom et d'une figure d'histoire ; elle ressemblait à un portrait d'un autre âge, détaché des lambris de quelque palais. Majestueuse comme une reine, idéale comme une héroïne, elle ne rappelait pourtant à la mémoire charmée aucune reine connue, aucune héroïne illustrée par sa beauté, son courage ou sa destinée... Elle n'était qu'elle; mais elle, c'était l'esprit de toute une race; c'était mieux encore, c'était l'Aristocratie elle-même, ce génie du commandement par le sang, renié comme Dieu, dans ces temps misérables, mais aussi visible que lui !

Placé près de sa femme sur le devant de la voiture, M. de Marigny tenait la main droite de Mme de Flers, qui abandonnait la gauche à Hermangarde. Ils causaient dans le bruit des roues, comme on cause quand on va se quitter pour être longtemps sans se voir. L'impression du départ enveloppait, comme d'une atmosphère chargée de pressentiments sinistres, ces quatre personnes dont les genoux se touchaient par les balancements de la voiture, mais dont les âmes se touchaient bien davantage. Ne formaient-elles pas une famille ? une famille qui se rompait dans le cœur même de son faisceau vivant, par la séparation aujourd'hui, demain et les autres jours par l'absence ?... Le déchirement sourd dont ils étaient victimes, ils le voilaient mal sous des sourires, sous des plaisanteries ou des observations, dues aux hasards et aux accidents de la route, mais ils le sentaient ; ils en souffraient, Hermangarde surtout, l'Antigone de sa grand'mère, dont l'épaule avait toujours été là, moins pour appuyer que pour sentir la main maternelle ; et Marigny, comme Hermangarde, l'*aventurier* Marigny, qui n'avait jamais su, avant son mariage, ce que c'était que le refuge de la famille, que ces entrelacements d'affections, redoublées les unes dans les autres, qui lient un homme à son foyer. Ils allaient être seuls, maintenant, dans le désert de leur bonheur... L'âge avancé de la marquise donnait à son départ la signification d'un autre, qui ne tarderait pas non plus... Y pensait-elle, comme eux ? Mais si elle y pensait, stoïque par bonté, elle étouffait ses attendrissements et venait au secours de l'impression dont ils étaient pénétrés, pour en diminuer la tristesse. Elle animait de son esprit l'esprit moins abattu de Mme d'Artelles, qui allait reprendre avec joie ses habitudes de Paris. L'âme payait cher ces efforts suprêmes d'un esprit qui régnait sur elle. Mais ce modèle des grand'mères folles aimait mieux se sevrer de ses larmes que d'en coûter à sa petite-fille ; même de celles-là qui, pures, chaudes, et sans amertume, tombent si naturellement des yeux remplis, quand une fille quitte pour la première fois une mère que bientôt elle doit retrouver. Oui, même ces larmes-là, elle ne voulait pas les sentir rouler *sur son vieux cœur, qui ne les valait pas*, disait-elle. Ainsi, plus que toujours elle essayait de chasser jusqu'au moindre nuage, errant sur la superficie d'un bonheur qu'elle avait creusé si profond; semblable au lapidaire, idolâtre d'un diamant taillé avec génie, qui passerait son temps à souffler les grains de poussière, tombés, par hasard, aux facettes de la pierre resplendissante. Femme inouïe, plus sybarite du bonheur de ses enfants qu'eux-mêmes ! Dans le trajet de Carteret à la Haie-d'Hectot, elle exprima, en les variant, les plus suaves nuances du sentiment qui fait consoler ceux qui vous aiment, quand on s'en va à l'échafaud. La plus triste, au fond, c'était elle. Eux, ils étaient jeunes, heureux par l'amour. Ils avaient, pour oublier son absence, le lotus enivrant des caresses. Et elle, qui n'avait qu'eux, et qui les laissait l'un à l'autre, portant aux derniers confins de la vie sa vieillesse à la dévorante solitude, parce qu'elle voyait à leurs fronts une légitime tristesse, hommage d'affection qui, certes, lui était bien dû, elle ne pensait qu'à la dissiper, à force de sérénité apparente, de mots fins et de sourires gais ! On reconnaissait bien la femme qui avait inventé le mot que voici pour justifier ses préoccupations habituelles : *Une grand'mère, c'est deux mères l'une sur l'autre. Ce que l'une oublierait, si c'était possible, pour le bonheur de sa fillette, l'autre ne pourrait pas l'oublier.*

Mais, disons-le à l'honneur de Marigny et d'Hermangarde, cette généreuse amabilité échoua dans l'abnégation de ses tentatives. Pour la première fois, ils restèrent inertes et sans écho aux vibrations de cet esprit qui cachait des sanglots dans ses harmonieuses résonnances. Tout le temps qu'ils passèrent avec la marquise, ils n'entendirent en l'écoutant que cette voix de l'adieu qui fait saigner le cœur quand la bouche rit. Arrivés à l'endroit marqué pour la séparation, la voiture s'arrêta un moment. Les chevaux fumaient, ils respirèrent. On était à peu près au centre de la lande de la Haie-d'Hectot, point élevé et nu, d'où l'on découvrait à droite et à gauche un paysage accidenté. Le ciel était gris, l'horizon bleuâtre. La vapeur des chevaux, roulant mollement autour de la berline, fondait la fraîcheur de l'air et permettait de lever les glaces de la voiture. Hermangarde tint Mme de Flers embrassée longtemps.

« Adieu, bonne maman, lui répétait-elle. Vous partez et nous restons, mais quand vous voudrez de nous, faites un signe et nous retournerons à Paris. »

Il fallut mettre un terme aux tendresses. La marquise de Flers, qui lisait dans l'âme de sa petite-fille à travers les grosses larmes qui perlaient dans ses fiers et modestes cils d'or, désirait qu'elle montât à cheval sous ses yeux. Elle savait combien le mouvement physique soulage l'âme à certains moments ; et puis, ayant l'enfantillage des mères comme elle en avait la sublimité, elle voulait réjouir ses yeux de la grâce hardie de sa Bradamante. Hermangarde descendit donc de voiture avec son mari. Ryno plaça lui-même le cheval qu'il amena à sa femme, et, prenant dans sa main le pied chaussé de daim qu'elle souleva, il la mit vivement en selle. L'impatient et bel animal dansa bientôt sous ce léger poids qui faisait plier ses reins frémissants. Il semblait orgueilleux de porter Hermangarde, comme si Dieu lui avait donné l'intuition de la beauté humaine, et il jetait autour de lui, des coups de sa tête hennissante, les écumes blanches qui noyaient son mors. En un clin d'œil, Marigny fut à côté de sa femme sur le cheval qui lui était destiné.

« Trouvez-moi un plus beau couple dans tout le faubourg Saint-Germain ! » dit tout bas, mais ravie, la marquise à Mme d'Artelles.

« Ils s'approchèrent et maintinrent leurs ardentes montures contre la portière de la berline, et ils recueillirent, en baisant les mains que les douairières leur tendirent, les dernières recommandations. Comme le cheval d'Hermangarde, prêt à bondir, s'électrisait sous le genou doux et rond qui le pressait, la marquise un peu alarmée, se rassura pourtant en voyant la pose olympique de force et de calme qu'avait Ryno de Marigny.

« Garde du corps et du cœur, lui dit-elle tendrement et gaiement tout à la fois, gardez la reine de nos deux âmes ! C'est la mienne et la vôtre, veillez bien pour nous deux. »

Et la voiture partit rapide, les laissant immobiles et tournés vers le côté qu'elle avait pris. Elle mit assez de temps à disparaître dans ces landages où nul arbre ne borne l'essor du regard. Les deux amies se penchaient aux portières et agitaient leurs mouchoirs. Enfin, mouchoirs, chevaux, et jusqu'au bruit des roues tout s'engloutit derrière un repli de terrain.

« Nous voilà seuls, dit Hermangarde, essuyant avec le manche de sa cravache deux larmes retenues longtemps. Et elle regarda son mari comme pour faire équilibre à cette perte d'une mère, comme si, avec *son* Ryno, elle eût pu conjurer la vie et défendre à toutes les douleurs de l'approcher.

— Crois-tu, lui répondit son mari, qu'elle ne sera pas avec nous, quoique absente, et crois-tu qu'elle ne le sait pas ?... » Ils retournèrent leurs chevaux du côté de Barneville. Mais l'heure était peu avancée. La lande était déserte, les airs si muets, le paysage si touchant, qu'Hermangarde dit : « Ne revenons pas encore : faisons le tour de la lande plutôt. » Et comme des enfants qu'ils étaient, — car l'amour est une sainte enfance, — ils mirent au galop leurs chevaux, en se tenant par la main. Si les gens du monde, les amis railleurs de Marigny, avaient pu le rencontrer alors, donnant ainsi la main à sa femme, ils auraient fait pleuvoir sur eux les dix mille flèches de la moquerie ; mais le monde était loin, et ces impitoyables sagittaires qui trempent peut-être, hélas ! l'acier de leurs flèches dans le sang de leur propre cœur, et qui n'insultent souvent le bonheur que parce qu'il leur est impossible ! Ils étaient seuls. Il n'y avait autour d'eux que la nature et le silence. A peine le pas de leurs chevaux retentissait-il sur cette lande, couverte de thym, d'ajoncs et de serpolet. Ils ne rencontrèrent personne, si ce n'est, au bout de la lande, en s'avançant dans les terres, à l'orée d'un chemin effondré, une petite fille, une petite *pauvresse* (comme on dit dans le pays), au teint d'argile, aux cheveux emmêlés, assise près d'une eau verdâtre, presque nue, morne, à peine vivante. Elle les laissa passer et ne leur demanda rien. Mais eux revinrent et l'interrogèrent. Elle leur montra une de ces maisons au toit bas, qu'on appelle *bijudes* en dialecte normand, et elle dit d'une voix traînante qu'elle habitait là avec sa grand'mère. Le mot de *grand'mère,* prononcé par cette bouche d'enfant, misérable et douloureuse, remua toutes les fibres d'Hermangarde. *L'aimes-tu bien ? aime-la bien, ta grand'mère !* se pressèrent sur ses lèvres émues. Elle lui donna tout ce qu'elle avait pour le lui porter. L'enfant s'éloigna, étonnée, fixant tour à tour la soie brillante de cette bourse pleine qu'elle tenait dans sa main chétive et salie, et cette belle dame, si belle, qui la lui donnait. Ils la virent regagnant lentement la *bijude* solitaire, et se retournant à chaque butte de chemin pour leur envoyer de loin le farouche et profond regard de la détresse, de la curiosité et de l'ignorance. Ils reprirent leur course quand ils ne la virent plus, s'enivrant ainsi de grand air, de bonté, de mélancolie ! Après avoir parcouru, en plusieurs sens, ce steppe de bruyères, qui se courbait à son centre comme une colline, ils revinrent au point d'où ils étaient partis et où ils avaient quitté Mme de Flers. Ils contemplèrent avec une volupté de regard qui venait peut-être de l'état brûlant de leurs cœurs le paysage ouvert devant eux. Au bas de la lande, le terrain se creusait comme un ravin étroit, mais pour se relever aussitôt de l'autre côté du pont en pierre, bâti sur des eaux peu profondes, aliment des fossés voisins. Ces eaux, qui roulaient claires et dispersées sur des cailloux ferrugineux, allaient abreuver une prairie sise auprès des bois de la

Taille, ancien prieuré aux riches dépendances, vendu pendant la Révolution, et dont les fermiers avaient fait un établissement d'eaux thermales. Hermangarde et Marigny apercevaient à leur gauche les cimes dépouillées de ces bois éclaircis, et, au travers de leurs branches brunes, la maison et les tourelles du prieuré. En face du pont, une grande route, incrustée dans la pente, s'élevait en se tordant vers Barneville, dont la tour couronnait l'horizon, dentelé par les noires cheminées du bourg. A droite, une haie épaisse bordait la route, et le sol s'affaissait tout à coup, autant qu'il surplombait de l'autre côté. Il était divisé en plusieurs cultures fermées par des haies, et, comme par son brusque abaissement il formait une vaste brèche, il offrait, dans une échappée inattendue, à l'extrémité de Barneville et sur un plan plus reculé, la perspective de la mer et de ses grèves. Quand le temps était lumineux, on discernait l'anse de Carteret et Jersey lui-même, cette Cyclade vaporeuse de la Manche. Ce jour-là on ne les voyait pas. Le ciel, tout nuage, ressemblait à de la nacre ternie. La mer n'était point bleue, comme dans l'été, ni verte du vert pâli de l'algue marine, couleur plus ordinaire à ces parages. Elle n'était pas semée non plus de ces mille lames étincelantes que le soleil attache parfois à ses ondes et qu'elle rejette, diamant liquide, sur les angles de tous ses flots. Éteinte, mais pure, elle s'harmoniait avec le ciel aux nuances voilées et rêveuses, et s'étendait en large bande, molle comme une huile, glacée d'argent. Hermangarde et Marigny, du haut de leurs chevaux en sueur, jouirent longtemps de ce spectacle, si bien fait pour un jour d'adieux! Rien n'y manquait en mélancolie : ni les sons éloignés de la cloche de Barneville qui sonnait les premières vêpres du samedi, ni le mugissement, à courts intervalles, de quelque vache cachée dans la ramure au pied de la lande, ni l'heure qui, dans ces courtes journées de novembre, passe si vite, emportant le jour! Ils étaient silencieux et comme pris de charme. Le charme était en eux et autour d'eux. Jamais ce pays, qu'ils aimaient de leur amour même, ne leur avait paru plus digne d'être aimé.

Ils descendirent au pas, car les pieds des chevaux glissaient sur les pentes lisses de la lande, l'espèce d'escarpement qu'elle avait dans cet endroit, et ils prirent le pont, toujours rêveurs, l'un près de l'autre, la main de Ryno sur la crinière du cheval d'Hermangarde; ne se disant rien, mais âme dans âme, et, du sein de leur second silence, se parlant plus qu'avec la voix.

Tout à coup un coupé noir, élégant et simple,

qu'ils entendirent et virent en même temps, déboucha d'une route couverte qui menait au prieuré, et longeait la rivière aux mille filets d'eau minérale, et s'en vint tourner brusquement la tête du pont sur lequel ils faisaient souffler leurs chevaux. Ils se rangèrent pour laisser passer l'impétueux attelage. Le cheval de Marigny, qui se cabra, faillit être atteint par une des roues. Ils reconnurent Mme de Mendoze, et ils la saluèrent. Ni elle ni eux ne se croyaient si près... Cette apparition, imprévue pour tous les trois, fut un coup de foudre partagé. Mme de Mendoze n'était plus que le spectre d'elle-même. On eût juré que les os manquaient comme la chair à ce corps diaphane, qu'une pelisse de satin cramoisi, trop pesante encore pour sa faiblesse, écrasait sur les coussins du coupé. Elle passa vite. Ils ne purent juger les détails horribles d'un changement qui datait de loin, mais qui se précipitait vers son terme. Quand les yeux éteints et vidés de cette tête de morte que Mme de Mendoze portait sur ses épaules voûtées tombèrent sur M. et Mme de Marigny, il s'y montra une espèce de tremblement nerveux, comme on en a parfois aux lèvres. Ce fut tout. Elle n'avait plus assez de sang pour qu'il en montât de son cœur une seule goutte à sa joue creusée, et sa pâleur était si profonde qu'elle ne pouvait plus augmenter. Hermangarde, qui avait eu pour cette malheureuse femme une si orageuse pitié, plongea sur elle des yeux avides, qu'elle en retira épouvantés. Quant à M. de Marigny, il eut au cœur une de ces morsures que le mal qu'on a fait y met parfois. Il essaya de cacher son trouble, comme un homme qui avait un autre bonheur à ménager. L'écart formidable de son cheval empêcha peut-être Hermangarde de remarquer une émotion qui l'eût brisée, car voilà l'amour et ses transes ! Il ne permet pas à la bonté d'être trop expressive. Il dit avec sa soupçonneuse tyrannie : « Je veux bien avoir pitié d'elle et des maux dont tu es la cause, mais je ne veux pas que tu aies trop de pitié, toi ! »

Au reste, Hermangarde se serait trompée. Son heureux époux n'avait pas d'émotion au service de Mme de Mendoze. S'il était ému, c'est qu'il avait vu une autre femme dans le coupé de la comtesse. Il avait reconnu Vellini.

VII

Le Criard.

et Mme de Marigny remontèrent lentement la côte escarpée. L'impression qu'ils venaient de recevoir de cette vue rapide, mais distincte, leur ferma la bouche pendant quelque temps. Par une délicatesse facile à comprendre, ils ne s'étaient jamais entretenus de la comtesse de Mendoze, mais jamais, non plus, depuis leur mariage, ils n'avaient eu une occasion extérieure d'en parler. C'était la première fois que cette occasion se présentait à eux de manière à ne pouvoir pas, sans affectation, l'éviter.

« M. de Prosny avait raison, dit Hermangarde, il avait mandé à Mme d'Artelles que Mme de Mendoze était à son château de la Haie-d'Hectot. »

Elle dit cela simplement pour ne pas se

taire, car se taire, après cette rencontre, eût été plus que de parler. Elle ne voulait point faire croire à son mari qu'elle devinait ses pensées secrètes et qu'elle pouvait en souffrir. Elle craignait d'ajouter, par une réflexion sur l'état affreux de l'agonisante comtesse, à l'espèce de remords qu'elle soupçonnait à Ryno. Elle l'aimait assez et elle était assez bonne pour les partager, ses remords, elle qui n'était pas coupable et qui entendait crier dans son cœur : « Voilà pourtant avec quoi le bonheur dont tu jouis a été fait ! »

Ryno ne répondit pas. Il ne pensait pas à Mme de Mendoze. Il pensait à l'*autre*... à Vellini. Comment se trouvait-elle dans le coupé de la comtesse ? Pourquoi cette femme, quittée volontairement et de son plein gré à elle-même, venait-elle se placer à quelques pas de lui dans la vie ? Dans quel dessein et dans quel but ? Marié, il avait prouvé, par le plus dur silence, qu'il n'aimait réellement qu'Hermangarde ; mais alors pourquoi ce coup de lancette au cœur, quand il avait vu auprès de Mme de Mendoze, la tête si connue, laide, obscure et indifférente !

« Quelle femme était donc avec Mme de Mendoze ? reprit Hermangarde, essayant de distraire l'attention de son mari du spectacle douloureux qu'elle croyait resté dans son esprit. Nous nous connaissons toutes, à peu près, au faubourg Saint-Germain, mais je n'y connais pas cette figure-là.

— C'est peut-être une femme des châteaux voisins, » dit Marigny, insincère avec Hermangarde pour la première fois de sa vie.

« Elle a l'air étranger, fit la jeune femme. La comtesse a été élevée en Italie. Ce sera peut-être une de ses amies d'enfance qui sera venue la voir et la soigner. »

La conversation tomba encore. Le froid, qui venait à cause du soir, et aussi à cause de la brise, plus vive à mesure qu'ils se rapprochaient de la mer, leur fit hâter le pas de leurs chevaux. Ces beaux amoureux, qui galopaient, il n'y avait qu'un instant, le cœur léger, les mains nouées, le sourire aux lèvres, dans les landes de la Haie-d'Hectot, trottaient maintenant sombres, dans les chemins pierreux, cinglant le cou de leurs montures avec ces mouvements de la main qui trahissent plus l'agitation intérieure que l'impatience d'arriver. Le jour s'évaporait peu à peu dans les airs. Ce fut à la nuit close qu'ils descendirent la rue mal pavée de Barneville. On commençait d'allumer dans les maisons les lampes fumeuses dont la lueur passait à travers les fenêtres à petits carreaux. Hermangarde souffrait évidemment du silence prolongé de son mari. La vue de Mme de Mendoze, pensait-elle, lui avait rappelé trop vivement un passé détruit. Mais est-ce que les remords seraient des regrets?... La jalousie commençait donc de lui appuyer sur le cœur sa griffe cruelle, comme si elle eût tâté la place où bientôt elle l'enfoncerait. Marigny ne se doutait guère des douleurs qu'il infligeait déjà à cette belle enfant, qui lui avait donné son cœur et sa vie. Il l'aimait avec une passion si sincère que c'était surtout à cause d'elle qu'il repoussait dans sa pensée l'obsédante vision de Vellini. Comme tous les hommes qui secouent une image jetée, comme un joug, sur leur souvenir, il éprouvait la soif du mouvement physique, de ce mouvement stérile qui remue pour rien nos angoisses dans nos poitrines et ne nous lance pas l'âme dont nous souffrons hors du sein. Au sortir de Barneville, il donna de l'éperon à son cheval, comme s'il avait été seul, ne se rendant pas bien compte de ce qu'il faisait, et il se précipita sur les grèves avec une impétuosité folle. Hermangarde le suivit de la même vitesse. Intrépide, aimant l'émotion du danger et la palpitation qu'il engendre, elle aurait, quelques heures plus tôt, joui de cette course furieuse, imprudente, à perte de vue et d'haleine. Mais alors elle en souffrit comme de ses pensées. Cette course lui paraissait sinistre.

Ryno, qui la devançait, avait l'air de la fuir. Elle le suivait et ses larmes coulaient. La ventilation de la course et l'air salin du rivage les séchaient sur son visage bouleversé. Lui ne les voyait pas : il galopait toujours... « Qu'as-tu, Ryno ! Pourquoi vas-tu si vite ?... » Elle le lui cria plus d'une fois. Mais il n'entendit point. Le vent qui leur fouettait la face et qu'ils fendaient de leurs deux têtes, comme les têtes des nageurs coupent l'eau, emportait en arrière le cri déchiré d'Hermangarde. Sa voix lui revenait sans puissance. Son amour allait-il lui revenir aussi ? Ils passèrent le bras de mer qui coulait à l'entrée de Carteret, sous le pont de planches. La mer était montée, l'eau profonde. Les chevaux lancés en eurent jusqu'au poitrail. L'ondoyante amazone qui traînait enflée par la course, comme l'aile d'un cygne noir, les pieds chaussés de daim, ces pieds de Diane chasseresse, mais délicats comme des pieds de Parisienne, les genoux d'Hermangarde, trempèrent dans cette eau, froide et meurtrière comme l'acier. De ce bras de mer jusqu'au manoir on aurait pu la suivre à la trace de sa robe et de ses pieds ruisselants. A elle il semblait que c'était le sang de son cœur qui ruisselait ainsi et tombait dans le sable. Une telle illusion épuisait ses forces. L'imagination des êtres nerveux ajoute tant de dangers à la douleur ! Il était temps qu'elle arrivât : elle ne tenait plus sur sa selle. Elle s'évanouissait. Quand son cheval, devancé toujours par celui de Ryno, arriva devant le perron du manoir et s'arrêta court, Ryno était descendu du sien et alla vers elle. Il la prit à son cou, humide, pâle et froide, comme une naufragée, pour la mettre à terre; mais il la sentit s'affaisser sur son épaule, comme un lis cassé dans les mains qui le portent, et il monta vite les marches du perron, chargé de son précieux fardeau, réchauffant de toute sa personne ces genoux mouillés qu'il appuyait contre le foyer de sa poitrine et qu'il encerclait de ses bras, comme de deux bandelettes tièdes de vie. Il l'emporta et la déposa dans *leur* chambre, sur ce lit où ils avaient moins dormi que veillé, en face d'un feu qu'on avait allumé d'avance pour leur retour. La figure de Ryno, arrachée à sa préoccupation par l'angoisse de sa femme, cette figure qui rayonnait d'amour et d'anxiété tendre, sa voix émue, son sein soulevé, ramenèrent Hermangarde à la vie, au sourire, au bonheur, et d'un trait effacèrent les impressions qu'elle avait si violemment ressenties. « C'est fini, ne t'inquiète plus, je suis bien, » dit-elle. « Ah ! je suis bien maintenant ! » reprenait-elle, respirant longuement, délivrée ! Elle était assise sur le lit; son chapeau, à la plume flottante, détaché, ses pieds dans les mains de sa fille de chambre qui lui délaçait ses bottines, et qui, à genoux devant elle et penchée sur ce qu'elle faisait, ne *les* voyait pas qui se regardaient, comme s'ils avaient été seuls. Hermangarde, redevenue heureuse, ferma les yeux pour leur faire boire, sans qu'on les vît, à ses paupières, deux larmes qui y étaient restées, et roula ainsi sa tête sous les lèvres de son mari, qui baisa ces deux longues paupières et y trouva ce qu'elle voulait y cacher.

« C'est de l'eau de la mer qui m'a sauté dans les yeux, » dit-elle toute rieuse, en les rouvrant, ces yeux divins, saphirs mouillés dont la couleur était moins douce que la tendresse !

Le reste de la soirée vengea bien Hermangarde de la première douleur qui avait traversé son âme. Il s'écoula dans les molles et vives délices d'une intimité sans témoin. On aurait dit que Mme de Flers, à travers laquelle ils s'aimaient, tant ils l'aimaient elle-même ! tant elle était une douce interposition entre leurs cœurs ! les avait rapprochés l'un contre l'autre en se retirant d'entre eux deux. Et si ce n'était pas vrai pour leur amour, car leurs cœurs pouvaient-ils adhérer davantage ? c'était au moins vrai pour leur vie intime qui allait se redoubler de solitude. Il n'y a qu'une atmosphère où l'amour n'étouffe pas, c'est la solitude. Comme les aigles auxquels il faut les immensités d'un désert d'azur, l'amour n'a sa largeur et la naïveté puissante de ses mouvements que dans une solitude, immense, profonde, complète ; une empyrée de solitude ! Qui ne le sait pas ? A chaque instant dans les plus douces relations de famille, sous le même toit, ceux qui s'aiment de l'amour le plus légitime et le mieux montré s'aperçoivent qu'ils ne sont pas seuls et c'est une contrainte dont ils souffrent... Sensitives de félicité partagée, ils se crispent sous le regard, même le plus indulgent, et ils retiennent l'épanouissement de leur âme qui tend à s'ouvrir, comme une fleur gonflée que ses parfums vont faire éclater. Les abandons dont on ne saurait se défendre, ces langueurs qui prennent tout à coup, ces irrésistibles envies de laisser tomber son front sur l'épaule aimée, prie-Dieu vivant où les têtes qui aiment s'appuient pour cacher l'extase de l'ivresse ou faire la méditation du souvenir, il faut y résister et les suspendre. Il faut faire avec une faible âme ce que Dieu ne fait pas dans sa magnifique nature ; car Dieu, qui lance le torrent de la cime du mont dans l'abîme, n'en rompt pas à moitié la courbe étincelante, ne fige pas subitement l'écharpe d'écumes, tout à coup déchirée sous les rayons de son soleil. Ces cruels supplices d'abandon réprimés, le départ des deux douairières en avait délivré les Mariés-Amants. Ils allaient enfin jouir pleinement d'eux-mêmes et cacher tous les mouvements de leur vie dans ces deux profondeurs du neuvième ciel de l'amour : la liberté et le mystère. Pour eux, il ne devait plus y avoir de moments impunis, stériles pour le bonheur, défendus à la caresse. Le collier emperlé des heures fortunées ne se romprait plus ! L'amour qui se révèle, parce qu'il n'est pas regardé, infusé dans tous les actes de leur existence, les teindrait de sa pourpre mouchetée d'or, et les tremperait dans le nard de ses essences les plus parfumées. Ils commencèrent, ce soir-là, de l'éprouver. Ils eurent les aises de leur bonheur. Ils n'étaient point ingrats envers leur mère absente.,. Ils n'étaient qu'épris. Moins épris, ils auraient vu le vide de cette maison où ils étaient rentrés seuls. Ils auraient senti, en face de ce fauteuil où n'était plus Mme de Flers, la tristesse de sa départie. Marigny s'y assit, et, prenant sa femme sur ses genoux, il ne pensa point à celle dont il tenait la place. Hermangarde avait changé son amazone contre une charmante robe en foulard, d'une forme négligée et coquette. Les manches de cette robe étaient ouvertes jusqu'au coude et montraient, dans leurs fentes tombantes, les beaux bras ondoyants de Mme de Marigny, cerclés de leurs bracelets d'opale. Ryno aimait les bracelets aux bras des femmes. Vellini qui couchait avec les siens, Vellini, cette bohémienne aux goûts barbares, la dépravatrice de sa vie, lui avait donné sa passion sauvage pour toutes ces pierres qui lancent la flamme et dont elle se plaisait à tatouer sa peau cuivrée. Hermangarde, simple dans sa mise comme toutes les femmes d'un caractère élevé, s'était bien vite aperçue du goût de son mari pour les bijoux, et elle avait emprisonné ses bras de statue antique, si fiers de leur sévère nudité, dans ces anneaux de pierres précieuses auxquels elle aurait préféré les velours noirs qu'elle portait naguère, roulés et fermés à ses poignets de jeune fille par une simple boucle d'acier. Elle aimait son mari avec une passion si entière qu'elle aimait tout ce qu'il aimait. Quand il s'agissait le plus d'elle, c'était encore de lui qu'il s'agissait. Elle n'existait plus. Sa personnalité anéantie ressuscitait dans Ryno. Si, comme Louis XIV pour Mlle de la Vallière, Ryno eût aimé les traces de la petite-vérole sur le visage adoré, elle l'aurait gagnée en s'y exposant avec joie, pour lui paraître plus charmante... seulement pour lui plaire un peu plus.

Ils avaient dîné loin du regard des domestiques qu'ils avaient renvoyés, la table servie, et ils avaient pu, dans ce dîner de tête-à-tête ou pour mieux parler, cœur contre cœur, se rapprocher, mêler leurs mains, mêler leurs pieds, mêler les moiteurs de leurs fronts et se laisser aller à la dérive de tous les caprices des imaginations énamourées. Ah! quel beau moment dans l'amour, lorsque la pudeur ne voile plus ses troubles et qu'elle sent son plumage de cygne s'embraser! « Bois dans mon verre, avait dit Hermangarde à Ryno, avec un sourire ardent et languide, tu sauras ma pensée. Cette pensée que je ne puis exprimer comme je la sens, continuait-elle oppressée, tu sauras si elle est assez à toi! » Et exprès, elle laissait au bord du verre quelque chose qui n'était pas sa pensée. Cette trace nectaréenne d'une lèvre jeune et liquide, ce *hatschich* de la bouche qu'on aime, qui donne plus d'ivresses et de rêves que tous les opiums de l'Orient, Ryno l'avait savourée bien des fois avec d'inépuisables sensualités, mais ces sensualités brûlantes se purifiaient, sans se froidir, dans l'éther des plus saintes tendresses. Il n'y avait là rien des fiévreuses turbulences, des frissons de flammes empoisonnées et morbides que Vellini coulait jusque dans la moelle de ses os. C'étaient des voluptés de plus haute origine, dans lesquelles l'âme tenait encore plus de place que le corps. Avec ses bandeaux qui ressemblaient à un nimbe d'or, son profil céleste, le bleu velouté de ses yeux et ses manches flottantes, Hermangarde eût apparu à un poète comme un bel archange qui n'était pas tombé, qui ne tomberait jamais, et à qui Dieu avait permis d'entourer Ryno de ses ailes. Elle épurait tous les désirs, en les inspirant. Revenus dans le salon qu'éclairait une lampe, voilée d'une gaze rose, ils s'étaient placés sur le lit de repos qui en occupait le fond, dans l'attitude voluptueuse et mystique que le peintre a donnée au groupe de Francesca de Rimini et de Paolo, quand ils passèrent devant l'œil du Dante, dans une vapeur mélancolique. Il se fit tard. Leur causerie, cette causerie sur des riens qui sont tout, dans la vie du cœur, s'était éteinte sur leurs lèvres en s'y prolongeant. Ils n'entendaient plus que le battement de leurs artères et la mer, cette Veilleuse éternelle, comme Dieu son maître, qui brisait mollement contre le talus des murs du manoir ses flots assoupis.

Un cri perçant vibra dans le vaste silence. « Quel est ce cri ? » dit Hermangarde surprise et troublée. Ryno lui-même avait tressailli en l'entendant.

« Ah ! mon Dieu ! serait-ce le *Criard,* fit-elle, dont ils nous parlaient, il y a quelques jours, aux Rivières, chez le pêcheur Bas-Hamet ? Écoutons, » ajouta-t-elle curieuse.

Le Criard est une superstition de ces rivages.

Ils racontent que la veille de quelque tempête, d'un grand malheur inévitable, un homme dont jamais personne n'a vu le visage, enveloppé dans un manteau brun et monté sur le dos nu d'un cheval noir, à tous crins, parcourt les mielles¹ et les rochers, en les emplissant de cris sinistres. Ni sable mouvant, ni varech glissant, ni fosse d'eau, ni pics de rochers n'arrêtent le vagabondage rapide de cet homme et de son cheval noir, dont les fers, rouges comme s'ils sortaient d'une forge infernale, ne s'éteignent pas dans l'eau qui grésille et qui fume, noircie, longtemps encore après qu'ils l'ont traversée. Hermangarde, à la fibre poétique, surprise de trouver vivantes, sur une côte écartée de la Normandie, de ces légendes semblables à celles que Walter Scott nous a rapportées de l'Écosse, Hermangarde qui parlait à tout le monde avec cette bienveillance de châtelaine qui reconquiert, par le charme de sa personne, les vassaux perdus de ses ancêtres, s'était fait plus d'une fois raconter l'histoire du Criard.

Mais le cri recommença plus perçant et plus net. On eût dit qu'il était poussé du pied des murs de la cour.

« Non, ce n'est pas le Criard, dit Herman-

---

1. Nom qu'on donne aux grèves dans le pays.

garde, c'est une voix humaine, c'est le cri d'une femme, cela ! »

Et tous les deux, la femme et le mari, se levèrent pour tirer le rideau de la fenêtre et regarder qui criait ainsi dans l'obscurité.

L'Océan, monté au plus haut point de son flux, avait un peu de houle, mais rien ne présageait de tempête. Le ciel était noir et constellé, sans aucun nuage ; et quoique la nuit fût profonde, on voyait sur la mer. C'est ce que les marins appellent *faire clair d'étoiles*. Une petite barque, sous voiles, qui semblait partir du pied du mur de la cour, se dirigeait vers les deux phares allumés du havre, comme si elle avait voulu prendre le large.

« Leur Criard, dit Marigny, ce sont les fraudeurs de la côte qui profitent de la crédulité de ces gens-ci pour les éloigner par la terreur du point où ils projettent de débarquer leur contrebande. Je parierais que cette embarcation est pleine de fraudeurs.

— Mais ce n'est pas un cri d'homme que nous avons entendu ! fit Hermangarde, sur qui le cri avait produit un effet de terreur inexplicable, car elle était naturellement brave de cœur et forte de nerfs, comme une femme de roi.

— Tu te seras trompée, ma belle vie, » dit Ryno. Et il l'entraîna avec une impétuosité de mouvement qu'elle prit pour la douce furie d'un amour interrompu dans ses plus ineffables jouissances.

Mais il savait bien qu'elle ne s'était pas trompée, et même il savait de quelle poitrine ce cri étrange était sorti.

VIII

Le diable est déchaîné.

E lendemain de cette douce soirée, passée dans cette chère solitude, où tout son hiver devait s'écouler, Mme de Marigny, un peu lasse de sa course et de ses impressions de la veille, resta dans son appartement. Elle écrivit à sa grand'mère : elle voulait qu'une lettre qui lui parlât de ses enfants arrivât à Paris presque en même temps qu'elle. Ryno, voyant sa femme occupée, alla errer seul du côté de la falaise. Il était midi. Le temps était sorti clair du sein d'une brume évanouie dont le vent avait poussé les déchirures jusqu'aux bords de l'horizon. Un banc de nuages, unis et tendres, retenait le soleil captif, mais sa lumière irisée commençait à en franger les contours d'un ruban d'or incendié. Ryno longea le havre désert, en rêvant. L'incroyable bonheur dont il

jouissait, depuis plus de cinq mois, n'avait pas mis dans cette âme, que nous avons vue si orageuse, un seul de ces ennuis inévitables par lesquels tout finit dans la vie, même, hélas! la félicité. C'était une plénitude de jouissance qui donnait un beau démenti à la nature humaine, comme son bonheur en donnait un à la destinée. Mais, disons-le, la sécurité de ce bonheur venait de recevoir deux atteintes. Deux flèches, imperceptibles pour tout autre que pour l'âme frappée, étaient parties d'un arc invisible, toujours tendu de son côté. Vellini, forte d'un passé qu'elle évoquait par sa présence, était dans les environs. C'était elle qui, hier soir, l'insensée! avait poussé deux fois ce cri qu'il avait reconnu, malgré la nuit et la distance, venir de cette voix qu'il avait portée dans son âme pendant dix ans. Ainsi, la voir le matin dans la voiture de Mme de Mendoze, cette première émotion qu'il n'avait perdue que sur le cœur d'Hermangarde, n'était pas assez. Il fallait qu'une autre s'ajoutât à celle-là, et vînt le troubler jusque sur ce cœur, son empire et sa forteresse, où il oubliait tout et ne craignait rien. Ah! si les femmes qu'on a aimées savaient ce qu'il leur reste de puissance, même après qu'on ne les aime plus, elles n'auraient ni de si cruelles désespérances ni de si lâches résignations!

Marigny, en proie à ses pensées, monta le chemin de sable de la falaise. Selon son usage, il avait pris son fusil pour tirer aux mouettes et aux hirondelles de mer. Deux chiens danois magnifiques, Titan et Titania, marchaient devant lui. C'était un cadeau de Vellini que ces deux chiens, d'une vigueur de lignes et d'un éclat de robe qui les faisait ressembler à deux fabuleux tigres blancs apprivoisés. Elle les lui avait donnés, un jour, bien avant qu'il se mariât... Vingt fois, avec Hermangarde, qui aimait à poser sa main d'ivoire sculpté sur leur crâne carré et leur mufle noir, il les avait regardés sans penser à celle dont la main brune s'était posée à la même place. Bien des fois, il les avait vus se coucher et étaler leurs larges pattes dans le bas de la robe d'Hermangarde, traînant sur le tapis lorsqu'elle était assise, et jamais ils ne l'avaient distrait de cette femme dont ils froissaient le vêtement précieux et fragile avec la hardiesse de leur beauté. Aujourd'hui que cette femme aimée n'était pas là pour effacer tout de son charme, Titan et Titania lui rappelaient, avec une énergie dont le secret était dans les émotions de la veille, la main qui les lui avait offerts. En courant, ivres de grand air, sur le revers de la falaise, ces nobles bêtes semblaient tracer autour de lui, avec leurs dos blancs et mouchetés, les lettres du nom de

Vellini, comme une fatidique arabesque. Il était donc écrit que nulle part il n'échapperait à cette pensée qu'il avait tenue sous lui, comme le cadavre d'un vaincu, mais qui se relevait. Hermangarde! Hermangarde! disait-il en marchant, comme le dévot qui invoque Dieu quand les pensées du démon lui viennent. Eh! qui n'a pas répété parfois le nom fortifiant de la femme aimée? Qui ne s'en est pas couvert aux jours de défaillance comme d'un bouclier enchanté? Quand Marigny, en répétant ce nom, regardait dans son âme, il était sûr que son amour n'avait pas baissé; qu'il *y battait le plein* comme cette mer qu'il voyait à ses pieds battre le sien sur la grève sonore, dans la force calme de sa toute-puissance. Elle était alors admirable et au point le plus élevé de son niveau. Les brises, chargées de nitre, creusaient en petites et molles ondes sa surface, labourée par de longs zigzags écumeux. Le ciel reflétait à l'horizon les nuances pâles d'émeraude de cette mer solitaire, qui, comme une femme fière dont le sein ne porte l'image d'aucun homme, ne sentait alors le poids d'aucun vaisseau sur ses flots hautains et paisibles. Pour jouir mieux de ce grand spectacle, Marigny se dirigea vers la plate-forme de la Vigie, attachée au flanc de la falaise, suivant ses chiens qui avaient pris cette direction avec des aboiements joyeux. Quand il entra sur cette plate-forme ruinée, il les vit se rouler aux pieds d'une femme qu'avec le flair d'une fidélité immortelle, cachée comme une leçon pour l'homme dans l'instinct de ces généreux animaux, ils avaient de loin reconnue. C'était Vellini.

Elle était assise sur le vieux canon rouillé et détaché de son affût qui jonchait le sol et que les enfants de la côte avaient rempli de sable jusqu'à la gueule, en se jouant. Elle était seule. Les chiens, en se jetant sur elle, l'avaient surprise de leur choc et elle les repoussait doucement de la main, tout en leur rendant leurs caresses. Sa taille mince avait une grâce infinie de souplesse en se détournant pour éviter le saut des chiens qui voulaient lécher son visage, et comme elle cherchait des yeux *celui* qui devait les suivre, elle se détournait un peu plus encore, fine, brisée, tordue sur la base de ses hanches... Ryno revoyait sa couleuvre, la liane de sa vie, dont il avait si longtemps senti, autour de lui, les replis.

Elle était vêtue comme une femme qui descendrait de vaisseau après une traversée. Elle avait une robe de voyage en étoffe écossaise, à grands carreaux écarlates avec un pantalon de la même couleur. Si elle eût porté la capote écrue et l'éternel voile vert britannique, on l'eût prise pour une femme de ces îles ; une

Jerseyaise ou une Guernésiaise, récemment débarquée. Mais sa tête était coiffée de cette gracieuse casquette de cuir verni que les officiers de marine portent à bord, et qui, attachée sous son menton par une jugulaire de soie tressée, seyait bien à son teint hâve et basané. Autour d'elle, tombé sans doute de ses épaules dans la fougue ou l'insouciance de son mouvement, on voyait un manteau goudronné, humide encore de l'eau de mer.

« *Ils* m'ont reconnue avant toi, dit-elle à Marigny, mais je suis sûre que tu ne m'as pas plus oubliée qu'eux, Ryno ! »

Ainsi sa première parole était une parole de ferme confiance. Il la retrouvait telle qu'il l'avait laissée, certaine de l'éternité des sentiments qui étaient entre eux.

« Non, je ne t'ai pas oubliée, dit Marigny d'un ton qu'il s'efforça de rendre sévère. Mais pourquoi es-tu venue ici, Vellini ? »

Les sourcils, presque barrés, de Vellini dansèrent sur ses yeux une danse formidable.

« Parce que cela m'a plu, répondit-elle ; est-ce que le grand air ne m'appartient pas ?... »

Mais Ryno, qui n'avait pas désappris le sens de cet être emporté et volontaire, lui prit la main avec une douceur désarmée. Sa colère, déjà venue, tomba. Ses yeux, noirs comme la mort, brillèrent comme la vie, et un sourire, rejetant ses lèvres boudeuses dans les fossettes de ses joues, découvrit ses *blanches palettes,* comme disait M. de Prosny, d'où il sembla partir un rayon qui lui éclaira tout le visage, et lui remonta jusqu'au front.

« Je suis ici, reprit-elle, parce que je m'ennuyais de ne plus te voir, parce que tu n'as pas répondu à mes lettres, parce que ton mariage n'est qu'un mensonge. Ta vraie femme, c'est Vellini !

— Tu ne te rappelles donc pas nos adieux ? dit M. de Marigny. Tu as donc oublié cette lassitude qui te fit accueillir mon mariage comme une délivrance ?

— Non ! répondit-elle, mais c'est toi qui oublies. Est-ce qu'en nous quittant, ce jour-là, je n'avais pas le pressentiment que nous retournerions l'un à l'autre ? Seulement, je croyais que tu reviendrais avant moi. En cela, je me suis abusée, mon âme est moins robuste que la tienne. C'est moi qui reviens la première, Ryno.

— Et inutilement, ma pauvre amie, dit-il avec une douceur qui devait lui faire pardonner le sens cruel de ses paroles.

— Tu le disais aussi, répondit-elle, quand tu aimais Mme de Mendoze. Elle était belle comme Hermangarde, et pourtant ce fut pour revenir à ta vieille maîtresse, Vellini, que tu l'abandonnas ! »

Marigny courba la tête sous cette âpre démonstration tirée de l'expérience de son passé.

« Pauvre femme, dit-il attendri par ce nom, que cette comtesse de Mendoze! Et se rappelant ce qu'il avait vu la veille : Comment se fait-il, Vellini, que tu l'aies connue? quelles inexplicables relations y a-t-il maintenant entre vous?

— Nos relations? répondit-elle. C'est toi encore. Je la rencontrai à ton mariage. Comme moi, elle avait eu l'amère fantaisie d'y aller. Tu le sais, nous nous étions vues. Nous nous reconnûmes. Au pied de l'autel où tu venais d'épouser Hermangarde, il n'y avait plus de rivales. Il y avait deux femmes égales devant l'abandon! Nous nous parlâmes. Nous nous prîmes de confiance. Elle me dit sa peine; je lui racontai quels avaient été mes bonheurs. Toute en larmes, elle s'étonna de mes yeux secs. « C'est qu'il me reviendra, » lui dis-je. Mais elle me traita d'orgueilleuse. Je lui parus une insensée. Elle partit à quelques jours de là pour cette Normandie où tu étais. Moi, restée derrière toi et qui n'écris jamais, je t'écrivis. Tu ne répondis pas. Paris me devint insupportable. J'y mourais... asphyxiée. Cérisy se ruinait pour me distraire et n'y parvenait pas. Je pris mon parti, laissai Oliva rue de Provence, et je tombai un matin chez Mme de

Mendoze. « Il faut que je revoie Ryno, lui dis-je. Si vous ne me voulez pas chez vous, j'irai ailleurs. » Malheureuse, mourante, n'ayant personne, « vous assisterez à mes derniers moments », me dit-elle, et elle m'accepta. Cela m'a touchée. Au fond, Vellini n'est pas une mauvaise fille. Je devins sa garde-malade. Turbulente, maladroite, mauvaise garde-malade qui lui casse tout, mais qui du moins sait la porter de son lit à son canapé sans lui faire mal ! »

Marigny, appuyé sur son fusil, écoutait en silence, ému deux fois et pour celle qui mourait et pour celle qui était là, vivante, et qui reprenait son prestige, en lui racontant de ce tour naturel et rapide qui n'était qu'à elle, comme elle connaissait Mme de Mendoze. Nature libre des convenances comme nos mœurs les ont faites, et sautant toujours par-dessus... sans même les toucher.

« Hier, comme elle était un peu mieux et que le temps était beau, reprit Vellini, nous allions nous promener dans la lande quand nous t'avons rencontré sur le pont, toi et ton Hermangarde. Ah ! comme vous aviez l'air heureux ! Dans cette voiture où nous étions, nos flancs en ont tressailli l'un contre l'autre. « Vous n'êtes pas guérie non plus, » m'a dit Martyre de Mendoze, avec un sourire que j'ai compris, car on voudrait parfois que l'univers tout entier mourût de la plaie qu'on a au cœur. Il semble que cela soulagerait. Nous nous sommes tues longtemps. Notre promenade a été morne. « Vous vouliez revoir Ryno, a-t-elle ajouté. Vous l'avez revu, êtes-vous contente ?... » Je n'ai pas répondu. Tu avais l'air si heureux ! Pendant nos dix ans, tu n'as jamais eu cet air-là, même dans mes bras. Oh ! je ne pensais point à Hermangarde, je ne la haïssais pas. Pourquoi la haïrais-je ? Je ne t'aime plus, quoi qu'elle dise, Mme de Mendoze. Je puis juger l'amour, puisque j'en ai eu pour toi un si profond et si violent. Non, ce n'était pas de l'amour blessé que je sentais saigner dans mon cœur ! mais ce bonheur que je voyais, après cinq mois, aussi splendide, aussi radieux que le jour de ton mariage au pied de l'autel, insultait à tous les bonheurs de notre passé. Le soir, je quittai la comtesse pendant qu'elle dormait. Je m'en vins à ce village qui est là-bas, et du doigt elle indiqua les Rivières à l'horizon, je voulais te revoir, te parler, rôder, s'il le fallait, autour ta demeure. Ils te connaissent tous sur cette côte. Je dis aux pêcheurs de là-bas de me conduire à Carteret, au manoir de Flers. La mer était trop haute, dirent-ils, on ne pouvait passer le pont. Mais qu'est-ce que la mer, Ryno, continua-t-elle avec l'orgueil de ces volontés qu'il connaissait, qu'est-ce que la mer, qu'est-ce que l'obstacle devant les désirs de Vellini ? Je commandai, je payai ; ils prirent une chaloupe et nous allâmes heurter, de cette chaloupe, les murs entre lesquels tu étais heureux. Deux fenêtres brillaient dans l'obscurité. C'est là qu'ils sont maintenant, pensai-je, et je me mis à pousser un cri qui devait aller jusqu'à toi. Il me reconnaîtra, disais-je ; ce cri interrompra peut-être une de ses caresses à sa femme. Il se dira : Vellini est là ! et je recommençai ce cri que j'aurais voulu plonger dans ton cœur à travers ces murs. J'avais deviné. Tu avais entendu. Vous vîntes à la fenêtre. Je vis deux ombres se mouvoir sur la lumière placée derrière vous. Que vous disiez-vous ? Vos fronts rapprochés, ces murs silencieux qui vous gardaient, me donnaient la fièvre. La brise froide, les gouttes d'écume que me jetait la vague me faisaient du bien. Je leur dis de pêcher, s'ils voulaient et que je resterais avec eux. Ils prirent le large. J'ai passé la nuit sur cette mer glacée, enveloppée là-dedans, » ajouta-t-elle en foulant du pied le manteau de toile cirée tombé sur le sol.

Elle parlait avec l'émotion qu'elle mettait à tout, quand elle n'était pas indolente. Chaque mot prononcé par elle, avec son accent étranger, son regard, son geste, mille choses secrètes, invisibles, qui s'échappent des femmes que nous avons aimées, comme des parfums qu'on respira longtemps et qu'on recommence de respirer, tout reprenait Ryno, comme la mer reprend, pli par pli, atome par atome, avec ses petites vagues, fines comme des hachures, la dune de sable qu'elle finit bientôt par couvrir. Il le sentait bien, il n'y consentait pas ! Cet homme de grand cœur se débattait contre les influences qui le cernaient. Il se roulait comme le lion dans un filet de soie, et, comme le lion, il voulait en finir d'un seul coup.

« Vellini, dit-il à son ancienne maîtresse, avec un accent solennel, m'as-tu vraiment aimé ?...

— Et il le demande ! » fit-elle avec un regard ébloui d'étonnement, comme s'il avait nié le soleil lui-même, le soleil qui se levait enfin de son banc de nuages et dont les rayons coururent sur la mer, en y semant des plaques de lumière !

« Eh bien, si tu m'as jamais aimé, Vellini, tu ne veux pas que Ryno de Marigny se méprise, et il se mépriserait s'il pouvait cesser un instant d'être le mari fidèle d'Hermangarde. Ta venue dans ce pays, cette nuit, ces cris, cette confiance aveugle qu'il y a un lien entre nous que rien ne peut rompre, qui n'est pas l'amour, quand l'amour existe dans mon cœur pour une autre femme que toi, Vellini, ce sont des folies dont il ne m'est plus permis de partager le délire. Ah! mon enfant, tu t'es trompée! Retourne chez la comtesse de Mendoze. Ne cherche plus à te mêler à une vie où tu n'as plus ta place, si tu l'as toujours dans mon cœur. Quand nous nous sommes vus la dernière fois chez toi, ma Ninette, c'est toi qui me dis : « Laisse-moi! » C'est moi qui te le dis maintenant. Donne-moi ta main, comme une courageuse amie. Je ne veux pas que nous nous quittions sans l'expression d'une mâle tendresse, car j'ai aussi la religion des souvenirs ; mais il faut nous quitter et ne plus essayer de nous revoir.

— Ah! nos religions sont différentes! » fit-elle amèrement, sans lui donner cette main qu'il demandait. Elle avait pâli (était-ce de douleur ?...) en l'entendant. Les roses d'automne que la brise, très-vive sur cette plate-forme, avait épanouies au sommet de ses joues bistrées, avaient disparu. Sa tête, ses yeux, son âme, avaient repris leur bronze accoutumé, et de tout ce métal il sortit un son de colère, éclatant et dur.

« Et si je ne veux pas partir! s'écria-t-elle, en se levant du canon sur lequel elle était assise, image de la Guerre réveillée! Si je ne veux pas partir! s'il me plaît de vivre sur ces rivages, de passer mes jours sur cette falaise, d'aller m'asseoir à la porte de ta maison, me feras-tu chasser par les pêcheurs de la côte, parce que tu as peur, âme timide, de revenir à Vellini? Est-ce que tout cela, dit-elle en traçant un arc de cercle avec sa main dans les airs, pour désigner les vastes espaces qu'ils embrassaient de la plate-forme, est-ce que tout cela ne m'appartient pas comme à toi? J'aime ce pays, et j'y veux vivre. Si j'y suis de trop, va-t'en toi-même! Quant à moi, et ses bras s'étendirent comme pour étreindre sa conquête, j'en prends possession aujourd'hui!

« Ne dirait-on pas, reprit-elle après une pause pendant laquelle il la contemplait de cet ancien regard, plein d'admiration, de douleur, d'impatience qu'elle lui rallumait aux yeux... peut-être sans qu'il s'en doutât, que je suis venue ici, comme une mendiante, chercher un regard du souverain qui m'a proscrite? » Et sa tête, rejetée en arrière, avait la puissance que les passions collaient toujours à son front médusén. Ses narines étaient dilatées et ses petits pieds battaient la terre, de manière à réveiller, jusqu'au plus profond de sa tombe, l'orgueil de sa mère, la duchesse de Cadaval Aveïro.

Ainsi Ryno n'échappait à aucune des variétés et des précisions du souvenir. Il la reconnaissait tout entière. Le temps la lui rejetait comme il la lui avait prise. Il n'y avait qu'un instant, c'était Vellini ennuyée et ardente, ce n'était qu'une fibre de Vellini. Maintenant c'était l'autre! C'était la Vellini, si longtemps appelée *son ouragan, sa violente,* et dont les absurdes colères lui plaisaient, tout en l'atteignant de leur contagion impétueuse. Ah! la vie passée, la vie passée ne s'en vient jamais écumer vainement autour de nous!

Elle vit bien avec ce coup d'œil de la femme qui a tordu un cœur dans ses mains et qui en connaît toutes les faiblesses, qu'elle troublait le cœur de Ryno, et sa colère mourut dans sa joie.

« Ah! te revoilà, Ryno, cria-t-elle, te revoilà! Je t'ai retrouvé! Voilà ton air d'autrefois, quand ta Vellini s'emportait et que tu la prenais dans tes bras pour l'apaiser. Prends-la donc. Apaise-la. Tiens, ajoutait-elle avec un sourire adorable, je suis déjà tout apaisée. Ton regard a suffi; je n'ai pas eu besoin de tes bras.

« Mais donne-les-moi tout de même, Ryno! Et d'un geste à tout dompter dans la douce fureur de sa grâce, elle lui prit les bras qu'il avait appuyés sur son fusil, au risque de se blesser... de se crever le front avec l'arme chargée qui pouvait partir.

— Ah! Vellini, terrible enfant, dit-il, en les lui abandonnant d'abord et en les lui retirant, quand elle les eut passés autour de son cou, tu as ta magie, mais moi, j'ai mon amour.

— Tu as de mon sang dans le tien! lui répondit-elle, revenant à l'idée fixe qui régnait sur sa tête, incoercible à la raison, voilà ma magie! Voilà ce que tu ne pourras jamais ôter de tes veines, quand tu les verserais, quand tu les épuiserais dans le cœur de ton Hermangarde! Ah! Ryno, que me fait ton amour? Nous sommes unis, nous, comme l'enfant l'est à la mère pour avoir partagé le sang de ses entrailles. Est-ce que je veux t'arracher à ta femme? Non. Tu ne m'as pas crue, ou tu ne me connais pas. Je suis venue parce que je ne te voyais plus, parce que (je l'ai éprouvé tant de fois!) j'ai, quand tu n'es pas là, comme un trou dans mon âme par lequel s'écoule toute ma vie. Mon uni de sang, pense à cela... C'est plus que l'amour. Te rappelles-tu ta Juanita, notre enfant que nous avons brûlée? Quand je tins dans mes mains ses pauvres cendres, je sentis que cela était encore de mon sang. Et toi aussi, si j'étais morte, tu sentirais que Vellini, c'est toi encore, que c'est une part de toi qui n'est plus! »

Et l'angoisse et la fauve tendresse de ses paroles brisaient sa voix pleine et en arrachèrent des accents qui déchirèrent l'âme de Ryno.

« Mais jusqu'à ce que je meure, reprit-elle, il ne faut pas espérer, vois-tu, que Vellini reste tranquille loin de toi, et toi, vivre perdu dans le bonheur, loin d'elle ! Non, cela ne saurait être. Le sang mêlé ne le veut pas ! Seulement, ajouta-t-elle avec une mélancolie affreusement profonde, car il l'avait doucement repoussée quand elle avait essayé de se courber sous le joug de ses bras, si ta femme a des philtres plus puissants que les miens, Ryno, il faut me tuer pour te débarrasser de Vellini, qui n'a rien trouvé, elle, de plus puissant que ce qu'elle a bu par ta blessure.

— Écoute, dit-elle après une pause encore, car Ryno subissait l'empire de ce paroxysme d'une âme outrée, la vie me pèse. Je m'ennuie plus que quand tu me revins d'Écosse. Si tu refuses de mettre tes bras pour une minute au cou de ta Malagaise, tu peux me tuer, je souffre trop et je ne souffrirai plus. Oui, nous sommes seuls sur cette plate-forme, prends ton fusil. Ces chiens qui m'aiment ne le diront pas. Ils sont muets. Je vais me placer dans cette embrasure. Fais feu ! Si on t'entend, tu auras manqué une mouette et je serai tombée dans la mer. »

Et elle alla résolûment se placer entre deux

créneaux de la plate-forme. Le rebord de la maçonnerie, ébranlé par le temps, avait la largeur de la main. La moitié d'un pas ! elle sombrait dans l'abîme et se broyait sur les brisants. Elle tourna le dos au précipice avec une insouciance du danger qui la rendit sublime. Elle ne voulait mourir que de la main de Ryno.

Ryno la connaissait. Il eut peur pour elle. Il la vit se pencher en arrière... aussi se jeta-t-il en avant et, la saisissant par le corsage, l'enleva-t-il d'entre les créneaux et la rapporta-t-il au centre de la plate-forme, comme un enfant que sa mère palpitante arrache à la margelle d'un puits. Elle était heureuse du danger qu'elle venait de courir, car elle avait voulu les bras de Ryno autour d'elle, et maintenant elle les avait.

IX

La robe rouge.

UAND M. de Marigny arracha Vellini à une mort certaine si elle fût restée quelques secondes de plus sur le rebord où elle s'était placée, car pour bien comprendre le danger qu'elle avait couru, il faut se représenter la Vigie ayant pour base une anfractuosité de falaise qui continue, sous le pied de cette tour élevée, de surplomber la mer d'une grande hauteur — il était deux heures d'après-midi, et le temps, brumeux le matin, avait contracté, sous une fraîche brise nord-est, la pureté et la clarté du cristal. Le soleil levé derrière Barneville, maintenant sur Saint-Georges, frappait obliquement la plate-forme où venait de se passer une scène bien étrangère aux mœurs calmes de ces rivages. Cette scène passionnée, dont le théâtre s'était trouvé

entre le ciel, la terre et l'eau, devait n'avoir, à ce qu'il semblait, d'autres témoins que Dieu et les goëlands qui étaient passés sur la tête de Ryno et de Vellini, et qui, effrayés de leurs voix, étaient montés plus haut de quelques coups d'aile. Par un hasard inaccoutumé sur ces plages, longées toujours par quelque brick tirant vers Cherbourg ou par les bateaux-côtiers occupés à la pêche, il n'y avait pas le triangle d'une seule voile en mer. Aucun être vivant ne se montrait non plus dans les mielles, pas même le douanier, que le froid de la saison (déjà avancée) avait fait rentrer dans son trou de sable. Tout était désert. Ce n'était pas l'heure des *jambes nues,* des pêcheurs de crevettes et de homards, qui ne vont à la mer que quand elle est basse et quand les rochers sont découverts. Personne n'avait donc aperçu, de près ou de loin, ce groupe étrange qui s'agitait sur la plate-forme : personne, excepté le seul être qui pût y prendre garde et en souffrir.

Hermangarde, après avoir écrit une longue lettre à sa grand'mère, avait sonné et demandé où était M. de Marigny. Pouvait-elle être jamais longtemps sans *son* Ryno ? Sa femme de chambre lui ayant dit que *monsieur* était sorti depuis une heure : « C'est bien, répondit Hermangarde, je le retrouverai, » et elle prit la résolution de sortir.

« Madame aura froid et madame est souffrante, lui objecta sa femme de chambre, tout en lui passant sa pelisse bleuâtre.

— Je m'envelopperai bien, répondit gaiement Hermangarde. Et elle ramena sur sa tête son capuchon ouaté, par-dessus lequel elle noua son mouchoir brodé, de peur du vent.

— C'est une imprudence, fit encore la femme de chambre. Madame veut-elle au moins que je l'accompagne ?

— Non, répondit Hermangarde, restez. » Et elle sortit seule, comme elle le faisait souvent sur cette côte où tout le monde la connaissait et l'aimait, et où le respect qu'on avait pour elle protégeait suffisamment sa solitude.

« Par où prendrai-je pour le trouver ? » se dit-elle quand elle eut refermé la grande porte de la cour, brunie par les pluies. Elle alla d'abord vers le petit pont, du côté de Barneville. Puis, en s'avançant et ne voyant personne, elle revint sur son chemin, et, passant au pied des escaliers adossés au mur de sa demeure, elle se dirigea vers la falaise, que Marigny, ainsi qu'elle, préférait à toutes les promenades d'alentour. Il y avait à peu près sept cents pas du manoir de Flers à la falaise, et on les faisait sur les galets qui bordaient le havre. Comme ce jour-là n'était pas grande marée, elle put poser ses pieds, sans les mouiller, sur ces galets couverts de coquillages. Ayant dépassé la ligne des dernières maisons de Carteret qui regardent ce havre tranquille, elle trouva sous les dunes, qui se prolongent en chaîne jusqu'à la falaise, un vieux matelot qui raccommodait des filets, assis dans la carcasse pourrie d'une barque hors de service et tirée à la grève. Il travaillait par la force de l'habitude, car il était plus d'à moitié aveugle, et, de plus, il avait la face tournée vers la mer, dont ses narines de bronze aspiraient le vent mordant.

« Bonjour, père Griffon, » lui dit-elle. Elle possédait cette mémoire qui fait aimer les reines. Il n'y avait pas un mendiant, pas un pêcheur, pas un ramasseur de varech sur cette plage qu'elle n'eût pu appeler par son nom.

« Est-ce que vous n'auriez pas vu passer mon mari? ajouta-t-elle.

— Les coups de vent, la poudre et l'âge, répondit le vieux matelot, ne m'ont pas laissé beaucoup d'yeux, mais *j'crais* que j'ai vu filer M. de Marigny du côté de la falaise, il y a une heure, avec ses chiens. »

« Comme la mer se retire, pensa-t-elle, il sera probablement du côté de notre niche bienaimée. »

Elle désignait par là un creux de rocher dans le bas de la montagne, où ils avaient en-

semble passé bien des heures. Ils y venaient
voir la mer quand elle se retire après le plein,
comme un grand filet qu'on reploie. Ils y étaient
à l'abri du vent et de la pluie. La roche y formait des siéges grossiers, sculptures naturelles
où ils s'asseyaient pour causer et lire : Hermangarde pour travailler à quelque ouvrage de
broderie, tandis que Marigny abattait à coups
de fusil les goëlands et les mouettes, que ses
chiens allaient chercher au loin dans le flot.
Cet angle profond, leur *niche*, était précisément placée au coude que formait la falaise,
au-dessous de la Vigie. Au moment où Hermangarde arrivait de ce côté, son regard errant
fut attiré par le rouge, au soleil, de la robe
d'une femme qui parut toute droite, dans l'embrasure de deux créneaux, le dos tourné à
l'abîme, comme si elle en eût eu peur, tout
en l'affrontant. Presque au même instant, les
bras d'un homme entourèrent cette femme et
deux têtes disparurent derrière les créneaux.
De si loin elle ne pouvait juger quelle était
cette robe rouge, mais de quelle distance n'eût-
elle pas reconnu Ryno?

Un frisson lui passa dans la racine des cheveux. Le même, lui sembla-t-il, qui y était passé,
la nuit précédente, quand elle avait ouï ce cri
de femme que Ryno avait pris pour une *ruse
de fraudeur.* « Ah! la ruse, la fraude! » pensa-

t-elle en faisant tout à coup dans sa tête des associations d'idées foudroyantes, terribles. Elle se retint sur cette pente d'éclairs, car elle sentait qu'elle devenait folle. Elle prit sa tête à deux mains pour se la rasseoir ; puis elle sourit comme réveillée d'un rêve et se dit avec une pensée qui tuait l'égarement : « Pardonne-moi, Ryno ! »

Mais elle n'en courut pas moins vers la falaise et commença de la gravir. Quoiqu'elle fût une robuste femme, mieux découplée que pas une de ces filles de Normandie qui scient le blé et vont traire, le soir, la cruche de cuivre sur l'épaule, elle ne pouvait monter vite cette pente raide et longue et courir contre cet escarpement qui la défiait et résistait à ses efforts. Il fallait du temps pour arriver à la Vigie. Elle s'arrêtait, puis reprenait d'un pas rapide son dur chemin. Elle vit un pâtre qui descendait quand elle montait, poussant devant lui deux brebis maigres. Elle lui demanda, comme au vieux matelot, s'il avait vu M. de Marigny.

« Il est là-bas avec une belle dame, répondit l'enfant. » Il l'appelait belle parce qu'elle était en rouge, ce sauvage enfant !

« Où, là-bas ? fit-elle, sur la Vigie ?...

— Non, là-bas, dit l'enfant ; » et il lui montra le côté de la roche opposé à la tour.

Cela était possible. La falaise est si vaste !

On la monte si lentement! Elle savait avec quelle peine elle la montait... Cependant l'enfant pouvait se tromper. Il avait l'air idiot d'ailleurs... Elle continua son ascension vers la Vigie. Quand elle y arriva, épuisée, l'enfant avait dit vrai : *ils* n'y étaient plus.

Ah! qui comprendra cette souffrance? Elle appela Ryno. Elle attendit, elle écouta, elle regarda cette embrasure où elle avait vu cette femme que les bras de son mari en avaient arrachée devant elle. « Eh bien, dit-elle, pâle de crainte, d'inquiétude, de douleur pressentie, qu'y a-t-il là qui doive me troubler ? *Elle* allait se tuer, il l'aura sauvée. Qu'y a-t-il là qui doive me faire l'horrible mal que je ressens?... » Et, tout en raisonnant, elle pleurait sans savoir qu'elle pleurait. Cette femme inconnue, quelque chose lui soufflait que, pour Ryno, ce n'était pas une inconnue rencontrée là au moment où elle allait se jeter à l'eau. L'instinct du malheur défaisait tous ses raisonnements. Il opposait à la raison son épouvantable évidence. Ah! quand le malheur met sur nos cous sa main longtemps suspendue, nous avons beau passer les mains de nos corps sur nos nuques d'esclaves afin de nous attester qu'il n'y a rien, l'âme, qu'on ne trompe point, a entendu le bruit de la ferrure, et l'atroce carcan est crocheté!

Elle resta longtemps sur la falaise, cherchant

Ryno et ne voyant rien. Elle erra sur ce rocher où l'herbe était si courte et si glissante, et, comme elle était déjà dans une disposition souffreteuse, elle augmenta sa souffrance. Mais qu'étaient les peines de son corps en comparaison de celles de son esprit?... L'idée qu'elle avait écartée, par un généreux effort de sa volonté et de sa foi en Ryno, lui revenait à pas lents dans la pensée. Elle avait, on l'a vu, appris par le monde que M. de Marigny avait été un libertin. Mme de Mendoze n'était pas la seule femme qu'il eût entraînée. Ainsi le passé de son mari, qu'elle avait toujours grandi et poétisé, lui apparut sous un aspect menaçant. Elle attisa avec ce passé mille jalousies dans son sein. « Quand un homme a été libertin, pensait-elle avec la sainte horreur de l'innocence, guérit-il jamais de ce vice qu'elle regardait comme une maladie, et quelque accès de cette fureur dégradante aurait-il repris Ryno? Qu'était cette femme rouge?... Si lorsque je vais le voir, il n'est plus avec elle et s'il se tait, je ne le saurai jamais!... » Et cette idée la plongeait dans une perspective d'inquiétudes éternelles, car elle connaissait sa noble nature. Elle savait qu'il y avait dans son cœur une fierté de réserve que la douleur la plus cruelle ne vaincrait pas. Elle devait, comme tout ce qui est grand sur la terre, périr par ses qualités mêmes. La pensée

d'une question ou d'une plainte révoltait cette
âme choisie. « Si ton mari te trompait jamais,
lui avait demandé un jour de son adolescence
une de ses amies de pension, que ferais-tu ? —
Je souffrirais en silence, avait-elle répondu,
jusqu'à la mort. Ma douleur serait mon secret.
— Tu te sens donc bien forte ? lui dit son amie.
— Non, fit-elle, je suis peut-être plus faible
que toi et peut-être serait-ce par faiblesse que
je me tairais. » Elle se trompait alors, la généreuse fille, en prenant pour de la faiblesse la
délicatesse d'une âme fière à la manière des
anges, sans égoïsme et sans hauteur, et la plus
divine des choses divines, la pudeur d'un sentiment profond, qui, quand il souffre, se cache
sous des larmes héroïquement essuyées, comme,
quand il était heureux, il se cachait sous des
rougeurs.

Cependant lasse d'errer en vain, d'appeler
en vain, de souffrir en vain, succombant sous
les incertitudes, le corps affaissé, les yeux brûlés de larmes et de vent, elle se mit à descendre la falaise, croyant que Ryno pourrait être
rentré, car les heures avaient marché comme
elle. Le soleil s'inclinait ; les brumes dispersées
le matin se reformaient çà et là ; on ne voyait
plus qu'un pan du manteau bleu de la mer,
partie traîner là-bas, à l'horizon, du côté de
Jersey. Sur toute une vaste surface, les rochers

verdâtres montraient leurs pointes dressées entre les fosses d'eau qui les séparent, comme une foule de petits lacs de toute forme et de toute grandeur. Le froid cinglait. Elle marcha vite, moins pour fuir cette atmosphère cruelle d'un soir de novembre, que pour retrouver celui qu'elle avait cherché depuis si longtemps. Elle repassa près du vieux matelot, qui était levé dans sa barque à sec et qui, sur le point de regagner Carteret, pliait son filet en sifflant.

« Vous n'avez donc pas rencontré M. de Marigny ? lui dit-il avec une familiarité respectueuse. Il vient de dévaler des dunes à l'instant même et a pris le chemin du manoir.

— Était-il seul ? fit-elle vivement. Question qu'elle ne put retenir et dont elle rougit comme d'une bassesse. Le beau sang des Polastron monta presque aussi vite à son noble front que la question jaillit de ses lèvres.

— *Vère !* » dit le vieux Griffon, qui avait plus d'une fois emporté son patois normand au bout du monde, mais qui l'en avait toujours rapporté.

Elle courut plutôt qu'elle ne marcha le long du havre, mais elle vit bientôt Ryno revenir à elle aussi vite qu'elle allait à lui. Le premier soin de M. de Marigny rentré avait été de demander sa femme. On lui avait répondu qu'elle était sortie pour le chercher depuis plus de deux heures. L'inquiétude le saisit. Il savait sa femme indisposée ; il craignit qu'elle n'eût froid sur la côte si tard ; il prit vite pour elle un grand manteau de martre zibeline et se précipita à sa recherche. Quand il la vit qui revenait, il s'élança vers elle avec la rapidité de la flèche. Mécontent de lui-même, irrité presque contre sa faiblesse pour avoir partagé les émotions de la scène de la Vigie, il avait besoin de revoir l'ovale de ce calme visage, l'astre sans nuage de sa vie, et de plonger son âme dans l'eau bleue de ces yeux charmants d'où elle devait sortir rafraîchie et purifiée, comme d'une céleste fontaine.

Que ne devint-il pas quand il vit le ravage de deux heures d'angoisses sur les traits d'Hermangarde ?... Pour la première fois, ces traits placides étaient frappés de la mate meurtrissure des larmes. Avec son mouchoir noué sous son menton et qui lui encadrait le visage comme la bandelette d'une coiffure juive, elle avait la beauté touchante des femmes belles qui ont beaucoup pleuré, car la beauté vraie de la femme est peut-être d'être victime. Ryno, en la regardant, eut comme un éblouissement aux yeux et une contraction dans le cœur.

« Mon Dieu ! qu'avez-vous, lui dit-il, et pourquoi êtes-vous sortie ?

— Je suis lasse et je souffre un peu, » répon-

dit-elle avec un sourire. Elle avait la douceur
de ne pas mentir en disant qu'elle souffrait. « Je
suis sortie et j'ai trop marché, » ajouta-t-elle en
prenant le bras qu'il lui offrit.

« Comme vous avez été longtemps ! lui dit-
elle, *j'ai cru vous voir* sur la Vigie et j'y suis
montée, mais vous n'y étiez déjà plus. »

Son bras tremblait sur le bras de son mari.
Sa voix tremblait, elle était allée aussi loin
qu'elle pouvait aller sans lui adresser une
question défiante ou jalouse. Ryno à son : *j'ai
cru vous voir,* parole qui tomba doucement de
ses lèvres, comme une goutte de sang d'une
plaie qui commence à saigner, Ryno comprit
qu'elle l'avait vu, et si elle l'avait vu, elle avait
vu Vellini. Il resta muet, comme un homme
pris entre deux dangers. Mentir eût été inutile.
Dire vrai, dire tout, c'eût été jeter dans l'âme
d'Hermangarde des appréhensions bien plus
cruelles, bien plus redoutables que celles qui y
germaient déjà. D'ailleurs, il est, dans le passé
des hommes, de ces confidences qu'un mari qui
a l'âme élevée ne peut jamais faire à sa femme.
Il baissa le front et se tut, navré de ce silence
forcé, navré de ce qu'il devinait dans l'âme
d'Hermangarde. Elle se tut aussi, la malheureuse, accablée par le silence de son mari, qui
ne lui racontait pas sa journée et qui attachait
par là dans son cœur une éternelle inquiétude.

Ils regagnèrent leur manoir, leur doux *Nid d'alcyon* dans lequel entrait avec eux le grain noir de la tempête, de la cruelle tempête du cœur. Ils souffraient. Ryno souffrait pour Hermangarde. Il avait la connaissance de ce cœur réservé jusque dans la caresse. Ce sphinx de félicité muette qui jamais ne disait son dernier mot et se cachait dans l'abîme de lui-même, sous l'étreinte de la volupté, il savait qu'il serait un sphinx de douleur dévorée, quand il se mettrait à souffrir. On a vu de ces chastes créatures, plus hautes que la vie, qui aimaient mieux mourir que de livrer, pour guérir, un mystère de leur corps à la Science. Hermangarde était de cette race d'âmes ; marbres purs qui ne se raient pas, car se rayer, c'est commencer de s'entr'ouvrir, et elles restent fermées. L'Amour, le Mariage, la Douleur, la Vieillesse, tout en les pénétrant, tout en les cueillant, tout en les foulant aux pieds, ne déclosent pas entièrement ces âmes divines, qui gardent jusqu'à la mort, dans un coin de leur âme, comme une silencieuse et inaccessible virginité.

X

Deux espèces de coins du feu.

EPENDANT la vie de ces deux heureux qui allaient cesser de l'être dut, à partir de cette journée, se modifier, sinon dans les surfaces, au moins dans les profondeurs. La première peine, quelque légère qu'elle soit, a toujours plus de poids que le bonheur n'a de résistance, et elle va d'un seul trait jusqu'au fond de notre félicité, comme un plomb qui tombe dans de l'eau. Ryno et Hermangarde s'aimaient encore avec la même toute-puissante plénitude, mais il y avait entre eux quelque chose qu'ils ne se disaient pas. Pour des cœurs délicats et qui ont bu dans la coupe enchantée de la Confiance, rien n'est affreux comme ce supplice. Hermangarde voyait d'un œil fixe toujours suspendue sur son cœur la pointe d'une épée qui n'était peut-être qu'une

illusion d'épée... mais aurait-elle jamais le moyen de s'assurer de la réalité d'une vision qui la terrifiait ?... L'anxiété s'ajoutait aux tourments de l'apparence. Quant à Ryno, il pénétrait la pensée qui bourrelait l'âme de sa femme, et il ne pouvait rien sur cette pensée ; il la lui laissait.

Il essaya néanmoins de l'endormir et de la perdre dans les nombreuses expressions d'un amour qui n'avait besoin de nul effort pour être éloquent et bien sincère. Il est vrai qu'il n'inventait pas. Il continuait d'être le Ryno amoureux, prosterné, charmant de grâce ardente et de passion souveraine qu'il était, depuis six mois, sans que les couleurs de cet amour eussent seulement pâli ! Mais continuer d'être tout cela, ne pas pouvoir monter davantage, mais planer dans cet éther de feu, n'était-ce pas assez pour verser l'oubli dans l'ivresse, au cœur de la femme qu'il aimait ? Hélas ! non, ce n'était pas assez.

L'idée qu'elle gardait, dans les expansions les plus involontaires, une douleur aux replis de son âme nitide, au fond de ce calice fumant de parfums qu'il vidait sans cesse de la rosée dont il était plein, jetait jusque sur les plus vives caresses de Ryno une mélancolie dont pour Hermangarde le charme triste au moins fut nouveau. Elle en jouit comme d'une volupté macérée. Elle respira avec les langueurs enflammées des Mystiques cette fleur laissée au rameau d'épines, qui lui ensanglantait le sein. Mais esclave des pensées jalouses que la scène de la Vigie entrevue avait fait lever et s'entremêler, vagues et confuses, dans son cœur troublé, elle s'expliqua cette mélancolie, et les explications qu'elle se donna furent de nouvelles tortures pour elle. Avait-elle tort ? N'y avait-il qu'*elle* dans cette tristesse de Ryno, qui pouvait être le sentiment de la limite dans l'amour heureux et qui donne à ses jouissances trop tôt finies l'ardeur profonde et altérée de je ne sais quel désespoir ? Le passé, une autre femme, la *Robe rouge,* ce sanglant météore qui avait surgi tout à coup dans le ciel de son bonheur, tout cela n'était-il pour rien dans cette mélancolie, faite peut-être de désirs nouveaux, de remords, de regrets, et oui ! d'un peu d'amour encore, mais d'amour qui s'en va mourir ? Voilà ce qu'elle se disait avec amertume, en s'enveloppant dans de consumantes rêveries. Le tact prodigieux des femmes qui aiment l'avertissait-il ? Ou Ryno, resté vraiment digne d'elle, n'était-il triste que parce qu'il ne pouvait lui rendre le repos qu'elle avait perdu ?

Toujours est-il qu'il n'avait pas revu Vellini. Quand il l'avait quittée sur la falaise, où était-elle ? Quelles avaient été leurs dernières paroles? S'étaient-ils promis de se revoir? Les adieux, les anciens adieux auxquels Ryno en avait tant appelé, avaient-ils été de nouveau prononcés entre eux, élevés entre eux comme une barrière?... Qu'étaient-ils devenus lorsque Mme de Marigny eut atteint la plate-forme de la tour ruinée? Ryno le savait sans doute, et ce qu'il savait dicta sa conduite. Il affecta pendant quelques jours de ne plus sortir ou de sortir avec sa femme. Il répondait à ses jalousies muettes en ne la quittant plus.

Du reste, chaque jour l'hiver, qui s'avançait d'un pas, rendait plus rares leurs promenades. Ils ne voyaient presque plus, que des fenêtres de leur grand salon, le paysage maritime qu'ils avaient si souvent parcouru. Éclairé par un ciel habituellement gris et bas, qui en pressait de toutes parts l'étendue monotone, il s'harmoniait bien avec l'état de leurs âmes. C'était l'infini nuageux de leur amour! Il en avait l'immensité et la teinte déjà soucieuse. Bientôt le vent qui s'engouffrait dans cette anse devint si piquant qu'il fallut renoncer à la *niche* et à la falaise. Ils se contentaient alors de descendre, quand il ne pleuvait pas, les escaliers des murs de la cour et de faire quelques tours rapides au bord du havre et sur la grève, où rien ne semblait vivre que les éléments. Ils entraient alors dans cette période de la vie à la campagne que Mme d'Artelles et la marquise avaient redoutée et qu'eux, au contraire, avaient désirée et voulue avec la confiante témérité de l'amour. On le conçoit. Quand on s'aime comme ils s'aimaient, lorsqu'ils arrivèrent sur cette côte, on voudrait habiter un point indivisible de l'espace afin d'être plus rapprochés. L'hiver, dont les rigueurs sont plus âpres à Carteret que partout ailleurs, rongeait, pour ainsi dire, le sol autour d'eux. Ils ne pouvaient plus s'y étendre. La nature les refoulait l'un vers l'autre et leur disait : » Suffisez-vous! » Ah! la nature est une bonne mère. La vraie place de l'amour n'est réellement qu'à la campagne, en hiver, quand on ne peut plus *mettre un pied dehors,* et qu'endormie et crispée dans son lit de frimas, la terre n'a plus à offrir de ces distractions et de ces spectacles qui, pour la conscience timorée d'un amour exquis, sont presque des infidélités. C'est alors qu'au fond, tout au fond de la maison isolée où l'on aime, on se crée des recueillements merveilleux et des tranquillités inépuisables, à l'abri de tous les importuns du monde et sous la garde bénie des mauvais temps et des mauvais chemins. Le foyer domestique se concentre. Le coin du feu devient toute la maison. On y vit et on s'y réchauffe, assis tous deux sur la même causeuse, ce meuble inventé par l'amour, entre les feuilles rapprochées de quelque paravent de laque qui double la chaleur en la retenant, et jette une ombre de plus sur le corps, un mystère de plus sur la pensée ! On y alimente ses rêveries en entendant le grillon, cette cigale de l'âtre de l'homme, qui chante dans la cendre chaude, comme la cigale de l'été chante dans les blés brûlés de soleil, et plus loin, au dehors, derrière les remparts transparents des fenêtres, les hurlements du vent du nord dans les brisants de la falaise, le flagellement de la vitre sous la pluie qui fume, et le silence (car le silence s'entend) de la neige perpendiculaire, qui tombe en paix des sommets du ciel, comme les duvets d'un cygne plumé par une main cachée dans les nues. Toutes ces musiques éoliennes de la Nature soupirante ou gémissante bercent l'âme et l'endorment comme dans un hamac d'harmonies. Et ce n'est là pourtant encore qu'une partie de nos sensations ! Dans cet ovale dessiné par le paravent, dans ce coin du feu toujours allumé, toujours irradiant, la femme aimée prend des expressions et des reflets qui communiquent à sa beauté des caractères qu'on ne lui avait jamais connus. Le jour, sous les triples draperies des rideaux, filtre à peine dans l'appartement. Des clartés voilées luttent et succombent aux angles du salon, dont les bustes blancs trempent dans l'ombre. Toute la lumière part de la cheminée comme de son sanctuaire. Tantôt éclatante et joyeuse avec la flamme sonore du sarment qui pétille et meurt, et qu'on appelle *joie du mariage,* pour en marquer la chaleur et la gaieté éphémère; tantôt sombre et pourtant ardente avec l'embrasement pénible du chêne, elle colore de teintes si différentes dans leur couleur unique la tête chérie, qu'on dirait des touches diverses de plusieurs pinceaux. Au sein de cette pénombre vermillonnée par la flamme, les yeux *charmeurs* ont des étincellements de caméléon et de rubis comme la tradition antique en prêtait au dauphin expirant. Les cheveux d'or, la chaîne de notre vie, se bronzent ou rougissent... La joue pénétrée monte par des transitions successives toute la gamme de la couleur de l'amour, depuis le rose vaporeux et tendre jusqu'au pourpre le plus profond; et si elle rit ou sourit, la reine de notre cœur, la flamme perle encore sa goutte incarnadine sur l'émail humide de ses dents érubescentes. Ah! pour des êtres épris l'un de l'autre, que les jours d'hiver, ces moitiés de nuit si touchantes, passent suavement en ces contemplations oisives, songeuses, idolâtres, dans le rayonnement du foyer! Non, rien ne vaut cette tendresse, tapie dans un salon bien clos et chargé des souffles de deux créatures qui se pénètrent par le regard et par tous les effluves de l'haleine, car la peau respire comme la poitrine, et qui atteignent le soir, dans ce bain moite d'air humain sorti d'elles-mêmes, et qui les noie dans les langueurs écrasantes d'une asphyxie de volupté !

Marigny et Hermangarde s'absorbèrent en cette vie intérieure, mais ces jours condensés par le silence et la solitude furent bientôt comme les restes épanchés d'une essence qu'on cherche au bord d'un flacon tari. L'atome d'un poison invisible s'imbibait déjà dans ces gouttes huileuses et diamantées du pur nectar cristallisé qu'ils épuisaient sur leurs lèvres. La pensée qu'on ne dit pas, cette petite tache noire dont les plus saines et les plus fortes intimités peuvent mourir, commençaient à marbrer de teintes putrides ce bonheur, zeste amer et brûlant du fruit qu'ils avaient dévoré. Cette pensée fixe et pourtant mobile, la présence éternelle de Ryno ne la bannissait pas. Près de lui, Hermangarde la sentait circuler dans ses veines, briller dans ses yeux, mourir sur ses lèvres, faire plusieurs fois le tour de son être, comme le sang chassé par le cœur qui revient au cœur. Ryno le voyait bien. Il pouvait dire à chaque minute de la vie, dans quel organe de cette femme, si secrètement atteinte, passait ou s'arrêtait le poison subtil qui était tombé de sa main, à lui ! Cette souffrance cachée, qui résistait à tout, lui jetait parfois au cœur d'âpres et de courts ressentiments. Alors, lui, qui savait sa puissance, l'évoquait, prêt à s'en servir, prêt à en abuser. Dieu de cette femme et par cette femme, il faisait lever, monter et passer l'océan de feu des caresses sur cette petite tache qu'il n'emportait pas, qu'il ne balayait pas, et qui restait comme le sang sur la main de lady Macbeth. Dans ces moments (les femmes pures s'en étonneront-elles?) Hermangarde ne tendait pas, comme autrefois, sa poitrine à la foudre. Une inexprimable alarme de tous les sentiments de son être la retenait contre le cœur de son mari, semblable à un oiseau craintif qui mettrait sa tête sous son aile. Si elle ne s'en arrachait pas, c'est que peut-être il était toujours le Ryno de ses rêves et de son mariage, mais, mon Dieu, où en est le bonheur de l'amour, lorsque le doute nous vient faire trembler sur la loyauté des caresses?

Ce doute rendait tout impossible. Elle avait bien eu la pensée d'écrire à sa grand'mère ce qui lui pesait sur le cœur. « Mais à quoi bon, s'était-elle dit, troubler de mes incertitudes les derniers jours d'une femme excellente dont le bonheur est fait du mien?... » Cette pieuse pitié l'avait arrêtée. Cependant tout ce qu'elle avait de jeunesse dans l'âme et de mortelles anxiétés lui donnaient des soifs de confiance qu'elle ne devait pas étancher. La perspective morne d'une compression sans bornes l'accablait.

Elle en souffrait plus que jamais, un jour qu'elle était restée seule au manoir. M. de Marigny, qui n'était pas sorti depuis plusieurs semaines, avait fait seller un cheval et était allé à Barneville chercher les lettres qu'ils attendaient de Paris. Dans la disposition de son âme, une chose si simple, le départ et l'absence de son mari, pendant deux heures, avait causé à Hermangarde un incroyable serrement de cœur. Et pourtant elle n'avait pas voulu s'y opposer! A une autre époque (elle disait déjà : à une autre époque!) elle eût murmuré câlinement le mot « Reste », et il serait resté. Quand il l'embrassa au moment de partir, elle ne lui fit rien entendre, et il partit disant que bientôt il serait de retour, car Barneville est si près! Il ne pouvait l'emmener. Elle était malade des commencements d'une grossesse dont elle doutait encore, il est vrai, et le médecin lui avait défendu toute espèce de fatigue. D'ailleurs il tombait un peu de brouillard.

Elle était donc restée seule sur la causeuse, veuve de lui, au coin du feu, sa place accoutumée, le théâtre d'une intimité si tendre et de ce drame muet si triste qui incessamment s'y mêlait. Courageuse, elle prit son aiguille et sa broderie, et elle essaya de vaincre, par l'application au travail, les attendrissements qui la surmontaient. Elle baissa son front, gros de rêves, sur ses mains royales de beauté qui soutenaient son frêle ouvrage... Mais bien loin de distraire la pensée, les travaux des femmes la concentrent. A qui les a parfois observées quand elles semblent le plus perdues au sein des patientes et fragiles difficultés d'une reprise à faire ou d'une fleur de festons à achever, il est aisé de lire à pleines pages, dans leurs mouvements et dans leurs poses, bien des poèmes de douleur cachée, de riant espoir, de secret désir. Le visage incliné échappe, mais les mains parlent. Elles ont des façons si rapides ou si languissantes de tirer l'aiguille ou vers leur sein ou de côté ; elles ont des manières de couper leur fil, étourdies, rêveuses, abandonnées, résolues, péremptoires, impérieuses, cruelles, encolérées, hésitantes, tremblantes, adroites comme la finesse, maladroites comme l'émotion ! Pour qui a le sens de ces révélations infaillibles, il est évident que ce n'est pas dans ces délicats chiffons qu'elles cousent ou coupent, mais dans leur âme. Hermangarde ne trouva donc point dans son ouvrage ce qu'elle y cherchait. Elle aurait dû le savoir. N'y avait-il pas dans le boudoir gris et rose de la rue de Varennes un tapis dont toutes les fleurs brodées pendant ses derniers jours de jeune fille avaient été autant de préoccupations d'amour ?... La marquise appelait, en riant, ces fleurs, dans le cœur ouvert ou fermé desquelles sa petite-fille avait versé tant de pensées : *les acrostiches de M. de Marigny.* Le même fait, mais aujourd'hui douloureux, se produisait avec l'exactitude d'une loi. Hermangarde fuyait ses pensées et elle les fixait devant ses yeux, sous chaque point d'aiguille. Aussi les attendrissements augmentèrent. De grosses larmes qui ne passaient point sur les tremblantes rondeurs des joues, à cause de l'inclinaison de la tête, tombèrent de ses cils sur ses mains et sur son feston. Elle oublia de les essuyer. D'autres revinrent, puis d'autres encore... Enfin n'y voyant plus, entraînée, vaincue par le flot montant de ce déluge de larmes, elle laissa choir ses mains mouillées sur ses genoux, renversa sa tête sur le dossier de la causeuse et s'abandonna à cette crise de pleurs, comme certains oiseaux se mettent à boire quand ils ne sont pas observés.

Voilà donc comme les bonheurs finissent ! Elle resta longtemps dans cette nerveuse pâmoison de larmes, mais la nuit venant plus vite à cause du brouillard qui s'épaississait au dehors, sa femme de chambre étant rentrée préparer une lampe, elle voulut lui cacher l'état affreux de son visage et elle alla appuyer son front brûlant sur les vitres de la fenêtre. Elle trouva que la moiteur glacée de la vitre lui faisait du bien. Elle regarda s'*il* revenait, mais elle ne put en juger. Le brouillard s'élevait sur la grève au delà du havre. Il couvrait Barneville et les Rivières et s'interposait, comme un mur d'albâtre gris, incrustable à l'œil. Seulement entre le havre et le manoir, on pouvait encore discerner les objets et apprécier les distances. On voyait plusieurs bateaux à sec, à différents points de la grève. Les gros temps des jours précédents les avaient forcés à relâcher dans l'anse de Carteret, et ils attendaient le retour de la marée qui devait les remporter. Parmi ces bateaux qui tigraient le sable jaune de la noire couleur de leurs carènes, il y en avait un plus beau et plus fort que les autres et qu'Hermangarde prit de loin pour un brick. Il n'était pas couché à moitié sur le flanc, attendant la lame qui le redresserait, mais il se tenait debout et droit, comme s'il eût été sur ses ancres, dans le havre plein. Plusieurs personnes l'entouraient et on avait allumé un grand feu, à trois pas de son tillac. Quel était ce vaisseau? Que faisaient ces personnes entrevues confusément dans le brouillard et les premières ombrées de la nuit? Hermangarde voulut aller jusque-là au devant de Ryno. Le vaisseau en question n'était pas très-loin de la porte de la grande cour. Le froid, d'ailleurs, dont elle éprouvait la bonne influence à son front qu'elle appuyait contre la vitre, enlèverait à ses yeux la cuisante inflammation des larmes et empêcherait Ryno de voir qu'elle avait trop pleuré. Elle prit sa pelisse et sortit avec Titania, car Marigny avait emmené Titan.

Le spectacle qui l'avait attirée était impressif et presque étrange, quoique la côte dût en avoir souvent de pareils. Elle ne s'était point méprise : le vaisseau qu'elle avait devant elle était bien un brick d'une structure élégante et robuste. Deux matelots, en jaquette grise et en camisole rayée, étaient alors occupés à enduire de goudron sa forte carcasse, qui avait souffert de la pointe aiguë des brisants. Le goudron bouillait, épais, visqueux, dans un chaudron posé sur un trépied que léchaient et couronnaient les flammes d'un feu de planches pourries et de douvelles de vieux tonneaux. Un mousse, assis par terre, entretenait ce feu qui rayonnait dans le brouillard embrasé et rougeâtre et y jetait comme des éclaboussures de lumière. Autour de ce foyer en plein vent, il y avait plusieurs personnes, dans des attitudes diverses, assises ou debout, badauds de la côte, pour qui l'apparition d'un brick étranger était un événement. Elles devisaient librement entre elles, pendant que les matelots et le mousse, ignorant la langue qu'on parlait autour d'eux, remplissaient leur tâche en silence, avec une gravité digne du pavillon qui les couvrait. C'était le pavillon espagnol.

Mme de Marigny resta un instant en arrière, pour regarder et écouter le groupe circulaire, si fantastiquement éclairé.

XI

La blanche Caroline.

AR sainte Barbe, Capelin, mon ami, disait le père Griffon, notre connaissance, y avait-il longtemps que nous n'avions eu dans notre havre un voilier aussi crâne que ce gaillard-là !

— Eh! père Griffon, ça vous émoustille?... répondit le pêcheur de crabes auquel il parlait; vieux Triton à la veste graisseuse, comme s'il l'eût trempée dans l'huile de poisson, et qui était assis sur sa hotte couverte de varech humide, que diriez-vous donc si vous l'aviez vu filer ses nœuds sous un bon vent, comme j'lavons vu c'tte nuit, Pierre le Cancillier et *mai*[1] à la mer montante? J'pêchions le lançon sous les

---

[1]. *Mai* pour *moi*. Inutile de dire que nous écrivons comme es paysans normands prononcent.

dunes. J'l'avons *aperçeu* d'vant Jersey qui venait vers Carteret, serrant ses voiles. Il allait l'enfer ! Je *crayons* qu'il se briserait, comme une faïence, contre les récifs de la falaise, mais il a passé net entre les phares et gagné le haut bout du havre, comme un bruman[1] qui monte la nef de l'église, le jour de ses noces, et pourtant il s'était caressé les côtes sur les brisants et il avait des avaries dans ses agrès.

— Bah! répondit l'ancien matelot. Qu'est-ce que deux ou trois écorchures, par-ci, par-là, sur une pareille quille? Et il y posa sa large main comme s'il eût caressé le poitrail d'un animal vivant. Ah! fit-il avec enthousiasme, que Notre-Dame de la Délivrance soit bénie pour avoir permis au vieux Griffon de voir encore, avant d'être aveugle tout à fait, un navire qui lui rappelât son ancien temps, quand il manœuvrait à bord de l'*Espérance,* sous le grand bailli de Suffren.

— Eh! eh! père Griffon, il n'y faisait pas *noble?* reprit d'un ton gouailleur le pêcheur de crabes en se servant d'une expression familière au vieux marin quand il racontait ses longues histoires à la veillée.

— Non, répondit le matelot, il n'y faisait pas noble! C'étaient de rudes temps. Mais on était

1. *Bruman,* le fiancé, le mari de la bru.

jeune. On avait des yeux qui voyaient comme la lunette d'un capitaine, et la main sûre. Faire la guerre, trimer sur les mers avec cet enragé de bailli, valait mieux encore que d'être échoué sur le sable comme un vieux loutre qui crèvera un de ces matins.

— J'*crais*, dit alors un mendiant, tout courbé par l'âge et allongé sous sa besace, lequel poussait de temps en temps les douvelles enflammées, sous le chaudron, du bout de son bâton ferré, que depuis la blanche Caroline, on n'avait pas vu de *vaissiau* des mers de par delà, dans le pays?

— Ne parlez pas de la blanche Caroline, vieux rôdeur! répondit avec un sentiment de terreur très-sincère, le pêcheur à la hotte que Griffon avait appelé Capelin. Il faut que je pêche c'tte nuit à la mer basse, et je ne m'soucie pas de la voir se lever dans cet infernal *buhan*[1]. Ça porterait malheur à ma pêche, et je ne prendrais pas une étrille[2] qui fût tant seulement bonne pour le déjeuner des servantes d'un cabaret.

— Elle hante donc toujours la côte? fit

[1]. Brouillard, en dialecte normand.
[2]. Espèce de coquillage de la forme des crabes, mais sans grosse pince et couvert d'un duvet rude par dessus son écaille. *Étrille* est le mot populaire. On parle ici comme les poissonniers normands et non comme la science.

le porte-besace, qui habitait dans les terres.

— Tiens, c'tte question! dit le pêcheur de crabes. Puis se ravisant : Mais que j'*sis* bête! reprit-il. C'est vrai, mon *bonhoûme*. Vous n'êtes pas d'ici, que je pense. Vous v'nez jusque de Saint-Maurice.

— Nenni dà! répliqua le pauvre. J'*sis* de Sortôville-en-Baumont, du hamet [1] aux Lubée, tout contre la terre de Carbonnel.

— Eh ben, tout d'même, dit le pêcheur aux crabes, Sortôville-en-Baumont ou Saint-Maurice! Quand vous êtes couché dans vot' masure, vous n'pouvez guère *savair* ce qui se passe dans les mielles de Portbail à Carteret.

— Ah! j'y ons passé ben tard et en toute saison, fit le mendiant, se redressant sous sa sacoche, avec l'orgueil de son ubiquité de vagabond sur tous ces rivages. J'y ons passé ben tard dans vos gueuses de mielles, si mal commodes pour mes pauvres sabots, avec leurs sables mouvants. Mais jamais je ne l'avons rencontrée qu'une seule fois, la Caroline! et ma *finguette!* il y a bien de ça quinze ans... Vère! il y a bien quinze ans, répéta-t-il en cherchant dans sa vieille mémoire, comme un antiquaire dans quelque parchemin jauni. Dans ce temps-

---

1. *Hamet* — hameau.

là *i gn'y* avait pas une seule maison sur toute la côte où l'on n'en glosât, de la Caroline. C'était un samedi. Je m'en souviens comme si c'était hier. Je m'en allais à Portbail chercher mes croûtes de la semaine et y coucher pour la foire du lendemain. J'm'étions un peu attardé chez Bonnetard, le boulanger, qui était cabaretier *itou*[1] et vendait du cidre, sans passe-avant à Barneville. Un royal cidre, insista-t-il avec mélancolie, comme je n'*crais* pas en avoir *beu* une chopine depuis ! Ah ! ce soir-là, le temps n'était pas à la brume comme aujourd'hui. Y faisait clair dans les mielles comme dans un miroir. La lune était aussi reluisante que les plats à barbe de cuivre qui dansent à la porte de la boutique d'un barbier. J'avais le cœur joyeux. J'n'pensais à rien : car c'était le bon temps. On n'avait pas chance de mourir de faim au fond d'un fossé, comme aujourd'hui, un jour ou l'autre. V'la qu'tout à coup, entre les Rivières et les moulins des buttes Saint-Georges, j'vis *queuque* chose de blanc qui remuait comme un linge dans une haie, et je m'dis à part *mai :* Serait-ce la Caroline ?... Eh ben ! vrai comme j'*sis* un *chrétian* baptisé et que j'ai nom Loquet, c'était elle ! Elle était haute et blanche comme une Mille-

---

1. *Itou* — aussi.

Loraine[1] des lavoirs de Fierville. Elle fit *pique par-dessus feuille*[2] dans la haie et vint à *mai, draite* comme v'là mon bâton, ajouta-t-il en plantant sa gaule ferrée dans le sable, avec un geste d'un pittoresque saisissant. E'n'me dit mot. *Mai*, je marchais la tête basse sous mon grand *capet*. J'avais ouï dire dans ma jeunesse à une vieille fileuse, la grande Jeanne, qui passait pour avoir bien du *savait*[3] dans tout Sortôville, qui'n'faut jamais parler le premier aux revenants, si on ne veut pas mourir dans l'année. J'marchais, j'marchais, mais elle allait aussi vite que *mai*. E'n'me quitta qu'aux premières maisons, sous Portbail. V'là toute l'affaire ! ajouta-t-il, en jetant par manière de conclusion un regard sur son auditoire. D'aucuns disent qu'elle n'd'vise jamais et ne fait de mal à personne. Pourtant, quand on l'a au

1. Les Milles-Loraines ! superstition du pays. Ce sont des femmes-fées. Elles chantent la nuit, vêtues de blanc, à genoux sur la pierre polie des lavoirs. On les y voit, battant leur linge au clair de lune, placées en cercle autour de l'eau étincelante. Quand un passant attardé entre dans la prairie où le lavoir qu'elles hantent est situé, elles l'arrêtent aux échaliers et le forcent à tordre leur linge ; s'il s'y prend mal, elles lui cassent le bras.

2. Expression locale. Piquer par dessus la feuille, probablement.

3. Avoir du *savait* (savoir), mot du pays pour exprimer qu'on a quelque mystérieuse accointance avec le diable.

bout du coude, on n'est pas à noce, ma *finguelle !* Un vieux cherche-son-pain comme *mai* n'est pas bien facile à *épeurer,* mais que le diable me laboure un champ de navets dans le ventre, si, tout le temps qu'elle a été là, j'nai pas senti une manière de sueur *fraide* qui mouillait, sur mon dos, jusqu'à mon bissac !

— Qu'est-ce donc que cette Caroline, père Griffon? dit soudainement Hermangarde, en sortant de l'épaisseur de la brume pour entrer au bord du cercle éclairé et en posant sa main gantée sur la lourde épaule du vieux matelot.

— C'est la dame du manoir, la fille à la marquise, firent à voix basse et en se clignant les yeux le mendiant et le pêcheur. Et ils la saluèrent avec le respect sans bassesse d'hommes hardis et vrais.

— Ah! la Caroline! ma gentille dame, dit l'ancien matelot de Suffren, mettant magistralement les mains dans les poches de son paletot de molleton bleu usé et se balançant sur ses jambes, arquées en pinces de homard, comme s'il avait senti le roulis de la mer sous ses pieds. La *Caroline !* c'était un brick de guerre comme celui-ci, qui relâcha, il y a bien longtemps, dans notre havre. Vous dites quinze ans, vous l'homme, a la besace, et je vous dis, moi, qu'il y en a plus de dix-sept, car c'était à l'époque de mon troisième retour de Goa, et quoique je ne fusse plus alors ce qu'on appelle un jeune poulet, il s'en fallait de bien des plumes! ma bonne femme de mère vivait encore. Oui, par Dieu! il y a plus de dix-sept ans. Ce brick sortait des mers du Nord et était Danois. Il y avait à bord une fillette que j'ai vue deux fois avec les officiers à l'auberge du *Marsouin qui fume*, au haut de la rue de Carteret, où ils venaient faire leurs sabbats de rhum et d'eau-de-vie et de cartes à jouer, pendant qu'on réparait les avaries de ce pauvre brick à la même place que celui-ci. Je n'étais alors comme aujourd'hui qu'un vieux loup de mer dont le maroquin tanné résistait à l'œil des jeunes filles, qu'un endurci du péché qui avait roulé sur toutes les mers et dans tous les ports du monde, mais sur le salut éternel de mon âme! je n'avais rien vu comme cette jeunesse, et jamais je ne l'oublierai. Je la vois toujours. Figurez-vous, ma belle dame, un enfant de seize ans, délicate comme une perle fine, et blanche comme un albatros; un chef-d'œuvre du bon Dieu, quoi! une mince quenouille d'ivoire comme en font les marins à Dieppe, frêle et fragile à casser dans la main qui l'aurait touchée un peu fort. Ce n'était pas fait, voyez-vous, pour aller avec les marins, gens d'acier et de corde, qui, hors la discipline, crient, blasphèment, se saoûlent, se battent et, sauf votre respect, font l'amour comme les bêtes les plus indomptées de ce monde déchu! Pauvre Caroline!... les officiers et tout l'équipage l'appelaient du nom de leur bâtiment. Qui sait? c'était peut-être leur bâtiment qu'ils avaient appelé comme elle. Toujours est-il, pour en finir, qu'ils avaient sculpté à leur gaillard d'avant une blanche figure qui ressemblait à la sienne, qui avait l'air de s'ennuyer à labourer éternellement les vagues, de la pointe de son sein, autant qu'elle à écouter leurs propos ivres, dans la fumée des pipes et la flamme des punchs! Non, elle n'était pas faite pour aller avec des marins, et cependant elle y était! A bord, ils étaient presque tous fous d'elle, ils étaient comme ensorcelés de cette pauvre tombée de neige qu'ils emportaient sous toutes les latitudes comme un échantillon de leur pays. Elle n'aimait personne, pas même le capitaine. On disait qu'elle avait le mal du pays. Un soir, c'était le jour de la Vierge, un vent chargé de pluie avait soufflé toute la journée ; le brick radoubé et sur ses ancres, nous entendîmes de loin des cris terribles. On s'égorgeait à bord pour la pâle enfant. Le capitaine, forcené de jalousie contre un officier de son bâtiment, l'avait provoqué à un duel à mort. Ils se battirent dans l'entrepont, aux flambeaux, et avec des haches d'abordage. « L'officier, me dit un matelot hollandais qui servait sur le brick et que j'avais connu dans les temps, à Java, fut haché comme un arbre, dont on abat, branche par branche, toute la membrure, et quand il ne resta plus de lui qu'un tronc pour tout cadavre, cet enragé de capitaine mit le pied dessus et se mit à le doler avec sa hache d'abordage, comme un charpentier dole une poutre. » Par l'âme du diable ! ce capitaine avait tous les démons de l'enfer dans le ventre, car deux jours après il fit porter nuitamment par des nègres qu'il avait ramenés de Virginie la blanche Caroline à la côte, et malédiction sur eux et sur lui ! ils eurent le cœur de l'y ensabler toute vivante.

— Ah ! quelle horreur ! fit Mme de Marigny révoltée. Et à quel endroit de la côte ont-ils, les monstres ! enterré cette malheureuse jeune fille ?

— C'est ce qu'on ignore, dit le père Griffon. Cette nuit-là, les douaniers dirent qu'ils n'avaient rien entendu ni rien vu dans les grèves, mais si de pauvres gens y avaient caché un ballot de contrebande, les sacrés gabelous seraient bien sortis de leurs maudits trous de blaireau ! Moi et bien d'autres que moi, nous avons longtemps cherché la place où ils l'avaient ensablée. Nous n'avons jamais pu rien découvrir. Voilà pourquoi, dit monsieur le curé, elle revient, à cer-

taines époques de l'année, demander une tombe
en terre sainte. Pour ce qui est du brick qui
s'appelait comme elle, il mit à la voile et
partit par la marée du lendemain. On n'en a
jamais entendu parler. »

... Mais Hermangarde n'écoutait plus le père
Griffon. Son attention était saisie par quelque
chose de supérieur au récit pathétique du vieux
marin. Elle avait, en s'approchant du groupe
rangé autour du feu, aperçu, au pied même du
brick, une personne qui la regardait avec une
expression singulière et qui était assise sur un
paquet de cordes enroulées. Cette personne,
elle l'avait prise d'abord pour quelque officier
de l'équipage, chargé de surveiller le travail des
matelots. Son corps délicat (à ce qu'il semblait)
comme le corps mince et juvénile d'un aspi-
rant, était enveloppé, du col aux pieds, dans
une espèce de cape grise, aux plis foncés, et sa
tête était recouverte de la casquette de toile
cirée, nouée sous le menton, que portent les
officiers de marine à bord. Cette coiffure un
peu sur l'oreille, cette mine grave, indolente et
soucieuse, entrevue dans l'ombre et dans la
vapeur du cigare; ce teint où un sang noir,
largement empâté de bile, écrivait à grands
traits qu'il appartenait à la même race que ces
matelots, fils hâlés du soleil, qui goudronnaient
leur bâtiment; ces vagues moustaches, fumée

de plus dans la fumée, reflets de velours aux bords de la lèvre, et ce regard d'un noir profond qui décochait parfois un éclair du fond de ses ténèbres, tout cet ensemble fit, pendant un instant, illusion à Mme de Marigny. Elle se rappelait pourtant confusément ce tragique visage. Où l'avait-elle vu ? Elle l'avait aperçu, il est vrai, dans la voiture de Mme de Mendoze, le temps de passer sur le pont de la Haie-d'Hectot. Elle le rencontrait ici sous une coiffure d'homme, caché à moitié, et à moitié éclairé. Comment pouvait-elle le reconnaître ? Elle ne le reconnaissait pas. C'était un souvenir vague et voilà tout. Il traversait comme un rayon pâle l'attention qu'elle prêtait au père Griffon et à ses récits. Malheureusement, lorsque le matelot finissait son histoire de *la Caroline,* Titania qui avait tracé de longs circuits dans le brouillard, comme tous les chiens captifs longtemps, puis lâchés tout à coup au grand air, revenue auprès du feu devant lequel se tenait Hermangarde, alla se jeter avec une joie convulsive sur la *cape grise,* qui, impatientée de ses folles caresses, fit un geste impérieux et cria à la chienne, d'une voix pleine de colère, ces mots espagnols que Titania sembla comprendre, mais qu'Hermangarde n'entendit pas :

« Afuera, perro del diablo, afuera ! »

Et sa main s'était levée. La cape, dérangée

par ce mouvement, s'entr'ouvrit, et Mme de Marigny put apercevoir cette robe à carreaux écarlates qu'elle avait vue flotter sur la Vigie. « Titania! fit-elle avec une voix surprise et déjà pleine d'angoisse, Titania! » Mais Titania s'était couchée aux pieds de son ancienne maîtresse, sourde à la voix qui l'appelait, immobile, presque révoltée. Croirait-on ce détail? Mme de Marigny, qui ne savait pas d'où venait Titania, eut le cœur percé de cette désobéissance. Elle crut que ce qui était de la fidélité encore dans ce noble animal, toujours fidèle, se tournait pour elle en trahison.

« Père Griffon, dit-elle émue, foudroyée, mais encore assez maîtresse d'elle-même pour baisser la voix et entraîner le matelot à l'écart, savez-vous quelle est cette femme qui est assise sur un paquet de cordes là-bas?

— Cela! dit Griffon avec l'étonnement que lui causait la demande de Mme de Marigny, vous ne la connaissez donc pas, et pourtant tout le monde la connaît déjà dans les environs. Ah! ce n'est pas la blanche Caroline! c'est la *Moricaude des Rivières,* comme l'appellent les enfants de là-bas. On la connaît pour Espagnole depuis que ce bâtiment est arrivé, car elle a parlé espagnol aux matelots; et moi qui ai ramassé un peu de la langue de tous les pays sur toutes les côtes, j'ai entendu qu'elle leur a dit qu'ils étaient compatriotes. Avant l'arrivée du brick, je ne savais pas ce qu'elle était plus que les autres, quoique je visse bien qu'elle était de loin et des pays chauds, car le soleil lui a écrit sur la face un diable d'acte de naissance plus aisé à lire qu'à effacer.

— Eh ! que fait-elle aux Rivières, dit Hermangarde dont la curiosité haletait, et comment y est-elle venue ?...

— C'est ce qu'on ignore, dit tranquillement le père Griffon. Il faut qu'elle soit venue par les terres, car il y a déjà du temps qu'elle se retire chez les Bas-Hamet de la Butte, et à l'exception du brick que voici, nul bâtiment que les côtiers n'est entré au havre depuis l'équinoxe de septembre. Quant à ce qu'elle fait, c'est tout de même. Nul n'en sait rien. D'aucuns assurent qu'elle a l'esprit un peu dérangé. Souvent on la rencontre esseulée sur les grèves. Quelquefois elle va à la pêche avec les poissonniers des environs. Ils la prennent sur leurs coquilles de noix, et elle leur campe pour leur peine de royales rations d'eau-de-vie et de tabac. Je vous laisse à penser s'il leur en faut davantage ! Du reste, elle n'est pas gênante en mer. Ils m'ont dit souvent qu'elle était assise des heures au roulis comme la v'là sur ces câbles pliés, ne parlant jamais à personne et fumant toujours. »

Mᵐᵉ de Marigny se rapprocha du cercle que sa présence avait rendu silencieux. Les renseignements du vieux Griffon n'avaient fait qu'enfoncer un peu plus cette pointe de curiosité aiguë comme un stylet de verre qui s'est rompu dans la blessure, et que, depuis la scène de la Vigie, elle n'avait jamais pu arracher de son âme sans arracher de son âme avec. Par un de ces âpres mouvements naturels aux êtres qui souffrent et dont les condamnés à mort ont quelquefois donné l'exemple en s'absorbant dans la contemplation désespérée de l'instrument de leur supplice, elle vint regarder avec une horrible avidité cette femme sombre comme une menace, cette nuée pleine de foudre, qui devait lui éclater sur le cœur. Elle se rappela alors nettement qu'elle l'avait vue, qu'elle était passée un jour, rapide, mais distincte, dans le coupé de Mᵐᵉ de Mendoze, auprès de cette femme expirante qui mourait des coups de Ryno. Elle se souvint du trouble qui l'avait saisi, lui... à cet aspect... de ce galop, aiguillonné par des préoccupations terribles, qu'il avait fait prendre à son cheval en sortant de Barneville... Exaspérée par ces souvenirs, elle s'insulta intérieurement avec une ironie cruelle d'avoir cru bêtement à l'influence d'un fantôme, quand, à côté de ce fantôme près de s'engloutir dans la tombe, il y avait une femme qui vivait. Son beau visage traduisait bien tous les dévorements de son âme. Elle était pâle, contractée, frémissante. Ses yeux bleus, éclairés d'une expression qu'ils n'avaient jamais eue, cette espèce d'yeux qui sont si terribles, quand il s'allume dans leur azur le phosphore des cruelles colères, tombaient par-dessus le feu qui flambait entre elles, sur cette femme mystérieuse qu'elle haïssait d'une haine inexplicable, et qui, pour toute réplique, lui renvoyait un de ses longs regards indolents, tranquilles, endormis dans leur lumière noire, comme les tigres parfois nous en jettent de leur oblique prunelle d'or. C'était un effroyable duel que ces deux regards !

Tout à coup le hennissement d'un cheval retentit et un homme sortit de la brume.

« V'là M. de Marigny qui arrive ! » dit le père Griffon.

C'était lui, en effet. Il avait reconnu sa femme. Il arrêta son cheval tout court derrière elle, et il eut bientôt embrassé, d'un tour de regard, les matelots travaillant autour du navire, à la lueur du feu allumé sous la chaudière de goudron, le mousse, le pêcheur, le mendiant, le vieux marin de Suffren, et à l'ombre du bâtiment dressé sur sa quille, Vellini, assise, qui fumait. Marigny, de son cheval sur lequel il avait la pose du soldat romain qui regarde le martyre de saint Symphorien, dans le magnifique tableau d'Ingres, avait tout vu et tout craint, car il s'agissait aussi d'un martyre.

« Quelle folie ! dit-il à sa femme ; pourquoi êtes-vous sortie et venue jusqu'ici par un pareil temps ?

— Je m'ennuyais tant d'être seule, et je suis venue vers vous, répondit-elle en levant vers lui sa belle tête marbrée de larmes versées tout le jour, en lui montrant ces joues d'opale où il y avait comme un sillon noir qui partait des yeux, et qui tremblaient de mille sentiments réprimés. — Vous avez raison, ajouta-t-elle profondément, j'ai eu tort de sortir et j'en suis punie.

— Vous êtes donc plus souffrante ? reprit Marigny avec une émotion dont il ne montra que la moitié. Il faut rentrer vite, mon amie. Montez ici, ce sera plus tôt fait que d'aller à pied. »

Et il se pencha vers elle en lui tendant la main. Elle la prit, et appuyant son pied sur le pied de son mari, elle s'enleva vers lui avec la légèreté d'un oiseau et s'assit sur le devant de la selle, entourée de ces bras qu'elle aimait tant à sentir autour de sa taille ; enfant encore par ses sensations de jeunesse quoiqu'elle fût femme par ses douleurs ! Sa tête s'appuya à cette poitrine dont elle aurait voulu ausculter le cœur et dont elle espionna les battements. Avec son teint inanimé, dans les plis gonflés de sa pelisse bleue, elle avait si bien l'air d'une sainte Vierge tombée de son autel, que cette vue toucha les matelots.

« Ah! dit le père Griffon, j'avons p't'être eu tort de raconter à Mme de Marigny l'histoire de la Caroline. Une jeune dame comme elle, c'est plus sensible que de vieux requins comme nous.

— Non, mon brave père Griffon, ce sera le froid qui l'aura atteinte et indisposée, » dit Ryno qui l'enveloppait avec amour, redoublant les plis de la soie autour d'elle, la veillant comme son plus cher trésor.

Le cheval partit.

« Eh! eh! monsieur de Marigny, sifflez donc vos chiens, » cria le père Griffon.

Hermangarde avait bien remarqué qu'ils ne suivaient pas. Titan culbutait Titania et se roulait à son tour, avec des transports d'allégresse, sur les pieds de l'impassible Vellini!

Le sort lui devait encore ce coup-là, et elle le reçut d'une âme déjà pleine qu'une dernière goutte d'amertume doit faire déborder. « Les chiens mentent donc moins qu'un homme? » pensa-t-elle, hérissée de fierté sur ce sein agité,

LA BLANCHE CAROLINE. 185

sans doute, mais qui n'était pas celui d'un traître.

Marigny siffla de colère. Les chiens suivirent le cheval lancé et tout disparut dans le brouillard.

XII

Le felfa d'une sultane favorite.

 quelques jours de là, le temps était à la neige, M. et Mme de Marigny se trouvaient assis en face l'un de l'autre, dans un des appartements de leur manoir de Carteret. C'était une salle à manger, vaste et sonore, dans laquelle ils achevaient silencieusement de déjeuner. Hermangarde, en robe de soie grise, buvait du thé dans de la porcelaine de Saxe avec autant d'indifférence qu'elle eût avalé du poison. Elle était décidément malheureuse. Elle ne croyait plus à Ryno, et quoiqu'elle eût la discrétion de ses douleurs, cette incrédulité, née de tant de doutes, avait pourtant transi ce qui leur restait d'intimité tiède encore. Ils s'aimaient et ils étaient froids. Marigny, dont l'âme agitée retombait aussi sur elle-même, avait ouvert devant lui une de ces cassettes en

racine de buis qu'on appelle *caves*, toute pleine de flacons de cristal de roche tailladé, à bouchons d'or. Depuis une heure, il se versait, avec cette âpre avidité que comprendront ceux qui souffrent, de ces essences parfumées dont un alcool meurtrier est la base, et que tous les êtres tourmentés par leur pensée adorent, parce qu'elles enivrent et qu'elles tuent, deux bonheurs toujours à la portée de notre main !

Cette salle à manger, pavée de marbre ardoise, avec ses deux fontaines, aux vasques profondes, eût été glaciale par le temps qu'il faisait, si un grand poêle de porcelaine blanche n'eût été allumé et n'eût répandu à l'entour la chaleur mate et alourdissante du charbon dans la tôle rougie. Rien de plus triste que cette salle bâtie pour cinquante convives, et dans le désert de laquelle, ce matin-là, on en comptait deux. Les murs, blancs comme ceux d'un sépulcre, étaient verdis aux angles par la bise marine qui avait soufflé dans les jointures des fenêtres de ce manoir, si longtemps inhabité. Ils étaient couverts de quelques cartes de géographie et de portraits de famille, noirs, austères, enfumés de vétusté ; restes d'une magnifique galerie, détruite par la Révolution. Cette bourrèle, qui ne se contenta pas de couper le cou à des milliers d'hommes, le coupa aussi à des portraits et à des statues. Elle avait donc déchiré ces archives peintes de la famille, et faussé d'une barre homicide le blason fait homme des de Flers. Il n'existait plus à Carteret que quelques vieilles images de ces générations de plusieurs siècles. La marquise, en revenant de l'émigration, avait fait transporter les portraits de la galerie dans la salle à manger du manoir. Revenants majestueux du passé, ils étaient là, plusieurs encore, avec leurs mines hautaines, les uns vêtus de daim, les autres d'acier, la poitrine ornée de ces ordres qui représentaient de si grandes choses, la main à l'épée ou sur le bâton fleurdelisé du commandement. Par un hasard singulier, les deux extrémités de cette ligne d'ancêtres, brisée par la Révolution, s'y rencontraient face à face. On y voyait, le casque à moitié fermé, cet Amaury de Flers, baronnet sous Louis IX, et qui sauta le premier de sa galère cypriote dans la mer, au rivage de Ptolémaïs; et aussi Hector-Sylvain, marquis de Flers (le dernier et le mari de notre marquise), peint à douze ans, dans un cadre ovale et sur un fond bleu de ciel, en habit blanc, poudré de rose, les cheveux épars, joli comme un cœur, et déchirant à beaux ongles les pages de son catéchisme, faute digne du fouet et qu'on peignait alors parce qu'on la trouvait charmante, et qu'elle était bien plus la faute du siècle que de l'écolier. Elle n'a depuis rencontré son égale dans les étourderies humaines que la stupidité généreuse qui fit sacrifier, en 1789, à Mathieu de Montmorency, ses descendants et ses ancêtres, et placer, par un imbécile et criminel stellionnat, ce qui ne lui appartenait pas, ses titres de noblesse, sur l'autel de la Patrie.

Ils étaient donc là, nos deux époux, dans cette large salle, imposante de tristesse, avec ses hautes poutres et ses murs verdis. Ils y étaient, sous l'œil fixe de ces sombres portraits, moins sombres qu'eux. Qui les eût vus ainsi, séparés par la table, préoccupés, sérieux et mornes ; l'une buvant son thé d'une lèvre inerte, l'autre engloutissant la flamme du rhum d'une lèvre fébrile, aurait bien aisément compris que leur lune de miel était finie.

Les domestiques s'étaient retirés, leur service achevé, sur un signe de leurs maîtres. Des deux fenêtres de la salle, on pouvait prolonger son regard sur la neige qui couvrait les dunes, et dont les flocons obstinés pleuvaient dans la mer, où ils disparaissaient fondus. Cette mer, toujours un peu verdâtre, agitée, houleuse, semblait plus glauque par le contraste de toutes ces blancheurs sur lesquelles déferlaient les vagues en silence, comme sur un mol édredon, fait par quelque fée, du duvet de ses goëlands. La salle du manoir, ainsi que le visage de M. et de Mme de Marigny, était frappée de cette espèce de clarté blafarde qui ne vient pas du ciel, mais des neiges tombées, et qui éclaire les objets comme par en dessous. Ils n'entendaient, et même l'entendaient-ils? que le bruit du feu comprimé dans le poële, et de temps en temps, quand le vent les leur apportait, les sons douloureux d'une cloche lointaine, qui sonnait pour les morts.

« Ah! dit Marigny, rompant le premier le silence, après avoir vidé son verre, — il avait bien raison d'aimer ces alcools qui nous réchauffent et qui nous soulèvent, sir Reginald Annesley! »

Ce mot prononcé disait assez de quel côté penchait sa pensée. Il lui jaillit des lèvres comme s'il se fût parlé à lui-même et qu'il eût été seul.

« Qu'est-ce que sir Reginald Annesley, mon ami? fit Hermangarde. Je ne vous en ai jamais entendu parler. »

Il la regarda surpris, comme s'il eût oublié qu'elle était là.

« Ah! dit-il avec ce faux sourire qui veut être gai, quand on souffre, c'était un baronnet anglais que j'ai connu dans ma jeunesse, et qui buvait, tous les matins, un baril de cet excellent rhum pour relever ses nerfs.

— J'espère, répondit-elle avec un vague sourire qui renfermait et montrait aussi de tristes pensées, que les vôtres ne sont pas assez abattus, mon ami, pour trouver bon et imiter un pareil exemple. Il fallait qu'il eût beaucoup souffert, votre baronnet, pour se dégrader dans de pareils excès.

— Peut-être, dit Ryno, oui, peut-être avait-il souffert. Qui connaît le fond de la vie? Qui peut dire : « Ce qu'on voit dans cet homme, ce qu'il y a dans cet homme, c'est tout son destin? » Ah! celui-là, c'était une puissante créature, un de ces lutteurs qui étoufferaient le mauvais sort dans leurs bras terribles; un de ces êtres que Dieu pétrit avec ses deux mains, quand il lui plaît de les tirer de son chaos. Je l'ai vu et bien vu en face, reprit-il en faisant avec son couteau de dessert le geste d'ajuster un pistolet, il avait de la vie jusque dans les ongles, et pourtant il lui fallait tous les jours de ces breuvages enflammés pour empêcher son sang de bitume de croupir dans ses larges veines. Mais oui! oui... qui peut dire qu'il n'avait pas souffert, qu'il ne souffrait pas? et que cette force de lion n'eût pas quelque part sa blessure?... »

Et il retomba dans sa lourde rêverie. Mais Hermangarde avait bien compris cette clameur d'une âme qui étouffe et qui saigne, et qu'il venait de lancer. Ce qu'il avait bu embrasait sans doute sa pensée, mais il n'y avait pas en lui que les misérables ferments des breuvages matériels... Il y en avait d'autres qu'il puisait silencieusement, depuis une heure, à la source vive du passé. Oh! qui a touché à ces nectars terribles a bu la soif elle-même, comme les damnés en buvant leur feu liquide dans leur coupe de feu solidifié!

Pauvre Hermangarde! Elle voyait bien qu'il souffrait et elle n'y pouvait rien. De tous les rois qui perdent leur couronne, celui qui doit en souffrir le plus, c'est l'Amour!

« Eh bien, Ryno, lui dit-elle après un silence, pensez-vous toujours à sir Reginald Annesley?... »

Affondré dans les abîmes du souvenir, il baissa la tête et ne répondit pas. Il se versa un verre encore de cette liqueur forte et pourtant perfide qui, pour l'oubli qu'on y cherche, teint de son or toutes les perspectives de la vie qui n'est plus, afin que nous les aimions et les regrettions davantage. Elle fut frappée au cœur de ce geste muet. Il lui disait qu'il y avait dans l'âme de son mari des espaces parcourus par d'autres qu'elle, avant même qu'elle sût qu'il y avait un Ryno! Une douleur, vaguement ressentie jusque-là, se précisa cruellement dans ses sensations. C'était la douleur d'avoir épousé et d'aimer un homme plus avancé que soi dans la vie ; un homme qui, comme le Dante, est déjà revenu du Paradis et de l'Enfer ; qui a senti, vécu, aimé, alors qu'on n'était qu'un enfant, roulée dans les langes d'une nourrice, ou une adolescente, somnolant dans les limbes de l'impuberté.

Elle ne répéta point sa question, restée sans réponse, et le silence se replaça entre eux. Une bouffée de vent apporta plus nettement contre la fenêtre les sons de cette cloche lointaine qui sonnait, dans un coin de l'horizon, pour les morts.

« Comme on sonne ! dit-elle avec mélancolie. Est-ce aux Rivières ou à Saint-Georges ?...

— Non, madame, répondit un domestique qui apportait une lettre à M. de Marigny. C'est à la Haie-d'Hectot, nous a dit le pêcheur Capelin qui vient d'arriver à la cuisine. Mme la comtesse de Mendoze est morte hier.

— Morte ! la comtesse de Mendoze ! » s'écria Hermangarde, devenant pâle et regardant son mari, qui aussi pâlissait.

Par un mouvement céleste de délicatesse féminine, Mme de Marigny se leva et gagna le salon, les yeux en larmes. « Qu'il la pleure, se dit-elle, car elle meurt pour lui. Mais je ne veux pas qu'à cause de moi il dévore ses larmes, s'il en a encore à lui donner. Ah ! je l'ai bercé sur mon cœur et je sais qu'il a une nature généreuse. Ce qu'il me cache, ce qu'il éprouve, tous les silences, toutes les dissimulations de sa vie actuelle, ne le prouvent-ils pas?... Ce n'est pas sa faute si je vois à travers ses efforts inutiles. Hélas! je ne suis pas plus aimée que vous, maintenant, madame de Mendoze. Si je vous ai fait souffrir, vous êtes bien vengée. »

Et elle s'assit sur la causeuse, sa tête défaite dans ses mains, et pleurant comme toutes les femmes pleurent, car les plus beaux yeux de la terre ont été créés, à ce qu'il semble, bien moins pour voir que pour pleurer.

Elle y resta longtemps, mais comme il ne venait pas la rejoindre, moitié crainte et moitié pitié, elle retourna dans la salle où elle l'avait laissé, et elle le trouva à la même place, ne buvant plus, le front dans sa main et blanc comme la nappe qui couvrait la table; une mortelle angoisse se moulait dans la contraction de ses lèvres et de ses sourcils. Il ne l'aperçut pas dans la porte entr'ouverte, car alors il ne regardait plus qu'en lui, et ce qu'il contemplait fascinait sans doute son rayon visuel. Quoiqu'il s'attendît depuis longtemps à cette mort de Mme Mendoze, il n'en était pas moins accablé. Les désordres de sa vie n'avaient jamais desséché son âme. Il n'était point de ces hommes qui passent follement leurs bras épris autour d'une créature vivante pour les en détacher

un jour et n'y penser jamais après. Il n'oubliait
pas. Quelque chose de triste comme le regret,
d'exalté et de religieux comme la reconnaissance, consacrait dans son cœur d'invisibles
mausolées aux amours qui n'existaient plus.
C'était cette disposition d'une âme profonde que
le monde n'avait jamais entrevue (car le monde
prend souvent le genre d'esprit qu'on a pour le
caractère qu'on n'a pas), c'était cette disposition
tenue secrète qui créait à Vellini sa fatalité. La
physionomie de Marigny, d'ordinaire si calme
dans sa poétique fierté, semblait terrassée, tant
elle était assombrie ! On ne reconnaissait pas,
sous cette main crispée, ce front auquel le
bonheur et l'amour avaient attaché un diadème
plus beau que le cercle de lin, étoilé d'émeraudes, qu'y portait avec ivresse Sardanapale,
ce type royal des hommes heureux quelques
jours ! La physionomie de Ryno rappelait la
grande et saisissante expression écossaise : on
voyait qu'il avait été foulé aux pieds par le
taureau noir. Être foulé aux pieds par le taureau noir, c'est souffrir de la mort d'un autre
qui vous touchait, c'est avoir senti sur soi le
poids du Destin. Hermangarde, qui l'aimait
comme les martyrs aiment le Dieu pour lequel
ils souffrent, ne put voir l'isolement de son
Ryno sans éprouver ce généreux sentiment des
belles âmes qui l'emporte sur toutes les situa-

tions. Elle vint à lui près de la table où il était assis, et lui prenant la tête entre ses deux mains et contre son sein :

« Tu souffres, Ryno, lui dit-elle, et tu n'appelles pas Hermangarde ! Est-ce que de tous les chagrins de ta vie, quels qu'ils soient, tu ne lui dois pas la moitié ?

— Hermangarde, répondit-il, attendri par la divine pitié de sa femme, tu es aussi noble que belle et aussi bonne que tu es aimée ! »

Et d'assis, il lui prit la taille, à elle, debout, avec la passion qu'une âme troublée mettrait à embrasser un autel.

« Aimée ! dit-elle, suis-je vraiment aimée ! » Et elle lui darda un de ces regards d'aiglonne de tendresse qui voudraient lire jusque dans les derniers replis, dans les dernières poussières du cœur.

« Pourquoi en douterais-tu, répondit-il, ô ma vie ? Ah ! oui, tu es vraiment, sincèrement, saintement aimée. Jamais depuis ton premier regard jusqu'à cette heure, je n'ai cessé de t'adorer. Si j'ai souvent regretté les jours passés avant de te connaître, si j'ai jamais souffert d'avoir été dans la vie une seule minute sans t'aimer et sans vivre de toi au fond de mon cœur, que les ombres du *passé sans toi* ne t'atteignent pas, ma bien-aimée, quand tu les vois projetées sur mon front et pesant sur ce cœur à toi, car, vois-tu ? parfois elles y pèsent ! »

Il était vrai en lui tenant ce langage. N'était-ce pas contre le rêve du passé que se débattait la réalité de son bonheur ?... Seulement quand il en parlait ainsi à sa femme, ce n'était pas à Mme de Mendoze qu'il pensait, mais à Vellini.

Et comment n'y eût-il pas pensé alors ? Elle venait de lui écrire et sa lettre était sur son cœur. C'était cette lettre que le pêcheur Capelin avait apportée et que le domestique venait de lui remettre, il n'y avait qu'un instant. La nouvelle soudaine de la mort de Mme de Mendoze avait empêché Hermangarde de remarquer ce détail. Mais lui, aucune émotion n'était assez forte pour l'empêcher de reconnaître ces caractères jetés sur le papier par la Malagaise et qui ressemblaient aux zigzags d'un éclair fixé. Ni sentiment, ni événement n'auraient pu l'empêcher de distinguer dans les plis de cette lettre, apportée par un poissonnier et maculée par sa main squameuse, l'odeur si longtemps familière à ses sens ; le parfum autrefois respiré dans les vêtements, dans les draps du lit, dans les cheveux, dans la peau d'une femme et qu'elle y avait laissé tomber de sa main brûlante, en écrivant : arôme d'elle, tant il avait été mêlé à elle ! senteur humaine où la substance de la femme tenait plus de place que l'autre substance !

Pendant qu'Hermangarde était restée dans le salon, il l'avait lue, cette lettre, ou plutôt il l'avait bue, par les yeux, à force de la lire vite, avant que sa femme ne rentrât. Ces lignes, tracées avec du sang, car Vellini n'avait point trouvé d'encre dans la cabane des pêcheurs, où elle s'était retirée, et pour en faire, elle s'était piqué une veine avec l'épingle de ses cheveux, la voix qui s'en élevait était si puissante qu'elle fit taire tout à coup, pour Ryno, ces cloches lointaines, qui sonnaient sur son cœur la mort de Mme de Mendoze.

« Ryno, Ryno, disait la lettre, voilà plusieurs jours que tu es tranquille ! Voilà plusieurs jours que la Vellini, ta louve amaigrie, n'a rôdé dans les environs du manoir ! Elle était à la Haie-d'Hectot. La comtesse plus mal, l'y avait mandée ; et cette comtesse y est morte avant-hier soir, à la nuit. Elle a passé en lisant une millième fois une de tes vieilles lettres, tandis que le prêtre récitait dans un coin de la chambre les prières des agonisants. Le dernier mouvement de sa main convulsée a fait tomber cette lettre à mes pieds. Je l'ai ramassée et détruite à la flamme de la chandelle des morts qui continuait de brûler... *Pobre muger !* L'auras-tu damnée comme tu l'as tuée ? Fatal Ryno !

fatal à nous toutes ! prends-tu aussi la vie éternelle ?... J'ai détruit aussi toutes les autres lettres qu'elle avait de toi, ce poison dont elle prenait tous les jours... Ah ! que je voudrais brûler de même toutes les paroles que tu dis maintenant à ton Hermangarde ! Que je voudrais, de tout ce que tu as jamais aimé, ne faire qu'une seule cendre où plus tard on retrouverait, vivants et entrelacés, les deux anciens amants, Ryno et Vellini ! Cela sera, cariño. Tu ne le crois pas, mais moi j'en suis sûre. Seulement ta femme est si belle que, d'ici-là peut-être, le temps qui passera sera bien long !

« Et c'est cette attente qui me tue, Ryno ! Tu sais, toi, ô mes ardentes années, si ta *muchacha* a été créée pour attendre. Ma mère idolâtrée, cette femme de feu qui a fait mon corps et mon âme, n'a pas dressé son faucon pour rester sur le poing d'une inerte destinée à se dévorer de désirs. Je ne veux pas de ce supplice. Je l'ai abrégé en venant vers toi. A Paris, je l'attendais trop ! Ici du moins, s'il faut attendre la fin d'un amour périssable (il l'est, puisque le nôtre a bien péri !), je te verrai, je t'attendrai, je ne serai pas entièrement rejetée de ta vie. Je resserrerai chaque jour davantage le cercle au fond duquel nous serons plus tard réunis. Ne fronce pas tes sourcils, Ryno !

Qu'est-ce que Vellini te demande? rien que te voir ! rien que te voir, comme à Paris, où tu venais tous les soirs, rue de Provence, pendant ton amour pour cette comtesse que voilà morte, et aussi pendant ton autre amour pour ta femme, alors ta fiancée.

« Ne me résiste pas, Ryno ! Que crains-tu ? Ne suis-je pas restée muette et calme, l'autre jour, le jour du brouillard, en face de la femme que tu aimes? Ai-je cillé, même en la voyant dans tes bras, sur ce cheval qui vous emporta tous les deux ?... Et pourtant tu m'as ainsi portée, comme tu la portais, bien des fois dans *notre* jeunesse. Tu n'y pensais pas. Tu lui mettais toute ta pensée autour du corps dans les plis étreints de sa pelisse. Il n'en restait ni pour Vellini, ni pour nos souvenirs. Moi seule j'y pensais en vous regardant, et l'image des jours passés, levée tout à coup dans mon âme, n'a pas fait trembler mon *cigarro* dans mes lèvres. Je suis demeurée impassible. L'âme de ma mère m'aura soutenue. Que crains-tu donc de ta *muchacha ?* Je ne suis pas une de tes femmes de France, Ryno. Je ne déchirerai pas le cœur d'Hermangarde. Non, je ne frapperais pas son bonheur du bout de mon *abannico* ! ! Je suis si sûre qu'il doit mourir ! Jamais de

1. Éventail.

moi à toi, *hombre*, il ne m'échappera un mot amer ou moqueur sur cette femme qui porte ton nom et qui t'aime. Si je t'aimais avec la furie d'autrefois, je serais capable d'un coup de couteau, mais toi qui as couché si longtemps sur ma poitrine, tu sais si je voudrais d'une perfide insinuation ou d'une ironie. Ces lâches façons d'assassiner ne sont pas dignes de la fille de ma mère. Ainsi, Ryno, ni profanations, ni imprudences ! tu n'as rien à craindre de Vellini.

« Pourquoi donc ne me verrais-tu pas ? Pourquoi m'éviterais-tu, comme tu l'as fait toujours, depuis le jour de la Vigie ?... Pourquoi me laisserais-tu mourir, toi qui es bon, malgré ton orgueil, sur cette plage où je me traîne à toute heure, croyant vainement t'y rencontrer ?... Ah ! Ryno, toi, tu as dans les bras une femme que tu aimes comme tu m'as aimée. Tu es bien heureux ! Mais moi, ta vieille maîtresse, ta vieille aigle plumée par la vie, qui a fermé l'empan de ses ailes, j'ai croisé mes bras sur mon sein abandonné où nulle tête ne se mettra plus. Eh bien, cette idée que je suis seule, seule là où vous êtes deux, affolés comme nous l'avons été l'un de l'autre, ne te remuera donc pas, une seule fois, le cœur, Ryno ? Ah ! je te l'ai souvent entendu dire avec une générosité qui me semblait belle : est-ce que tout est fini, quand l'amour n'est plus ? Sur cette falaise où je t'ai revu, même en me repoussant, ne m'appelais-tu pas ton amie ? et qu'est-ce que je te demande aujourd'hui, Ryno, qui soit plus que de l'amitié ?

« Oui, je veux te voir, en attendant que tu me reviennes, et je jure que je te verrai ! N'exaspère donc pas *la violente !* Ne me fuis plus. Tu serais cause de quelque folie qui mettrait peut-être en péril le bonheur de ton Hermangarde. Songe à cela, cariño ! Tu connais la volonté de Vellini. Tu connais ce front, *méchant et bombé,* comme tu disais, qui se baisse et heurte l'obstacle, dût-il se briser en éclats tout en le heurtant ! Prends-y garde. Ne le défie pas. Ils m'ont dit aux Rivières que ta femme avait besoin d'une fille de chambre. Si j'allais prendre les habits de Bonine Bas-Hamet (une pêcheuse d'ici qui est de ma taille), et si j'allais m'offrir à ta femme, qu'en dirais-tu ? Vellini, la fière Vellini, devenue la servante de Mme de Marigny, seulement pour te voir ! uniquement pour te voir ! Que ferais-tu, Ryno ? Lui dirais-tu qui je suis ? Ah ! peut-être le devinerait-elle !... L'autre soir, auprès de ce feu allumé par les matelots de mon pays, elle m'a couverte de ces regards chargés et brillants de soupçon, comme nous en avons entre nous, quand nous devinons nos rivales ; mais qu'importe ! je jouerais ce jeu pour te voir. Ma mère m'a dit souvent, dans mon enfance, l'histoire de cette jeune fille que la comtesse de Policastro avait fait murer vive dans son alcôve, parce qu'elle l'avait surprise dans sa glace souriant à son mari, pendant qu'elle se déshabillait. Je ne crains pas le sort de cette jeune fille. Vellini n'est pas une de ces faibles créatures qu'on puisse enterrer dans un mur comme un oiseau auquel on a coupé le bec, les griffes et les ailes, ou ensabler comme cette *blanche Caroline* dont ils nous parlaient l'autre soir. Mais elle le serait, Ryno, qu'elle s'exposerait à cette destinée pour voir de loin, sans y toucher et en silence, ce front qui a tant dormi contre son sein. Voir, c'est avoir, dit la chanson bohémienne. Quand je te verrai, je t'aurai, Ryno.

« Hélas ! je ne sais point écrire pour te persuader ces choses, vraies comme moi, cariño. Je ne sais point envoyer, à la manière de tes Françaises, dans les plis d'un papier léger, de petits morceaux de ma pensée, enfilés les uns au bout des autres comme les grains de mon collier de corail. Je suis Espagnole et presque Maure. Ma pensée, c'est tout moi, c'est tout mon être, et je te l'ai longtemps écrite sur le cœur avec une encre ineffaçable. O Rynetto ! que je l'y lise encore ! Si le temps en a fait pâlir les caractères, que j'y repasse de cette encre rouge qui est ma vie et avec laquelle je t'écris. Vois-tu ! c'est un sort. Le sang qui a scellé notre union se retrouve partout, et doit teindre tout entre nous. Ici, dans cette cabane de pêcheurs, ils n'avaient rien qui servît à écrire. Je me suis piqué la veine où tu as bu, et je trace ces mots à peine lisibles, avec l'épingle de mes cheveux, sur cette feuille détachée d'un vieux missel. Reconnaîtras-tu ce sang qui t'appelle, qui crie vers toi sur ce papier, comme il crie au fond de mes veines, brûlantes, lassées, infiltrées de la bile d'un mortel ennui ? C'est comme le mal du pays, ce que j'éprouve. Dix ans avec toi, n'était-ce pas une patrie que j'avais dans ton cœur ?... Tu m'en as chassée. Je suis partout une étrangère, et j'ai le marasme de l'exil. Ryno, je t'attends ce soir au Bas-Hamet des Rivières. Viens pour une heure, mais viens ! Rafraîchis-moi les yeux de toi. Étanche-moi le cœur d'un peu de toi ! Je te le demande par nos dix ans et par notre Ninette, ce lien d'amour et de mort, par ce doux enfant perdu et qui dort là-bas si tranquille au bord de la mer italienne, quand celle qui l'eut de toi, délaissée par toi, se tord d'angoisse, aux âpres bords d'une autre mer ! Ryno, tu n'es pas encore père par Hermangarde. Tu l'as été par Vellini. C'est au nom de ce dernier avantage que j'ai sur elle, et qui va passer comme tous les autres, que je te demande de venir ! »

Telle était cette lettre bizarre, digne de l'être qui l'avait écrite. Çà et là, elle était semée sur les marges d'emblèmes de passion tourmentée, d'hiéroglyphes de fidélité sauve et voluptueuse, comme les prisonniers, dépravés par l'ennui et la solitude, en tracent parfois sur les murs de leur prison. On a trouvé, à ce qu'il paraît, des lettres d'Henri VIII à sa maîtresse Anne de Boleyn, au bas desquelles il y avait de ces folles fantaisies d'une plume, éperdue de passion et d'ennui, dans l'absence. Par un caprice de cette tête heurtée qui rencontrait naturellement la poésie à force de sensations, Vellini avait brûlé les coins de sa lettre, comme les Klephtes brûlaient le bout de leurs fiers billets aux Pachas, quand ils voulaient les menacer d'incendie. Dans la lettre de Vellini, cette trace noire d'une flamme éteinte était-elle aussi une menace, ou l'expression symbolique d'une âme à moitié consumée ?... Chaque mot, du reste, qu'elle avait tracé d'une main ivre d'ardeur solitaire, Marigny l'entendait dans son souvenir, animé des irrésistibles intonations de la voix connue ; et la voix réveillait en lui ces échos de sa vie qui ne dormaient jamais et qui grossissaient toujours.

Épouvanté de la pensée que l'œil soupçonneux d'Hermangarde pouvait s'arrêter sur l'ardente supplique de Vellini, il l'avait cachée dans sa poitrine; mais son front qui disait les tortures du souvenir, il n'avait pas pu le cacher. Hermangarde l'avait vu. On sait si elle en fut touchée.

Elle était toujours devant lui dans le désordre du matin, de l'insomnie, des larmes et d'une grossesse dont les symptômes s'étaient précisés et qui menaçait d'être orageuse. Elle n'était lacée qu'à moitié. Sa robe grise, chiffonnée par toutes les poses de l'inquiétude, et désagrafée des épaules comme si elle n'eût pu résister à toutes les palpitations qui venaient gonfler son corsage; le chignon d'or de ses cheveux mêlés qui tombaient richement sur sa nuque aux reflets d'orange, ses grands yeux cernés d'outre-mer, ses bandeaux crevés sur ses joues d'une pâleur épaisse, tachés çà et là de plaques ardentes, révélaient en elle des souffrances d'âme et de corps qui l'avaient déjà trop mûrie. A travers ce fard terrible et meurtri que lui attachait la douleur, on devinait la fermentation d'organes malades et l'échauffement fiévreux des tenaces pensées. Elle écoutait Ryno d'un air plus ivre que confiant, et le cœur enflammé de son sourire s'éteignait dans une espèce d'égarement sombre, comme un œillet rouge qu'on tremperait dans quelque âpre poison pour le faire mourir. Elle entendait la voix de son mari lui dire si tristement qu'elle était aimée, lui répéter (mais avec des accents si étranges et qu'elle n'avait jamais entendus) des paroles qu'elle eût mieux aimées *seules,* car *seules,* elles l'avaient persuadée. Maintenant elles ne la persuadaient plus. Elles n'avaient plus que la force de l'avoir naguère persuadée, mais c'était un talisman encore... Il la tenait toujours dans ses bras comme il l'y avait prise, et faisait ainsi à ses reins puissants une ceinture fermée qu'elle ne cherchait pas d'ailleurs à briser. Il avait le visage à la hauteur de ces flancs si purs, tendus déjà sous les influences de la grossesse, comme la voile qui se tend à la brise avant de complètement s'arrondir, et nulle pensée de volupté ne s'élevait en lui, quand il sentait respirer contre son front et sa bouche ce beau corps, abri douloureux de tant de mystère, cet être doublé et palpitant d'un autre être qui commençait à se mouvoir dans le doux et chaud chaos du sein maternel. Ce n'était alors pour lui qu'un tiède berceau où dormait la vie dans la vie! Tout à coup un vague tressaillement surgit du fond de cet abîme humain où l'homme a jeté la vie que Dieu fait lever. Ils en eurent tous les deux conscience, et elle qui doutait de tout, qui souffrait de tout, croyant qu'elle rattacherait, qu'elle relierait l'amour de Ryno autour de son cœur avec ses entrailles maternelles :

« Jure-moi par *lui* ou par *elle,* dit-elle, avec une intention qu'il comprit, que tu m'aimes toujours autant que le jour de notre mariage?

— Je te le jure ! » répondit-il en déposant sur la ceinture de sa femme un long baiser qu'elle sentit couler jusque dans les entrailles où dormait ce fruit de leur amour, par lequel elle lui demandait de jurer.

Et ce ne fut point un parjure ! l'amour ne manquait pas à Ryno de Marigny. C'était le passé dont il avait trop... et qui dans son cœur revenait, haut comme la mer sur la plage qu'elle a quittée. Ce serment prêté sur son sein, et plus à la mère qu'à la femme aimée, donna, pour quelques instants à Hermangarde encore une sensation de bonheur. Mais hélas! ce fut la dernière.

XIII

L'infidélité de la fidélité.

E village des Rivières, dont il a été si souvent question dans ce récit, est placé à une très-courte distance de Barneville, entre cette bourgade, un peu plus enfoncée dans les terres, et les sables de ces vastes grèves. De la côte, on remonte aux Rivières par des petits chemins de sable mouvant, creusés au milieu des champs d'orge, de chanvre ou de froment, ou bien en suivant la lisière de champs fermés d'escaliers. Digne d'être chanté par un poète comme Burns, ce village ne ressemble pas plus à Carteret, la blanche marine, qu'une coquille de moule ne ressemble à une coquille de nacre. Il consiste en une rue mal pavée, à maisons basses, couvertes d'un chaume bruni par le temps ou verdi par la pluie; éclairées d'une fenêtre en *petit plomb,* ou par

une ouverture pratiquée dans le haut des portes cintrées. Si parmi ces chaumières d'une si humble égalité entre elles, vous en trouvez une ou deux qui se haussent jusqu'au luxe d'un premier étage, et dont les vitres renvoient les feux du soleil couchant à travers les bras tordus et le feuillage jauni d'une maigre vigne, soyez sûr qu'elles appartiennent à quelque capitaine *au long cours* qui a réussi dans ses pacotilles. Ce sont les suzeraines de l'endroit. Du reste, comme tous les villages dont l'agglomération est difficile et lente, les Rivières ne tiennent pas toutes dans ces deux lignes de maisons basses. Elles ont des dépendances éparses, groupées çà et là sur différents points, et l'une de ces dépendances est le hameau appelé Bas-Hamet par les riverains (parce qu'il est situé plus bas que les Rivières vers la côte), où s'était retirée Vellini.

A l'époque où se produisaient les événements de cette histoire, l'apparence de ce hameau était bien triste et bien chétive; qui sait ce qu'il sera devenu depuis? On y comptait au plus cinq ou six cabanes, formant équerre dans un coin de haie ou de grève, abritées contre le vent de la mer par une butte revêtue d'herbe courte et semée de joncs. C'était dans ces chaumières et derrière cette butte, au sommet de laquelle on avait planté un bâton d'où pendait un bouquet de houx, pour dire aux promeneurs du dimanche et aux matelots en relâche sous Carteret qu'on vendait du cidre aussi bien au Bas-Hamet qu'à Barneville, que vivaient pêle-mêle plusieurs familles de poissonniers. Et comme ces familles ne frayaient guère qu'entre elles, il y en avait deux du même nom, dont l'une, pour se distinguer de l'autre, avait pris le nom de ce hameau solitaire, et n'était plus connu à la ronde, que sous la dénomination de Bas-Hamet. Ces Bas-Hamet étaient les hôtes de Vellini. Ils lui avaient cédé pour une faible somme une part de cabane séparée par un mur sous le même toit qu'eux, et porte à porte avec la leur. C'était là qu'elle vivait, la Vellini. Singulière dérive de la destinée! La fille des balcons voilés de Malaga n'avait plus, pour distraire la rêverie engourdie de ses longs yeux noirs, que la vue éternelle du varech accumulé devant les portes de ces chaumines, et qui, mêlé et trituré avec le sable, produit un engrais excellent, disent les laboureurs de ce pays. Quand le temps était beau, elle y voyait jouer de petits enfants aux jambes nues, pendant que leurs pères écaillaient et lavaient leurs poissons sur la pierre du seuil, et que les mères ou leurs sœurs aînées étendaient leur lessive à la haie du fossé voisin.

L'hiver, elle n'y voyait personne. Qui hante ce pays oublié? La mer le connaît mieux que les hommes. Deux fois par an, aux grandes marées, elle y vient, jetant ses écumes par-dessus la butte, comme une femme en colère qui jetterait ses coiffes autour d'elle ; battant aux volets, se coulant sous les portes, et comme le racontait cette langue de métal, la maigre Charline, la femme du vieux pilote Bas-Hamet, dépendant sa marmite de la crémaillère, et montant jusque dans le lit où dormait son homme, aussi tranquille que dans son hamac. Certainement des populations moins rudes auraient reculé devant ces invasions périodiques, et eussent abandonné un lieu exposé à des visites humides d'un caractère si dangereux, mais eux, non. Dès leur bas âge, ils s'étaient accoutumés à ces trains de la marée aux équinoxes. Leur berceau, comme celui de Moïse sur le fleuve, avait été mis en branle par la lame qui avait joué avec, et qui l'avait respecté. Dès qu'ils avaient pu se tenir debout, on les avait poussés à la mer. C'était dans la mer qu'avaient grandi les cheveux ondés de leurs jeunes filles. C'était dans la mer que s'étaient lubréfiés les muscles durcis de leurs jeunes garçons. Leurs yeux perçants en avaient retenu l'éclat verdâtre, et leurs dents, cette blancheur d'écume dont elles éblouissent, mai qui ne dure guère plus que le temps mis par le flot à déferler. Comme les phoques, ils vivaient encore plus dans le flot que sur la terre. La mer, c'était l'âme de leur vie. Ils étaient hardis avec elle et ils en souffraient avec sourire, comme on souffre tout quand on aime, les terribles familiarités.

Le jour où Marigny avait reçu la lettre apportée par Capelin au manoir, Vellini revenue de bonne heure de la Haie-d'Hectot, n'était pas ressortie. La neige qui tomba abondamment une grande partie de la journée l'avait traquée dans sa cabane. Elle y était restée, l'œil fixé sur une horloge grossière à poulie, qui sonnait les heures avec un bruit éclatant, et dont le balancier de cuivre, large et rond comme un disque antique, oscillait contre le mur, blanchi à la chaux. Les dandys du cercle de la rue de Grammont ne se doutaient guère que la Vellini, cette fameuse *muger del partido* de la rue de Provence, comptait alors misérablement les heures dans une chaumine de pêcheur, au bord le plus ignoré de l'Océan. Elle se demandait si Ryno céderait aux implorations de sa lettre. Viendrait-il le soir comme elle l'en priait? Avait-elle encore la voix qui persuade? Cette incertitude et la mort de Mme de Mendoze dont elle avait été témoin, et qui influait aussi sur elle, étendait à son front une ombre de pensées plus noire que la nuit. « Qu'est-il donc arrivé à la *mauricaude?* avait dit à sa mère Charline, cette rieuse jeune fille aux joues arrondies, Bonine, dont Vellini avait parlé dans sa lettre. Elle est rentrée ce matin, la figure renversée et l'air sournois, comme la mer quand elle va grincer aux brisants. » Cette mystérieuse étrangère dont le teint et les yeux annonçaient une origine lointaine, saisissait l'imagination naïve des filles de ce rivage. Bonine, qui remplaçait un peu Oliva auprès de Vellini, était en perpétuelle curiosité et observation, quand il s'agissait de cette maigre Espagnole, dont la vie oisive différait tant de tout ce qu'elle avait pu voir et observer jusque-là.

Elle alluma un grand feu de fagots pour la señora, dans la grande cheminée de sa chaumière. Avec ses poutres mal taillées et ses murs blanchis, c'était une espèce de grange que cet appartement pauvre et nu. Pour tous meubles, il y avait la grosse horloge à poulie, et un bahut en chêne que le temps et la mer avaient poli comme un miroir. Vellini y avait renfermé toutes ses attiferies de femme, ses robes, son linge, d'inséparables bijoux qu'un jour on lui avait apportés de la Haie-d'Hectot. On y voyait encore deux chaises grossières, un escabeau à trois pieds et un lit propre, mais dur, déployé à bas, sur l'aire, et c'était tout. Les hôtes attentifs de Vellini avaient voulu lui donner leur grand lit carré, à courtines de serge bleue, mais elle l'avait refusé, et le vieux pilote lui avait arrangé des rideaux avec d'anciennes voiles de vaisseau qui ne servaient plus. Du reste, elle avait suspendu dans un coin son hamac rose, aux câbles de soie, dans lequel M. de Prosny l'avait si souvent trouvée (comme il l'avait écrit à Mme d'Artelles), se balançant au nez des gens, avec les impertinentes langueurs d'une sultane. Elle avait fait entasser, au coin du foyer, plusieurs gerbes de paille de froment et de colza qu'on lui renouvelait tous les jours, et elle aimait à s'y tenir couchée sous les réchauffantes influences de l'âtre embrasé ou flamboyant. Ainsi, des tuyaux luisants de blé égrené, et des tiges de colza défleuries, voilà comme cette Capouane de la vie parisienne avait remplacé le lit en satin et la peau de tigre aux griffes d'or !

Ce jour-là, elle avait renvoyé Bonine, qu'elle traitait doucement d'ordinaire, et à laquelle elle donnait toutes sortes de chiffons qui comblaient de joie la pauvre fille. La sirène joufflue de ces mers avait raison. La Mauricaude n'était pas dans son état habituel. « Quels pois lui a-t-on vendus qui n'ont pas cuit ?... » dit la Charline, en se servant d'une expression proverbiale dans ces contrées. Ces simples femmes ne connaissaient rien de la vie de l'étrangère. Elles ne savaient pas l'homme qu'elle appelait son destin et qui pourrait bien ne pas venir, tant il s'était attaché, agrafé, rivé à la ceinture d'une autre femme, et tant il y avait d'honneur exalté dans son magnanime amour pour elle ! C'est une si cruelle chose que d'attendre, que Bonine qui avait eu son fiancé Richard, matelot au long cours, séparé d'elle par des milliers de lieues sur les vagues, Bonine blessée et mécontente de l'air dur de la señora, en aurait été touchée de compatissance, si elle l'avait su, et le lui aurait pardonné !

Étonnées, curieuses, la mère et la fille vinrent plus d'une fois regarder à la nuit tombante, à travers une fente de volet, ce que faisait la Mauricaude. Elles la virent qui s'était habillée et restèrent aussi ébahies que ce fils du roi, dans les contes, qui regarda par la serrure de la chambre de Peau-d'Ane, et qui la vit s'illuminant de reflets changeants de sa robe, couleur de la lune. La señora avait allumé dans la cheminée une de ces petites lampes qui ont un bec, et qu'on suspend à la muraille avec un crochet, et elle lissait ses noirs bandeaux avec un petit peigne qui brillait dans sa main comme de l'or. Elle avait mis une robe singulière, comme jamais Bonine et Charline n'en avaient vu aux baigneuses de l'été, et aux belles dames qui viennent prendre les eaux de la Taille au Prieuré. Cette robe était de satin chamois, avec des nœuds flottants de ruban noir. Les bras étaient nus avec trois ou quatre sortes de bracelets les uns sur les autres, mais ce qui frappa plus que le reste les deux curieuses, ce furent les pieds de la Mauricaude. Ils étaient chaussés de mules moresques d'écarlate, chaussure malagaise que la Vellini aimait à traîner en souvenance de son pays. Par la position qu'elle avait prise, renversée sur son banc d'épis vides, sa jupe était un peu soulevée, et on apercevait, par-dessus la soie du bas souple qui les couvrait, ses chevilles si fines et si rondes, emprisonnées dans les mêmes cercles, guillochés d'or, que ses poignets. Telle elle était, peignant sa tempe soucieuse, et regardant de temps en temps dans une petite glace pendue à son cou. Hélas! ce n'était pas la coquetterie qui la faisait regarder, d'un œil si grand ouvert, au fond de ce miroir presque grossier, encadré dans un étain vulgaire. On eût dit qu'elle y regardait un autre qu'elle. Elle ne s'y souriait pas. Elle avait entre les sourcils la même nuée que le matin, les mêmes plis aux lèvres, les mêmes lourdeurs dans le regard. Sa joue de jonquille semblait peinte, tant le rouge de l'attente l'enflammait! Malgré sa parure et ses bijoux, elle avait sa laideur boudeuse, triste, rechignée : cette laideur de lionne qui se fronce et donne un coup de dent au serpent qui la mord au cœur. « Quel dommage qu'elle ne soit pas jolie avec de si beaux ajustements ! » dit tout bas Bonine à sa mère. Elle ignorait, la pauvre fille, qu'il y avait, en cette femme laide, une autre femme, belle entre les belles, qui allait tout à l'heure en jaillir !

Les deux pêcheuses se retirèrent du volet, ennuyées de regarder l'Espagnole immobile, à laquelle leur sens borné ne comprenait rien. D'ailleurs la nuit était glacée. Il ne neigeait plus, mais il gelait par dessus la neige, qui se durcissait et que les pieds crevaient avec bruit. Le ciel se montrait par places bleues, entre des nuages fendus que le vent du nord dispersait. Ils passaient tour à tour sur le croissant de la lune qui semblait courir avec eux dans les airs, comme si, transis par ce temps d'hiver implacable, ils eussent joûté à qui courrait le mieux, dans l'espace immense, pour se réchauffer ! Dix heures sonnèrent. Dans ce pays sauvage, c'est la fin de la veillée. Quand elles sonnent, on éteint la lampe et chacun de gagner son lit. Au timbre de plusieurs horloges qui se suivirent en retentissant, toutes les cabanes du Bas-Hamet perdirent les lueurs qui filtraient aux jointures des portes et des contrevents, et qui les bordaient de lumière. Le sommeil commença pour ces gens de peine. Seul, le volet de Vellini resta éclairé à sa fente. Qu'étaient dix heures, sinon l'aurore de la nuit pour cette habitante des grandes villes? Elle avait les yeux toujours fixés sur le miroir d'étain. Tout à coup ce qu'elle y vit déplissa ses sourcils, et mit un suave rayon d'espoir et de joie dans ses lèvres. « Il part, » dit-elle. Et après le silence d'un instant : « Le voilà au bout du pont! » reprit-elle en essuyant du revers de sa main sa tempe où perlait une sueur légère. « *Muy bien!* » reprit-elle encore, les yeux pleins des flammes du triomphe. « Ah! il vient à moi de toute la vitesse de son cheval. Pauvre Ryno! comme il est pâle! Est-ce à moi qu'il pense ou bien à elle?... » Elle fit une pause : « Où est-il maintenant? » se demanda-t-elle; et son regard aiguisé, avivé, entrait dans le miroir comme une sonde. « Sur le chemin qui conduit à Barneville, se répondit-elle; ah! dans dix minutes il sera ici! » s'écria-t-elle d'une voix timbrée, comme un cuivre sonné par les lèvres gonflées de la Victoire, et elle se leva radieuse, prit au bahut un plateau de cristal d'une forme orientale, et alluma des pastilles de rose et d'ambre dont l'enivrante vapeur se répandit dans cette chaumière, qui s'en serait étonnée, si elle avait respiré. Un cheval qui tournait entre la haie et la butte s'entendit sur la neige qui criait. Impétueuse, elle ouvrit la porte et siffla entre ses doigts, chargés de bagues, le nom de Ryno. Il l'avait vue ; il l'avait entendue ; il avait déjà vidé les étriers et attaché à l'anneau de fer, incrusté à côté de toutes les portes normandes, son cheval en sueur, sur le dos duquel il eut soin de jeter son manteau. Il vint à elle, et l'arrachant du seuil glacé où elle se tenait les bras nus, la tête nue : « Allons, encore une imprudence ! » dit-il, et il entra.

La porte s'était refermée, et ils s'assirent sur les gerbes vides. Ryno, qui tremblait d'une émotion sainte, car il savait qu'il avait tort d'être venu nuitamment à cette entrevue, pendant le sommeil confiant de sa femme, montrait une majesté de tristesse qui contrastait avec le feu de physionomie de la señora. Il portait contre le froid un bonnet de martre, poétique fantaisie d'Hermangarde, et une redingote d'un vert sombre, serrée à la taille et bordée de martre, comme le bonnet. La jupe de cette redingote, ondoyant comme la fustanelle d'un Grec, tombait au genou sur ses bottes à moitié plissées où reluisaient des éperons d'acier. Ainsi vêtu, il avait l'air de quelque mystérieux chasseur des Alpes ou d'un chevalier des temps anciens, étreint aux reins dans le tricot de sa flottante cotte de mailles. Il avait la beauté mûrie d'un homme qui touche au plus intense de sa force, de sa passion, de sa pensée, et qui monte lentement vers le midi de sa vie, dans un char de feu, comme le soleil. Vellini le parcourut tout entier d'un regard retrempé de jeunesse :

« Le temps ment comme ton mariage, dit-elle ; comme l'amour qui meurt et qui dit : « C'en est fait pour jamais ! » parce qu'il meurt. Tu es venu, Ryno ! Ce soir, nous n'avons pas dix ans entassés sur nos têtes. Tu es plus beau que quand je te vis pour la première fois, et l'amour mort n'empêche pas que nous ne soyons ici les mains unies, tout prêts peut-être à recommencer le passé et notre amour !

— Tais-toi, dit-il, tais-toi ! » Et son œil et son geste avaient un tel empire, qu'elle se tut, la capricieuse et fière Vellini !

Mais après un silence :

« Parle, si tu veux, reprit-il comme un homme lassé de lutter depuis longtemps. Dis ce que tu voudras. Il n'est que trop vrai. Je suis venu. Je n'ai pu résister à ta lettre. Je n'ai pu résister à ce sentiment du passé, réveillé par toi dans mon cœur, depuis le jour de la Vigie. J'ai cherché à l'y étouffer. Je ne l'ai pu. Jamais dévot ne s'est jeté à l'autel comme je me suis jeté à Hermangarde. J'ai embrassé cette adorable femme, belle comme le jour et noble comme une fille de roi ; je l'ai embrassée comme un homme qui sombre, qui sent qu'il s'enfonce dans la mer, embrasse sa planche de salut. Dieu m'est témoin que toi, près de qui je suis maintenant, tu as été cause de plus de baisers, de plus d'étreintes, de plus de tendresses pour Hermangarde que je ne lui en donnai jamais dans l'indépendance de mon amour ! Je me disais qu'elle était assez belle ! je sentais que je l'aimais assez pour engloutir dans toutes les ivresses qu'elle verse au cœur, l'inexorable sentiment du passé, cette magie à contre-sens de la vie, cet atroce mirage auquel la pensée fascinée s'en revient toujours ! Je me suis plongé dans son sein. Je me suis caché dans son âme, comme les damnés se plongent le front dans leurs mains, au fond de leur enfer, pour ne pas voir Dieu. C'est insensé, c'est inutile ! Il faut qu'ils le voient. Il faut qu'ils sentent sa main de braise sur leur cœur. De même, moi ! Le passé, ce dieu de ma vie, m'a pris à poignées les entrailles de mon être et ne les lâche plus ! Voilà pourquoi je suis venu, Vellini ! J'ai ouï dire que, dans les batailles, quand les chevaux de noble race sont légèrement blessés au poitrail par les baïonnettes,

un incompréhensible attrait de douleur les
pousse à se précipiter plus avant sur les dards
coupants où leur sang coula et à s'enferrer
jusqu'au cœur. Un mouvement pareil me pousse
à toi, Vellini, depuis le jour où je t'ai revue.
Tous nos souvenirs dormaient en moi sous les
souffles placides et tout-puissants d'Hermangarde. Je t'ai vue. Tu as remué toutes ces
couches mortes qui se seraient dissoutes peu à
peu dans ma mémoire, et, comme un enfant
qui fait lever la peste pour toute une contrée,
en remuant les boues d'un marais avec son
pied, toi, avec un appel sans amour à la vie
passée, tu as semé la contagion de ton âme
dans mon âme et empoisonné mon bonheur!

— Je sais tout cela, fit-elle, tranquille. Elle
avait posé sa tête sur la poitrine qui venait de
rugir cette violente douleur, et après que tout
ce tonnerre eut grondé et éclaté sur ses cheveux : Je sais tout cela, répéta-t-elle. C'était
écrit. Nous avions partagé la vie comme une
pièce d'or qu'on coupe en deux pour en emporter chacun la moitié, mais la vie n'est pas
comme ce métal inerte! ajouta-t-elle en rompant le peigne d'or qu'elle tenait à la main et
dont elle envoya les deux bouts sur l'aire,
comme s'ils avaient été les débris d'une baguette de coudrier. Il faut que tôt ou tard les
deux bouts se rejoignent : il faut que le tron-

çon des cœurs se rapproche, ne fût-ce que pour mourir ensemble dans une impuissante crispation! Tu as souffert de cette nécessité fatale, parce que tu croyais que le bonheur donné par Hermangarde t'enlèverait de terre et abolirait ta mémoire. Mais encore, Ryno, rappelle-toi! n'as-tu pas vu un jour avec moi, dans les Cévennes, un aigle blessé qui emportait sa blessure dans le ciel et marquait de sang dans les airs le sillon tortueux de son vol? Ryno, Ryno, voilà ton histoire! Dans les bras d'Hermangarde, en montant au plus pur, au plus bleu de vos rêves, tu emportais les dix ans élargis de Vellini dans ta poitrine. Ni la félicité donnée par ta femme, ni l'éther, si l'aigle que je me rappelle a pu monter jusqu'à l'éther, ne devaient guérir, toi, ta blessure, ni lui la sienne! Ah! Ryno, c'est en vain que tu as combattu... Je sais que tu as combattu, reprit-elle avec un accent de mystère dans le regard et dans la voix, mon miroir me l'a dit; je l'ai vu. Et elle lui montra la petite glace d'étain, pendue à son collier de corail. C'était une glace enchantée; un talisman que la Bohémienne du porche de l'église de Malaga avait donné à sa mère, en reconnaissance de son aumône. Tu as combattu contre moi, contre toi, contre le sort, contre le sang! La glace s'est longtemps voilée. Tout y oscillait. Tout y était tourbillon, obscurité, fumée. Mais enfin elle s'est éclaircie. Ce soir, je t'y ai vu, sortant de la grande porte de ton manoir de Carteret, et venant à moi, comme si tu avais eu les deux ailes d'un archange aux épaules, et ton cheval, deux ailes d'hippogriffe! »

Il sourit en entendant ces folles paroles, mais il la connaissait. Si elle était folle, elle était sincère, et la sincérité, c'est la force de Dieu, confiée un instant à des mains humaines. Tout en souriant d'incrédulité, mais d'incrédulité émue, il se pencha pour regarder dans cette glace qu'elle lui tendait du bout de ses cinq doigts effilés. Il n'y vit rien que la lueur opaque et verdâtre du métal, mais en se penchant, sa joue toucha la joue veloutée de la Malagaise. Ah! cette chair connaissait cette chair. Le corps, comme l'âme, a ses ressouvenances. Si les lettres tracées avec du sang et figées sur un froid papier étaient entrées chaudes par les yeux de Ryno, pour tomber tièdes sur son cœur, ici le sang n'était pas séché. Il coulait, il circulait, carmin brûlant, derrière sa cloison transparente. Ce choc électrique de deux joues, ce fut l'étincelle à la poudre!

« Ah! je sais bien, reprit Ryno qui se débattait, je sais bien que j'aurai des remords demain, que j'emporterai tout à l'heure de tes côtés le morne dégoût de moi-même, mais pourquoi es-tu Vellini ?... et déjà il la regardait ; il se perdait dans ces yeux agrandis, dont l'iris dilaté par la passion rallumée, semblait avoir envahi, absorbé la cornée bleuâtre, comme un feu violent qui lècherait le lait d'une coupe pleine et en montrerait le fond calciné et noirci.

— Ce n'est pas moi, Ryno; c'est le sort, c'est le sang ! » reprit-elle lentement, obstinée, aveugle, et avec des intonations si pleines de sa belle voix de contralto, qu'elle réapparut à Ryno comme aux premiers jours de leur jeunesse, une créature mystérieuse, surnaturelle, ayant de l'ombre dans la voix comme elle en avait dans le regard et sur la lèvre ; provocante par ces ombres même, agaçante comme l'Androgyne d'une volupté qui n'a pas de nom.

On l'a vu déjà, c'était là une de ses toutes-puissances, et Ryno y avait toujours succombé. D'ailleurs, il espérait sans doute, tout en cédant à cet attrait irrésistible, qui la vengeait de sa laideur, qu'en s'y livrant sans nulle réserve, il parviendrait à le faire mourir. Le malheureux ! il se disait que tout cela n'était qu'illusions décevantes de perspective, sensations du passé, avivées par la distance, feux-follets d'égarants souvenirs... et il la pressait sur son cœur avec une véritable furie, croyant ne tenir qu'un spectre; croyant qu'à force de l'étreindre, ce

L'INFIDÉLITÉ DE LA FIDÉLITÉ.

spectre s'évanouirait dans ses bras, et que le charme dont il était victime serait enfin... enfin rompu ! Ainsi ses transports s'accroissaient du désir de les épuiser. A ses propres yeux il était le Spartiate et l'Ilote. L'Ilote s'enivrait pour dégoûter le Spartiate d'une telle ivresse ; mais, cruauté du sort ! au sein de ces bonheurs maudits, le charme ne se rompait pas. Le fantôme était une réalité vivante qui résistait à la fureur de l'étreinte, et qui y répondait, en la rendant, avec d'inextinguibles pâmoisons. L'ivresse croissait, mais la satiété ne se dressait pas du fond de l'ivresse, et l'Ilote ne dégoûtait pas le Spartiate. En vain à chaque baiser, à chaque morsure, il s'attendait à voir tomber morts ses désirs, le long de ses veines dégonflées ! son front froidir ! sa poitrine s'apaiser ! mais le Sort, comme disait la superstitieuse Vellini, trompait amèrement son espérance. Plus il se plongeait dans le lac enchanté des caresses d'autrefois, plus il descendait dans cette mer de douloureuses délices, moins il en touchait le fond, ce fond de sable auquel il aspirait comme à la fin de cette coupable volupté ! Il ressemblait au prêtre égyptien qui voulait voir le néant de l'Isis, longtemps adorée, et qui lui déchirait, d'une main forcenée, ses voiles de lin et ses bandelettes. Hélas ! à chaque bandelette rompue, il trouvait un voile miraculeux, et sous chaque voile déchiré qui tombait, il reparaissait une autre bandelette ; et la déesse, toujours invisible, défiait et écrasait l'impie de sa mystérieuse divinité !

Vellini, du reste, apprenait au sein de ces désordres combien l'image d'Hermangarde était profondément gravée dans l'âme de Marigny, car c'était Hermangarde qui se retrouvait au fond de cette expiatrice horreur que Ryno montrait dans ces plaisirs qu'il voulait tarir, pour que jamais il n'y en eût plus pour lui de pareils ! Seulement ses remords, qui ne diminuaient pas son délire, ce sacrifice d'une fidélité qu'il regrettait, tout en la perdant, devaient attacher au front de l'Espagnole la couronne de l'orgueil triomphant par-dessus l'autre couronne des désirs heureux. Il n'en était rien néanmoins. Une autre femme que Vellini aurait exprimé, comme un citron piquant, tous les sucs de la vanité satisfaite dans cette coupe où la Volupté leur versait la poussière d'émeraudes de ses plus brûlantes cantharides. Mais elle, cette fille d'un jet si-franc, ne se repliait pas dans son orgueil vers Hermangarde, et ne se repaissait point, dans sa pensée, des humiliations de sa rivale. L'entraînement de Ryno, elle ne s'en parait point avec le faste de sa victoire. Elle l'expliquait par les superstitions de toute sa vie, comme le sauvage explique

L'INFIDÉLITÉ DE LA FIDÉLITÉ.

l'univers par le Manitou, qu'il emporte roulé dans son pagne. Elle croyait au philtre qu'ils avaient bu dans les veines l'un de l'autre, comme si on avait besoin d'un philtre pour expliquer les anciens abandons revenus, les vieux enivrements retrouvés ; comme si le souvenir de tous ces fruits, mangés dans la jeunesse, n'était pas assez pour tenter les lèvres assoiffées, malgré les meurtrissures du temps !

Mais si peu orgueilleuse qu'elle fût, elle savourait les transports de Ryno avec des dilatations infinies, et elle eût voulu les garder comme un trésor perdu qu'on retrouve. « Ah ! lui disait-elle, mon Rynetto, pourquoi donc as-tu l'air si triste en me regardant à présent ? Ce n'est pas ta faute si tu es là. Ce n'est pas la mienne. Mais dis, n'y as-tu pas été heureux ?... Ah ! vois-tu ! ce bonheur reviendra sans cesse ; tu le retrouveras ici toujours. Le plus difficile est fait maintenant ; c'était le premier pas vers moi qui t'attendais dans des anxiétés cruelles. Est-ce que je ne t'ai pas réappris le chemin qui conduit à moi ? Ne te révolte pas, ajouta-t-elle, car il fit un mouvement à cette parole comme un cheval qui se cabrerait devant une barrière, et refuserait de la franchir, ne te révolte pas, cariño ! et elle lui jeta un de ces regards qui contiendraient un lion; ne crois pas que je m'enivre de ma puissance. Si j'ai fait quelquefois des rêves, je les ai toujours brisés sur mon cœur. Tiens, ajouta-t-elle en baissant sa voix pleine, veux-tu que je te conte le rêve détruit de ces derniers jours, pauvre chose précieuse que j'ai écrasée comme j'écrasais, toute petite, entre deux cailloux, les perles que ma folle et bien-aimée mère détachait de ses oreilles pour me les donner? »

Et il la laissa dire dans cette longue contemplation muette dont elle le frappait toujours. Naturelle et bizarre tout ensemble : enfant, femme, animal, chimère, un composé de tant de choses divinement pétries; une statuette humaine, faite, comme la foudre des Anciens, de trois rayons, tordus par la main de Dieu!

Le feu s'éteignit dans l'âtre. La flamme de la lampe s'en allait, maigrissant, contre le mur. La chaumière trempait toute dans l'ombre. Il n'y avait plus d'éclairé par les charbons du foyer et la flamme vacillante que le groupe qu'ils formaient sur les gerbes. Groupe difficile à saisir dans l'ensemble de son contour, sous ces lueurs errantes, coupées d'obscurités, lignes brisées qu'on ne suivait pas d'un seul regard. Ce n'étaient plus les chastes poses de l'Amour conjugal que le séraphique Swedenborg a appelé le roi des Amours, et qu'il a symbolisé dans les cygnes, les oiseaux de Paradis et les tourterelles. C'étaient des attitudes lassées, échevelées ; des reploiements de corps alourdis. Vellini, dont le pied crispé dans quelque pâmoison avait rejeté une de ses mules moresques, était plus que jamais, avec son miroir constellé, la *sorcière au pied nud, qui vient de faire son charme,* comme l'avait dit le vieux Prosny au commencement de cette histoire. Dans le désordre de la robe, étalée là, relevée ici, l'autre pied se retrouvait un peu plus loin sur les gerbes, chaussé de sa pantoufle écarlate, et l'autre pantoufle avait roulé presque au bord du brasier dans la cendre, brillant là, vide et solitaire comme le soulier de verre perdu jadis par Cendrillon.

« Écoute donc mon rêve, reprit-elle après un silence. Tu as vu ce bâtiment espagnol qui est encore sur la plage et qui va mettre à la voile dans quelques jours. J'ai parlé au capitaine et aux matelots. Ils me connaissent tous. Ils sont de Malaga et ils y retournent. Ils m'ont proposé bien des fois de retourner avec eux au pays. Ils ne savent pas, Ryno, que je tiens par des racines à cette terre que tu foules, que je suis ton ombre sur cette terre, que la Vellini a la chaîne d'un homme autour du cou. Ils l'ignorent, mais moi, je le sais... et je me disais que puisque tu dois me revenir comme je te suis revenue, puisque ton mariage est la noble imposture d'un cœur épris, mais qui se trompe encore une fois, nous pourrions bien partir ensemble et nous en aller de ce pays glacé où les femmes ne croient pas aux sortiléges d'amour, mais à la puissance de leur beauté toujours trahie, pour vivre, libres et unis, comme nous avons vécu autrefois. Ah! quel bonheur alors! quelle jeunesse ressuscitée! La présence de Ryno sur mes yeux, le soleil de Malaga sur mes bras, ce soleil qui m'a doré la peau toute petite, et me l'a faite comme tu la vois! Ah! cariño, voilà l'idée qui m'est venue et que j'ai caressée dans mon sein comme un oiseau qu'il faut tuer! Car je me disais que c'était fou, ajoutait-elle, s'apercevant qu'il avait tressailli sous sa parole, comme si elle l'avait galvanisé, je me répétais, pour m'apaiser, que tu ne voudrais jamais quitter Hermangarde; que tu ne consentirais jamais à lui briser le cœur... et alors, moi... je brisais mon rêve sur le mien. »

Éloquence singulière, farouche et tendre, hypocrite et vraie, dont les mots pressés sur ses lèvres, comme les gouttes d'un orageux fluide, pénétraient Marigny et se coulaient, dans son être ému, par torrents.

« Mais si nous ne partons pas, reprit-elle,

incertaine, n'osant croire que le *lazo* invisible qu'elle lui jetait autour du cœur y fût bien noué, si le brick malagais va laisser la Vellini sur ce rivage, dis-moi au moins, Ryno, que nous pourrons toujours nous y rejoindre et nous y revoir, de temps en temps, pour quelques heures, comme nous l'avons fait aujourd'hui. Ah! cela, Ryno, n'est pas un rêve! En est-ce un? fit-elle avec des modulations d'amour soumis dans la voix, douces comme les sons renflés d'une flûte, et faut-il encore le briser? Va, ta Vellini n'est point méchante. Elle ne veut point t'arracher l'amour d'Hermangarde. Elle ne veut que toi, par moments, toi, ici, dans l'obscurité, sans qu'aucun être vivant le sache, ni Hermangarde, ni le monde, ni personne! Que ta femme, Ryno, puisqu'elle est ta femme, ait ton amour et garde son bonheur, mais moi que je t'aie! que le passé revienne se poser entre nous, chaque nuit ou chaque jour, pour une heure! Cela sera assez pour Vellini. Eh bien, tu prendras toutes les précautions de la tendresse. Tu surveilleras la confiante sécurité de ta femme, moi-même je deviendrai prudente. Oui, moi, Ryno, ton impétueuse Vellini! Rien ne me coûtera. Je changerai mon caractère. Ah! je voudrais bien qu'il me résistât! Nous nous cacherons. Pour la première fois de sa vie, Vellini se cachera, dût-elle en étouffer! Elle se cachera comme si elle avait peur. Elle deviendra lâche pour sauver le bonheur d'Hermangarde. On est si bien sur cette côte écartée! J'en sais tous les coins depuis que je la parcours. L'hiver est dur, ta femme est délicate. Elle ne peut plus t'accompagner dans tes promenades. Tu pourras donc sans danger y rencontrer Vellini. La fille du Toréador, reprit-elle d'un accent plus haut et avec une fierté sauvage qui lui fit secouer ses bras au-dessus de sa tête, a les muscles de son père et peut défier les éléments. Il n'y a point une dune, pas une anse, pas une grotte des falaises que je ne connaisse à présent, et où je ne puisse t'attendre, quand tu m'auras dit que tu y viendras. Peut-être, ajouta-t-elle avec rêverie, les femmes des contrebandiers sont-elles venues souvent aux mêmes lieux attendre ceux qu'elles aimaient et qui voguaient sur la mer. Je ferai voir à ces rochers une autre femme aussi intrépide, aussi patiente... Pendant qu'Hermangarde dormira en t'attendant sur la soie, moi, qui t'attendrai comme elle, je ne dormirai pas sur mon écueil. »

Elle s'arrêta. Ryno l'admirait, le visage tourné vers elle, esclavé par son charme qui eût fait croire à la magie. Il la regardait et l'écoutait, source de vie qui rejaillissait tout à coup quand on la croyait engloutie et qui recommençait, flots et écumes, ses bouillonnements éternels. Il buvait au son de sa voix et aux regards de ses yeux. Il s'y désaltérait de cette longue soif de l'absence qu'il avait trompée avec Hermangarde, comme on trompe sa soif, quand on n'a pas de breuvage, avec la chair fondante d'un fruit délicieux. Bientôt, comme une ramure qui tombe sur une source, les ténèbres tombèrent entre eux. La lampe s'était éteinte. Le vent du nord siffla sur la chaumière, et le cheval, attaché à la porte, hennit et fit un écart de terreur qui sembla ébranler le mur.

« Qu'a mon cheval ? dit Ryno troublé comme une mauvaise conscience ; et ils se levèrent de leur divan agreste, dans la nuit profonde.

— Ce sont les Bas-Hamet qui se lèvent, dit Vellini. Ils nous auront entendus à travers le mur, ou peut-être le père va-t-il, cette nuit, pêcher au lançon. »

Ils restèrent quelque temps encore dans l'obscurité. Elle chercha à rallumer la lampe, mais n'y parvenant pas, elle prit une poignée de paille sèche aux gerbes et la jeta sur les charbons du foyer. La flamme se dressa tout à coup, et, alimentée par le bois de fagot qu'ils y poussèrent, fit rayonner dans tous les coins de la chaumière sa vive clarté.

Marigny continuait d'écouter le faible bruit qu'ils avaient entendu et qui avait effrayé son cheval. Ils allèrent tous les deux à la porte, l'ouvrirent et regardèrent, du seuil. Ils ne virent personne. Le bruit ne s'était pas renouvelé. Le cheval avait encore l'oreille frémissante et l'œil inquiet, et cependant tout était calme, silencieux, solitaire. La lune qui s'enveloppait dans des linceuls de nuage, retirait ses lueurs blafardes et mourantes. La gelée faisait étinceler les neiges tombées. Tout était blanc dans l'étendue, excepté le bouquet de houx pendu au bâton de la hutte dont les feuilles luisantes et foncées n'avaient pas gardé les glissants flocons. La chaumine des Bas-Hamet était plongée dans une paix infinie. Le sommeil l'avait visitée ; et à travers ses murs peu épais et ses portes mal jointes, on discernait, dans le vaste silence de la nuit, jusqu'aux respirations de ceux qui s'y étaient endormis. Ils revinrent s'asseoir sur les gerbes. Ryno, qui n'avait encore vu que Vellini, depuis qu'il était avec elle, jeta un coup d'œil sur cette espèce de grange qui était alors tout l'appartement de cette fille du luxe et des villes.

« C'est donc ici que tu demeures ? fit-il étonné de la nudité pauvre des choses qu'il avait autour de lui.

— C'est ici ! répondit-elle avec fierté. Tu vois, Rynetto, j'ai déjà commencé la vie des femmes de ce rivage. Je me suis déjà endurcie.

La señora de la rue de Provence, l'Espagnole qui ruinait Cérisy n'est plus. Quand je te dis que tu me trouveras partout sur cette côte, la nuit, le jour, à toute heure, t'y attendant quand tu m'auras dit de t'attendre, je ne me vante pas, Ryno ; je l'ai déjà fait bien des fois depuis le jour de la Vigie. J'ai passé bien des heures à l'air du temps, assise ou errante dans les grèves, t'attendant toujours, mais tu n'es pas venu.

« A présent, ce sera moins dur, ajouta-t-elle, car tu viendras, n'est-ce pas, cariño ! » Et elle lui en arracha la promesse. Il était attendri de cette rude vie qu'elle menait pour lui, sur ce rivage d'un froid si mortel aux délicatesses d'une fille du Midi. Et surtout, il était touché, jusqu'au fond de l'âme, de cette noblesse de cœur qui ne se démentait pas et qu'elle avait toujours, en parlant d'Hermangarde. Il se répétait qu'après tout, c'était du bonheur de cette adorable Hermangarde qu'il s'agissait, et qu'il était encore possible de le sauver !

D'inexprimables langueurs les reprirent sur ces gerbes où ils s'étaient replacés. Ah ! qui ne connaît pas, après les convulsions du bonheur nerveux des caresses, cette détente de tous les organes ; cette lassitude brûlante, engourdie, qui a aussi sa volupté ?... On dirait le sommeil de l'opium, se coulant entre nous, membre par membre, et faisant sommeiller le corps avant que la pensée ait clos sa mystérieuse paupière. Ils l'éprouvèrent alors. Ils se bercèrent dans ce sommeil les yeux ouverts, dans ce somnambulisme transparent des sens, apaisés de jouissances ! S'ils se suspendaient encore l'un à l'autre, c'était d'une caresse pleine de lenteur, mourante, inachevée, une de ces caresses où la rêverie tient plus de place que les hâtes frémissantes du désir. Jamais le souvenir de l'amour n'avait plus ressemblé à l'amour même. Jamais ils n'avaient mieux compris, ces deux êtres, que la mémoire des temps écoulés cœur contre cœur, avait repoussés cœur contre cœur, que de toutes les réalités de l'existence, la plus puissante, c'est la chimère du passé !

Minuit qui sonna au clocher de Barneville et la grossière horloge à poulie « qui jura que le fait était vrai [1] » les tira de leur contemplation rêveuse. Ryno se leva. « Il faut partir, dit-il avec regret, il faut retourner au manoir. » C'était ainsi qu'il la quittait, rue de Provence. Et ce soir, comme dans ce temps-là, il lui dit

1. Burns, dans *The Brigs of Ayr* :

*The drowsy Dungeon-clock had number'd two
And Wallace tower had sworn the fact was true.*

adieu en espagnol, dans cette langue qu'elle
lui avait apprise, et qu'il n'avait jamais parlée
qu'avec elle, car il eût craint, sans doute,
l'impression de ces mots, vidés, comme la
coupe du roi de Thulé, de l'amour dont ils
s'étaient remplis pour lui, et sonnant, comme
une ironie de son bonheur, sur des lèvres
indifférentes.

Il monta à cheval devant elle. Je serai ton
page, lui dit-elle avec sa grâce osée, sa grâce de
jeune garçon mutin et hardi ; laisse-moi te
tenir l'étrier ; et elle le lui tint. Il la laissa faire
comme une mère, ivre de maternité, laisse faire
son souverain d'enfant qu'elle admire. De son
cheval, il l'embrassa sur la tête, comme s'il y
déposait sa pensée. Puis il partit, et, elle le
regardant du seuil, il eut bientôt tourné la haie
qui était en face de la butte.

C'était une nuit d'hiver rigoureuse, d'un
calme morne, d'un silence profond. L'air était
fin et le vent piquait. Levée de bonne heure,
la lune se couchait de bonne heure. Les premières ombres de son déclin, qui s'en allaient
croissant, commençaient à traîner sur les neiges
tombées dont elles ne pouvaient amortir le mat
éclat. La mer, à la gauche de Ryno, n'élevait
pas, comme à l'ordinaire, sa grande voix vague
et monotone. Et quoique le froid ne soit
jamais, dans nos contrées, assez intense pour

saisir la mer, on eût dit pourtant ce soir-là, à son silence, que les glaces l'avaient emprisonnée. Cette nature attristée et muette, ces steppes de grèves auxquelles la neige donnait un caractère qui n'est pas le caractère habituel de ce pays ; le froid, cette chasteté des airs, tout précipita Ryno du monde de sensations dans lequel il venait de vivre auprès de Vellini, et le replaçait cruellement en face de lui-même. Il était maîtrisé par tous ces aspects. Il sentait jusque dans son cœur la main de glace de la nature. Parti du Bas-Hamet le front ardent, les artères palpitantes, l'âme embrasée, il s'éteignait peu à peu en s'avançant sur ces grèves neigeuses vers la demeure où dormait Hermangarde trahie. Oui, il s'éteignait sous le souffle de ce vent du nord, moins âpre que sa pensée, comme une de ces torches élevées parfois par le douanier au sommet des dunes pour avertir les navigateurs en détresse. Son cheval, qui marchait d'un trot allongé, troublait seul le silence nocturne par les hennissements du retour. Ces hennissements rappelaient à Ryno celui que le noble animal avait poussé à la porte de la cabane, et ramenaient dans son esprit une pensée qui l'avait traversé comme une flèche, et qu'il avait chassée comme la vision de l'impossible... Il la chassait encore, cette folle pensée, mais il en blêmissait tout en la chassant. Du train qu'il allait sur la lisière unie de la grève, il arriva bientôt au bras de mer et au Petit-Pont. Un homme le passait. Il s'arrêta court au milieu de la planche étroite, la main sur la gaule qui servait de parapet, en entendant les pas du cheval qui entrait dans l'eau.

« Tiens, c'est M. de Marigny et bien attardé ! dit une voix étonnée.

Marigny reconnut le pêcheur Capelin qui s'en revenait de la falaise.

« Oui, c'est moi, répondit-il, ne voulant pas avoir l'air de se cacher. Avez-vous fait une bonne pêche, mon brave Capelin ?

— Nenni ! repartit le pêcheur. J'nons vu brin d'crabbes. La mer n'y est pas, ni le vent non plus. Mauvais temps pour les pauvres gens, monsieur de Marigny. La Caroline a rôdaillé toute la nuit sous les dunes. J'l'ai vue deux fois du côté de votre manoir.

— Je ne l'ai pas rencontrée, » dit Ryno d'un ton moitié incrédule et moitié sérieux ; car il trouvait inutile de blesser ces simples gens dans leurs illusions ou dans leurs croyances. Et il remit son cheval au trot.

Il arriva bientôt à la porte du manoir de Mme de Flers. Il descendit pour ouvrir la grande porte rouge. Mais quel ne fut pas son étonnement, quand, en la poussant, il sentit qu'elle était ouverte et qu'elle tournait sans résistance sur son gond rouillé. Il apaisa avec un mot les hurlements des chiens qui le reconnurent, et il entra par le perron et la porte vitrée qu'on ne fermait jamais, après avoir conduit son cheval à l'écurie et l'avoir lui-même débridé.

Le mot de Capelin sur la Caroline lui revenait à la pensée. Est-ce que les certitudes de l'homme ne se font pas avec des riens ?... Il alluma un flambeau dans la salle à manger ; et réellement, il était plus pâle que les vieux portraits qui le regardaient du fond de leurs cadres, avec des yeux qui lui firent baisser les siens. En proie à des pensées inexprimables, à des soupçons plus forts que sa raison, il pénétra sur la pointe du pied dans la chambre de sa femme, afin de savoir si elle était endormie comme il l'avait laissée et si son sommeil n'avait pas été troublé.

Quand il était parti, elle dormait dans le lit nuptial, sous le mol abri de ses couvertures, le visage pâli, mais calmé, ombragé de ses longues paupières. Quand il revint, il la trouva désordonnément vêtue, la pelisse aux épaules, évanouie au bord de la couche, les mains dégantées, bleuies par le froid, et les pieds ayant encore autour de leurs bottines à moitié lacées, des plaques de neige qui coulaient en eau sur le tapis. Alors il comprit tout... et le hennissement du cheval au Bas-Hamet, et la porte du manoir ouverte, et la blanche Caroline errante sous les dunes, dont lui avait parlé Capelin.

XIV

Dénouement pour l'une.

'ÉTAIT un être fort que Ryno de Marigny. Ses passions étaient grandes et le secouaient à tout faire craquer dans sa robuste nature, comme le vent fait tout craquer dans la ramure d'un chêne, mais son esprit les dominait. Il avait un de ces tempéraments mélangés de sang froid et de sang brûlant, privilége de naissance des grands joueurs et des hommes politiques ; terrible duplicité qu'on expie, car la nature semble jalouse des dons qu'elle accorde à ses favoris. Dans les transes de l'émotion qui le foudroyait, Marigny était encore capable de réflexion et de calcul. Quand il vit sa femme évanouie, certes, il ressentit une atroce douleur. Il embrassait d'une seule vue l'effroyable série de tortures qu'elle avait traversées depuis dix heures du

soir pour revenir là, à ce lit quitté dans l'angoisse et retrouvé dans l'agonie. Et pourtant, en présence de cette malheureuse, asphyxiée de froid, brisée par sa chute sur le bord de sa couche, il s'arrêta un moment et se demanda ce qu'il allait faire. Sonnerait-il, et se sauverait-il dans son appartement comme si c'eût été Hermangarde elle-même qui eût sonné avant de s'évanouir ? Laisserait-il seule la femme de chambre étonnée de voir sa maîtresse habillée à cette heure, les pieds trempés de neige, le front glacé ? Et s'il se chargeait de rappeler lui-même Hermangarde à la vie, s'exposerait-il à la scène qui allait jaillir de cet affreux tête-à-tête ?... De quelque côté qu'il se retournât, la situation lui répondait toujours par le même mot : tragédie domestique, destinée perdue ! Le bonheur d'Hermangarde était irrévocablement détruit. Menacé depuis quelque temps par tout un ensemble de circonstances, ce bonheur dont il se préoccupait, il n'y avait qu'un instant, chez Vellini, il était impossible de le sauver. Alors il pensa à sa femme, à la personne même de sa femme, si c'était fait de son bonheur.

Il se mit à genoux devant elle et lui arracha ses bottines imbibées de neige et ses bas humides. Il réchauffa ses pieds de son haleine. Ainsi qu'une mère déshabille un enfant qui dort, il lui ôta sa pelisse et sa robe ; puis écartant les couvertures, et soulevant ce corps immobile qu'il n'avait vu jamais inanimé dans ses bras, il la coucha, et lui répandit sur les tempes de ces eaux pénétrantes et fortes qui dardent au cerveau engourdi la sensation de l'existence. Tout cela fut long, mais ce fut inutile. Hermangarde restait sans mouvement. La vie était suspendue en elle à une profondeur qui commença d'effrayer Ryno. Il était penché sur elle, étudiant à sa poitrine, à son front, à ses bras, toutes les pulsations de son être. Spectacle étrange que cet homme dans cette chambre solitaire, au fond d'un château plein de domestiques endormis, qui veillait, botté, éperonné, et dans des anxiétés terribles, au bord du lit d'une femme évanouie ! Il attendit encore quelque temps avec des spasmes d'impatience, mais voyant que cette léthargie d'Hermangarde résistait à ses soins et à ses efforts, il eut l'idée d'appeler du secours. Seulement il entra dans son appartement pour rejeter ses bottes, accusatrices d'une course nocturne. Ses nerfs étaient si ébranlés, il était sous l'empire de si funèbres sensations, qu'en marchant jusque-là, le bruit de ses éperons sur les parquets le faisait, malgré lui, tressaillir ! Il avait les yeux pleins de la tête pâle de sa femme, qui lui rappelait une autre pâleur, étendue par lui sur un autre visage, celui de Mme de Mendoze, oubliée dans les caresses de Vellini, mais dont le fantôme, évoqué par une imagination vengeresse, lui disait, le doigt tendu vers Hermangarde : « Hier, tu en as tué une ; demain, feras-tu mourir l'autre ?... » Et il frémissait. En revêtant sa robe de chambre, il lui sembla qu'il mettait un mensonge par-dessus ses remords. Ne fallait-il pas se préparer à une hypocrite comédie pour tromper l'œil espionnant des valets ? Il rentra donc dans la chambre de sa femme et sonna. Il ordonna qu'on allât chercher le médecin de Barneville. Le délire venait de s'emparer d'Hermangarde, et ce délire, dès les premiers mots, prit un tel caractère, que le malheureux Marigny fut obligé de chasser la femme de chambre, venue au coup de sonnette, pour qu'elle n'en entendît pas les révélations. Il voulait qu'elles mourussent en lui seul. Il voulait être le seul témoin de ces transports effrayants et de ces cris involontaires, sortis, comme des feux d'un souterrain, du silence de cette femme qui, d'ordinaire, concentrait tout dans les pures et fières profondeurs de son âme. Inintelligibles pour elle, mais clairs pour lui, ils montraient sous un jour accablant et cruel ce qu'il n'avait jusque-là qu'entrevu... «Ah ! disait-elle, les joues pourprées, les yeux rouverts, mais égarés, et de cette voix entrecoupée, séchée par la fièvre, brève et rauque ; cette voix qui fait devenir les ongles bleus de terreur, quand elle vient d'une personne aimée, — Ryno ! Ryno ! c'est toujours la femme rouge... la femme de la Vigie ! Dieu ! Elle ! toujours ! Chasse-la, Ryno, chasse-la. Ne la prends pas comme cela dans tes bras, car c'est moi que tu tuerais... Chasse-la ! je ne la connais pas, cette horrible femme... Comme elle me regardait à travers le brouillard ! son regard brûlait le brouillard et mon cœur... Ah ! mon Dieu ! » Et après un silence d'épouvante, elle reprenait avec plus d épouvante encore : « Eh quoi ! elle ne s'en ira pas, cette femme ?... Elle est là, maintenant, assise sur de la paille... avec mon mari... avec Ryno. Là ! criait-elle, là ! » Et son doigt aveugle, comme son regard aveugle, malgré la dilatation de ses prunelles, indiquait un point de la chambre. Elle se dressait sur son séant, les cheveux défaits. « Mais je ne veux pas qu'elle t'embrasse ainsi devant moi, Ryno ! chasse-la !... Il ne la chasse pas ! reprenait-elle en se tordant les mains avec angoisse. Oh ! c'est lui qui l'embrasse maintenant. Ah ! malheureuse Hermangarde, regarde par le trou du volet, regarde, regarde ! » Et elle retombait pantelante sur son lit. Ryno, déchiré, souffrait d'une inconsolable pitié. Les larmes le gagnaient comme un enfant. « Ah ! ne pleure pas, disait-elle, comme si elle avait vu ses larmes par une intuition supérieure à la raison et aux sens. Ne pleure pas. Est-ce que tu pleures parce que je te dis de la chasser ? Garde-la dans tes bras, si tu l'aimes, mais bouche le trou de ce volet... que je ne vous voie plus et que je m'en aille !... J'ai eu bien froid en venant, mon pauvre Ryno, » reprenait-elle du ton d'une chose simplement racontée. Et elle se prenait à grelotter. Ses dents claquaient. Ryno souffrait de telles angoisses, qu'il aurait désiré que le délire le prît aussi et frappât de mort sa raison. « Ah ! si ma grand'mère le savait ! ajoutait-elle rêveusement avec une atroce innocence de cruauté, mais n'aie pas peur, Ryno, je ne le dirai pas... Il ne faut pas le lui dire, n'est-ce pas, mon amour ? C'est si facile de mourir sans parler !... » Et elle se taisait alors pour prouver qu'elle pouvait se taire, mais c'était Ryno qui mourait. Oui, il mourait puni, châtié, supplicié par ce délire dans lequel sa conscience épouvantée entendait comme la voix de Dieu.

Hermangarde resta toute une longue et horrible journée dans ce paroxysme violent. Le médecin craignit quelque temps une congestion mortelle. Mais des accidents d'une autre nature vinrent dégager le cerveau. Ryno, qui ne l'avait pas quittée un instant, épiait le moment où elle recouvrerait la connaissance. Quand elle lui revint, ce fut vers le minuit du lendemain, à l'heure où, la veille, elle l'avait probablement perdue. Ses yeux, qui s'étaient fermés dans un lourd accablement, se rouvrirent doucement avec un intelligent rayon. « Où suis-je ? » fit-elle d'une voix faible. Mais elle s'arrêta, se souvint, et regardant son mari qui lui avait pris la main, elle la retira, comme si un serpent l'eût piquée. Mouvement de rancune instinctive et jalouse, qu'elle corrigea en la lui rendant. Hélas! il ne dit rien de ce mouvement qu'il avait compris. Il avait seulement baissé les yeux. Quand il les releva, il la vit qui le regardait avec deux gros sillons de larmes silencieuses... Ce fut tout et tout pour jamais! En reprenant sa raison, cette femme, d'une trempe trop divine pour cette terre de perdition, avait repris la virginale nature qui mettait la main sur le mystère de son âme, comme la pudeur surprise le met sur le mystère de son corps. Jusque-là elle n'avait eu que des soupçons qui la dévoraient. À présent (son délire l'avait appris à Ryno), elle avait une certitude morne comme le malheur accompli. Elle allait recommencer de vivre sans se plaindre, les lèvres fermées par un sourire résigné, et une épée enfoncée jusqu'à la garde dans le sein, comme la *Mater dolorosa* du *Stabat*.

Pour une âme élevée, comme l'était Ryno, cette magnanimité du silence, cette grandeur de réserve touchante fut un genre de torture, inexorable, mérité, et qui devait durer longtemps. Pourquoi cesserait-il, en effet ? Les torts qu'il avait étaient irréparables. Hermangarde pouvait les pardonner ; mais il connaissait cette âme aux sentiments reployés et qui ne rendait rien de ce qui y entrait, comme la tombe. En pardonnant, elle se souviendrait. Elle n'oublierait pas. Or, si le pardon n'est pas l'oubli, il n'honore que celui qui pardonne ; mais c'est une humiliation qui s'ajoute, comme l'assaisonnement d'un poison, à la douleur du repentir. Ah ! l'avenir de ce mariage était bien brisé ! Il le fut deux fois. Hermangarde ne put résister aux fatigues morales et physiques de la terrible nuit où elle était allée secrètement au Bas-Hamet. Elle accoucha, avant terme, d'un enfant mort, et elle ne survécut que par le miracle de jeunesse et de force qui était en elle. « Ah ! pourquoi, pensa-t-elle alors, n'ai-je pas imité ma mère, morte en me donnant la naissance ? Cela n'eût-il pas mieux valu pour mon pauvre enfant et pour moi ? » Ce qui augmentait encore sa peine, c'était une pensée qu'elle ne disait pas. En pleurant son enfant perdu, elle pleurait toutes ses espérances maternelles. Elle savait qu'elle n'aurait jamais d'autre enfant...

Plus digne de s'appeler du nom d'Hermine que sa grand'mère, Mme de Flers, elle sentait bien qu'une seule tache avait fait mourir dans sa personne, non la femme qui aimait Ryno, mais celle qu'il avait épousée... Pendant les trois semaines qu'elle garda le lit, elle adressa mentalement tous les jours à cette petite statue de la Vierge, sa relique de jeune fille, que l'amour conjugal n'avait point exilée de ses rideaux, un de ces vœux qu'on aurait pu croire téméraire, si on n'eût pensé qu'à sa jeunesse. Elle attendait impatiemment l'heure où, dans de tristes relevailles, elle irait le renouveler à l'autel bleu de mer de cette Étoile du matelot, qui est aussi la consolation des femmes malheureuses, dans la pauvre église de Carteret.

Ce moment arriva enfin. Ryno, qui ne l'avait pas quittée une seule fois et qui avait reçu dans la poitrine le contre-coup de toutes ses douleurs, avait prolongé, le plus possible, toutes les précautions de la convalescence. Il n'avait pas voulu qu'elle sortît trop tôt. Doux avec elle, comme elle était douce avec lui ; se surprenant parfois à être tendres, mais tristes tous deux, comme si tous deux ils avaient eu la conscience de l'irréparable, ils eussent offert à l'observateur un touchant problème de sentiment, mais insoluble. Tout le temps qu'elle avait été malade, Ryno l'avait soignée avec un dévouement sous lequel battait le désir d'une réparation impossible. Le dictame qui guérit tout, il ne l'avait plus. Lui, cet homme taillé pour les succès extérieurs, ce satrape de salon, d'un esprit si retentissant quand il en sonnait les fanfares, avait eu la coquetterie des soins imperceptibles, des mille grâces voilées de chambre à coucher qu'ont les femmes, quand elles soignent ceux qu'elles aiment. Le jour où elle parla d'aller à l'église, il consulta le temps, le degré de température, ordonna qu'on chauffât la voiture et voulut l'accompagner. Ce fut elle qui s'y opposa. Elle désirait être seule pour *faire ses dévotions,* dit-elle. Il n'insista pas et elle partit.

C'était un jour de la fin de février, journée d'hiver presque douce comme un jour d'automne, et baignée dans quelques heures d'un pâle soleil. Énervé par la vie close et douloureuse qu'il avait menée depuis trois semaines, Marigny descendit prendre l'air sur les marches de l'escalier qui conduisait des murs du manoir à la grève. Il n'était pas fâché d'être seul. Mille pensées contraires l'assiégeaient. Il songeait à Hermangarde, à Mme de Flers à laquelle il n'avait écrit que pour lui donner des nouvelles de la fausse couche de sa femme. Il pensait aussi à Vellini, cette fatalité de sa vie, la cause du mal qui était arrivé. Pendant la souffrance d'Hermangarde, il avait reçu plusieurs lettres de la Malagaise; puis il l'avait vue, de la fenêtre, passer bien des fois sur la grève, les yeux tournés toujours du côté du manoir, ou, en canot, avec les pêcheurs, descendant la ligne bleue du havre et gagnant le large, sous un bon vent. « Quelle patience elle a eue pendant ces trois semaines ! » se disait-il en se rappelant l'impétueux caractère de cette femme qu'il n'avait jamais pu dompter. Ce jour-là, par cette pure et fraîche matinée, quelque chose lui soufflait qu'elle ne pouvait pas être loin. Il est des êtres qu'on respire sans les voir et dont les vents imprégnés nous apportent, de loin, les émanations! L'histoire des palmiers, c'est l'histoire des hommes. Une chaloupe à voiles remontait le havre avec lenteur. Quoiqu'il ne discernât rien sous ces voiles brunes qui couvraient, en se renflant, la légère coquille de bois noir d'un bonnet mystérieux et bizarre, il pensait qu'elle devait être là. Aussi, descendit-il sur le galet qui bordait le havre et s'avança-t-il tout contre l'eau. Son mouvement fit arrêter la chaloupe qui tourna sur elle-même, comme si elle eût tenté d'aborder sous ses pieds. Alors il s'assura qu'il l'avait devinée. Elle était là, à moitié cachée sous les voiles; plus cachée encore (ne lui avait-elle pas promis d'être prudente?) par le genre de costume qu'elle avait choisi. Avec son mantelet de ratine blanche, à la cape doublée de ponceau, et son foulard à la tête, tordu avec une négligence de créole, on l'aurait prise pour Bonine Bas-Hamet ou quelque autre fille de la côte, car elles ôtent leur haute coiffe quand elles vont en mer, de peur du vent. Marigny, malgré les préoccupations de sa tristesse, ne put s'empêcher de sourire en la voyant ainsi vêtue, la señora Vellini.

« Viens ici, Ryno ! lui dit-elle, mais en espagnol, nous ferons un tour sous la falaise et je te débarquerai sous les dunes. Hermangarde est maintenant guérie, et il y a trois semaines que je vis sans toi. »

Il hésitait. *Caramba !* fit-elle avec impatience. Mais il pensait qu'il serait rentré au manoir avant Hermangarde, qui avait une messe à entendre, et alors il n'hésita plus. La barque redescendit le havre, passa, leste, entre les deux fanaux et cingla en mer.

XV

Le Tombeau du Diable.

ELLINI, dit Ryno, aussi en espagnol, pour ne pas être entendu des deux pêcheurs qui menaient la chaloupe, filant entre deux vagues comme un poisson entre deux flots, Vellini, je m'attendais presque à des reproches. En sortant de tes bras retrouvés, je suis resté trois semaines sans te revoir, sans même répondre aux lettres que tu m'as envoyées; mais mon excuse, ma pauvre amie, est dans des choses que tu ne sais pas. Tu ignores ce qui s'est passé au manoir.

« Ton excuse est là ! » lui répondit-elle, en lui touchant légèrement le visage. En effet, elle y était, et bien éloquente ! Il était changé comme un homme récemment échappé à la mort. Cette vie sans air dans laquelle il avait vécu, les douleurs et le danger d'Hermangarde, l'amour mêlé de pitié qu'il avait pour elle, ses remords, et enfin l'ennui de tout cela, car l'homme s'ennuie de ses douleurs comme de ses joies, l'ennui est le par delà de toutes ses activités ! lui avaient posé sur les traits un masque dévasté qui faisait frémir.

« Oui, reprit-il, mais l'accusation est ici ! » Et comme elle l'avait touché au front, il lui toucha sa joue brune. Elle était presque aussi changée que lui. Ces trois semaines avaient pesé sur elle. Dans ce jour cru de l'atmosphère d'une mer sans brume, dans cette âpre lumière d'un ciel bleu, qui semblait fouiller les moindres rides sur les visages comme sur les flots, il vit la dure empreinte, laissée partout, des passions qui l'avaient encore plus jaunie et qu'elle avait été obligée de refouler dans son cœur.

« Ce n'est point une accusation, fit-elle, grave et douce, comme il ne l'avait jamais vue. Je savais tout, Ryno.

— Non, tu ne savais pas tout, reprit-il. Le malheur s'était abattu sur ma maison. Ma pauvre Hermangarde était en péril de mourir. Tu savais cela comme tous les autres, comme les domestiques qui m'entouraient, comme le village, comme le pêcheur qui m'apportait tes lettres et qui ne voyait que visages désolés au manoir. Mais il y avait quelque chose que tu ne savais pas, Vellini, car personne ne le savait que moi seul et elle... C'est que si elle souffrait des tortures d'âme et de corps, à la briser, malgré la force de sa jeunesse, c'est nous qui en étions cause. C'est que si elle fût venue à mourir, comme je l'ai craint à la fin de bien des journées, c'est nous, Vellini, qui aurions été ses assassins ! »

Elle le regarda avec un étonnement fixe. Ils étaient assis au pied de la voile, le dos tourné aux pêcheurs qui ramaient à l'extrémité de la barque. La brise soufflait ses plus favorables haleines et ils allaient, frisant les brisants, comme s'ils eussent voulu arriver en sept quarts d'heure à Jersey, qu'on voyait nettement dans les clartés du temps, blanc comme un linge, étendu par des lavandières, au soleil.

« Oui, reprit-il, comprenant son regard. Nous aurions été ses assassins. Quand au Bas-Hamet, je t'ai quittée, il y a trois semaines, toi, mon passé, rallumé avec des voluptés cruelles, et que je fus revenu à Carteret, je retrouvai Hermangarde au bord de son lit, habillée et sans connaissance. Elle ! cette femme élevée dans toutes les délicatesses de la vie, était venue seule, la nuit, à pied, en se cachant, au Bas-Hamet, par la neige et le froid sur ces grèves, exposée aux insultes des contrebandiers ou des matelots. Elle avait tout bravé, mais elle y était venue, poussée par une jalousie couvée

longtemps. Elle nous avait vus par la fente
du volet de ta cabane, et elle n'avait pas crié ;
elle avait eu la force de rester là et de s'en
retourner comme elle était venue, mais avec
des certitudes, avec des spectacles pires que la
mort, dans le cœur. Dieu, qui avait eu pitié
d'elle, lui avait mesuré ses forces et elle ne
s'était évanouie qu'au pied de son lit, en rentrant. C'est là que je l'ai retrouvée... Ah!
Vellini, je n'oublierai jamais le moment où je
la pris dans mes bras chauds de toi et où je
la retiédis de la vie que tu y avais laissée.
Elle fut longtemps dans un état désespéré.
Son délire m'apprit ce qu'elle avait fait, car
depuis, le croiras-tu? elle ne m'a rien dit qui
fût une plainte ou un reproche. Elle a une
fierté douce que tu admirerais.

— Pauvre Hermangarde! » fit Vellini attendrie, et une larme se montra dans les cils de
ces yeux que les hommes trouvaient féroces.
Ryno fut touché de cette larme. Il la but aux
yeux qui la contenaient avec une triple soif
d'amour, de générosité, de justice. Ah! la séduction par la générosité est la plus puissante
sur les âmes sincères! Quand nos vieilles maîtresses pleurent sur nos jeunes femmes, elles
ajoutent à la magie du passé un prestige plus
irrésistible encore. Est-ce qu'on ne s'amnistie
pas des fautes qu'on a faites quand celles pour

qui on les a commises sont de magnanimes créatures? Pour régner sur des âmes qui ont de la noblesse, il n'est rien tel que de se montrer bon.

Il s'était tu, et elle ne parlait pas. Qu'eût-elle dit, cette femme sauvage, qui ne comprenait que l'amour et toutes ses furies, et qui le voyait pour la première fois, muet et désarmé, à force de fierté pure? Cependant la coquille de noix qui les berçait, dans sa concavité mobile, comme un nid d'oiseau balancé dans les rameaux par le vent, fendait toujours les vagues amoncelées. Le flot, scindé par la proue, moutonnait, comme disent ces gens de mer qui composent leur langage d'Océan avec leurs souvenirs de pasteurs et rêvent ainsi à leur enfance. Ils avaient doublé la falaise, et, là, ils avaient reviré de bord, creusant un sillage nouveau dans le sillage qu'ils avaient tracé. Arrêtés sur le plateau liquide d'une mer qui ressemblait à un bassin de vif argent, tant elle était étincelante, ils avaient jeté le filet sous la barque, immobile, en attendant le moment de débarquer Ryno sous les dunes, au commandement de Vellini.

« Oui, pauvre Hermangarde! fit Ryno, comme un écho mélancolique, elle a souffert cruellement par nous. Elle a été frappée dans sa maternité même : son enfant est mort comme le nôtre, Vellini. Et il ajouta avec un accent amer qui résumait toute son âme : Je ne suis pas heureux en enfants ! »

La Vellini baissa la tête pour cacher à son ancien amant l'éclair fauve qui traversa ses prunelles. Une joie involontaire, plus forte que sa nature généreuse, lui était entrée dans le cœur, aux dernières paroles de Ryno. Elles lui rappelaient, il est vrai, une époque funeste de sa vie, l'arrachement, par la mort, d'un être aimé de sa mamelle, la perte toujours saignante de sa Juanita; mais l'idée que la femme de Ryno n'aurait pas sur elle la supériorité du don d'un enfant, offert à la mâle affection d'un père, lui coula dans les veines du cœur une immense dilatation.

Ils se turent encore. Est-ce que leurs paroles auraient pu contenir leurs pensées?... Appuyés, épaule contre épaule, ils se laissaient aller au branle voluptueux de la lame bleuâtre, sous cette voile que le soleil chauffait d'un faible rayon. A cet air nitré d'une atmosphère marine, Ryno éprouvait dans le poumon, comme dans le cœur, un élargissement de tout son être captivé, comprimé si longtemps. Malgré sa pitié et son amour pour Hermangarde, il se trouvait mieux auprès de la femme qu'il n'aimait plus qu'à côté de celle qu'il aimait. Quoi d'étonnant? Toutes ses relations avec Vellini étaient droites et vraies; avec Hermangarde elles ne l'étaient plus. L'air vital du cœur, n'est-ce pas la confiance? Le bonheur entre ceux qui s'aiment, c'est de parler haut. Il le reconnaissait, il l'appréciait, et il n'était pas une de ces sensations sous lesquelles s'entr'ouvrait son âme qui ne fût un anneau de plus à la chaîne qui l'attachait à Vellini.

Cependant ils donnèrent bientôt le signal de toucher la rive, et la chaloupe, manœuvrée par des hommes qui connaissaient tous les écueils de la falaise comme les plombs de leurs filets, les déposa dans une petite anse, étroite, hérissée comme une passe, espèce de croissant entre deux brisants. Les pêcheurs retournèrent à leur pêche; mais eux, comme il était de bonne heure encore, se mirent à remonter la falaise par un sentier détourné de sable fin. Ils parvinrent bientôt à sa cime. Vellini voulait montrer à Ryno, lui dit-elle, une espèce de caverne qui pourrait servir d'abri à de mystérieux rendez-vous. Elle l'avait découverte dans ses promenades solitaires. Cette caverne, du reste, était très-célèbre dans le pays et gardée par de singulières superstitions. On l'appelait *le Tombeau du Diable!* et l'on disait *qu'il y revenait.* Là, un jour lointain du temps passé, le diable s'était battu avec saint Georges, racontaient les vieilles du rivage. Le grand Saint

l'avait terrassé sous son cheval de guerre et
l'avait atteint d'une blessure immortelle contre
un de ces rocs entr'ouverts. Après le combat,
saint Georges était allé, avant de remonter au
ciel, planter sa lance sur le tertre, où l'on a
bâti l'église qui porte son nom. Les antiques
légendaires qui racontaient ces choses montraient à leurs enfants des marbrures rougeâtres
qui sillonnaient la pierre bleue du rocher,
comme une incrustation du sang du démon,
indélébile aux pluies du ciel et à la main des
siècles. Vellini était venue plusieurs fois s'asseoir sur une des tables de ce roc, qui avait
l'air d'un tombeau, et elle avait pénétré par
une crevasse, à moitié cachée par les blocs
dressés alentour, dans une espèce de souterrain
où l'on n'arrivait qu'en rampant, mais où, une
fois entré, on pouvait se tenir debout et largement circuler. Il est probable que bien des
contrebandiers des environs avaient empilé là
plus d'un baril de rhum et plus d'une caisse
de foulards anglais. Des gouttes de jour y
tombaient par des meurtrières naturelles, trouées
dans la pierre, et les bruits du dehors, réduits
comme la lumière, y filtraient, diminués comme
elle. Jamais antre ne fut mieux destiné, par le
jeu des terrains, à cacher des desseins coupables ou des bonheurs persécutés que ne l'était
ce *Tombeau du Diable* (comme on l'appelait) et

que Satan, dont il était le sarcophage, offrait, comme un refuge, à ses favoris parmi les vivants. Vellini y conduisit Ryno. On voyait dans ce souterrain un vieux banc vermoulu qui indiquait, par sa présence, que ce lieu solitaire et abandonné avait été hanté et presque habité autrefois. Indépendamment des contrebandiers, familiers à cette côte, peut-être avait-il servi à cacher entre deux marées, lorsque tout l'Ouest s'insurgea, quelques-uns de ces agents des Princes qui correspondaient avec les Chouans, comme ce Quintal, par exemple, cet homme héroïque de Saint-Sauveur-le-Vicomte, qui menait seul une barque de Port-Bail à Jersey et courait la poste avec une rame et un fusil, à travers les écueils d'une mer, féconde en naufrages, pour le service du roi de France; Quintal de nom, disaient ses compatriotes, mais aussi Quintal de fer, sous la peau d'un homme[1]. Ryno et Vellini s'assirent sur ce banc oublié,

---

1. Ce Quintal, qui a écrit son nom dans la mémoire d'hommes qui ne sont déjà plus, est tombé fusillé sur la place de Grève, percé des balles jacobines de Bonaparte, mâchées par Fouché. Comme M. de Frotté, comme Cadoudal, comme M. d'Aché, trahi, dit-on, par la belle et infâme Mme de Vaubadon, comme des centaines d'autres, tombés méconnus dans le nuage de poudre des partis qui s'est étendu sur l'histoire autant que sur les bruyères, maintenant sereines, des campagnes où l'on combattit, Quintal est un de ces hommes, obscurs et grands, dont la

qui avait vu sans doute, à quelque soir, sur ces planches tremblantes et verdies, plus d'une belle fille de douanier, entraînée par un fraudeur amoureux, qui, ce soir-là, faisait deux fois la fraude, en faisant l'amour avec elle. Aujourd'hui, il s'y asseyait un couple, encore mieux approprié au caractère de cette grotte presque inaccessible, retirée, noire, profonde, si bien créée pour jeter son ombre dans l'abîme de deux cœurs, vides des jeunes sensations de l'amour, mais pleins du ferment des souvenirs et de leur redoutable ivresse.

« Ryno, dit Vellini avec un sourire qui cachait dans sa gaîté une tristesse, voilà notre boudoir à présent! C'est ici qu'il faudra nous voir désormais. Tu ne peux plus revenir au Bas-Hamet. Tu éveillerais les soupçons jaloux d'Hermangarde. Or, plus que jamais, puisque nous l'avons rendue malheureuse, nous devons lui épargner des douleurs. Cariño, c'est ici que

---

gloire de deux jours n'a pas payé la vie. Ces Chouans, qui avaient dans leurs rangs plus d'un Redgauntlet digne du pinceau d'un Walter Scott normand ou breton; ces aigles de nuit qui se ralliaient au cri des chouettes, attendent encore leur historien ou leur romancier. Nous avons déjà commencé de le devenir (voir notre *Ensorcelée* et notre *Chevalier Des Touches*) et nous continuerons de retracer une des époques de l'histoire moderne qui devrait le plus inspirer l'imagination des conteurs.

(*Note de l'auteur.*)

je viendrai t'attendre, tous les jours, à cette heure. Tu viendras ou tu ne viendras pas, mais moi, je viendrai sans manquer jamais. Je suis libre comme l'air et la vague ; je suis libre de tout... excepté de toi. Tu n'as pas, toi, cette indépendance. Tu as la main liée à une autre main que celle de Vellini. Tu ne pourrais venir ici, tous les jours, comme moi, Ryno, et aux mêmes heures, sans bourreler d'inquiétudes le cœur de ta femme. Tu l'aimes encore ; moi, tu ne m'aimes plus ! Elle doit m'être souvent préférée. Mais quand les indestructibles souvenirs de notre vie et la clameur du sang mêlé dans nos poitrines te pousseront vers la Vellini, monte ici, Ryno, tu l'y trouveras dans l'attente, avec ta pensée fixe au cœur, cachant dans les entrailles de la terre ce qu'on voit trop quand on ne le cache que dans des entrailles de chair et de sang ! »

Elle dit cela avec une énergie si vibrante, et en lançant de tels regards aux stalactites de ces murs de roche que Ryno, qui l'avait vue si douce sur la mer, toujours emporté par ces éternels contrastes, l'attira vers lui avec un sentiment indompté. « O escarboucle de ma caverne, s'écria-t-il avec poésie, oui, je viendrai ici m'asseoir près de toi ! Tu me consoleras d'avoir blessé l'amour d'Hermangarde. Les jours qui vont couler maintenant entre elle et moi seront bien tristes. Je la connais. Elle m'aimerait encore davantage qu'elle ne s'abandonnerait plus à moi. L'amour blessé se traînera longtemps sur les débris d'une intimité détruite. Ce ne sera pas comme nous, Vellini, chez qui l'intimité n'a pu mourir, même après l'amour ! Ah ! oui, je viendrai. Mon beau diamant noir, rentré dans sa gangue, je t'en ferai sortir, pour contempler nos dix ans de vie entrelacée, dans le sombre miroir de tes feux ! »

Ils se levèrent après ces promesses et regagnèrent l'entrée de cette grotte circulaire, car Ryno ne voulait pas être longtemps absent du manoir. Quand ils sortirent de ces obscurités souterraines et qu'ils sentirent le grand air autour de leurs têtes, il était une heure après midi. Le temps se maintenait tranquille, frais et clair. La mer roulait ses nappes d'écume sous la falaise, mais brillait, au loin, d'un éclat doux, semblable à de l'acier damasquiné. La chaloupe, qui les avait déposés derrière les brisants, pêchait toujours, en tirant vers Portbail. On l'apercevait comme un point mobile, frissonnant dans ses voiles gracieuses, comme une mouette dans ses plumes, hérissées par le vent. Ils parlaient entre eux, se croyant toujours seuls, quand ils surprirent assise sur le *Tombeau du Diable* une personne qui était venue là pendant qu'ils étaient descendus dans le souterrain. C'était ce vieux mendiant de Sortôville-en-Beaumont, qui, un soir, au bord du feu allumé dans les mielles, pour radouber le brick espagnol, avait raconté, devant Vellini, l'histoire de la Blanche Caroline. Il revenait de sa tournée dans les communes voisines, et, fatigué, il reprenait haleine un instant. Sa gaule ferrée, qu'il portait contre les chiens, car les hommes n'attaquent pas les pauvres, et pour sauter les fossés pleins d'eau, était près de lui. Il avait dénoué les cordes qui tenaient son bissac et il dînait avec des croûtes données par les fermiers des environs. Courbé sous son chapeau rougi par les intempéries et dont les larges bords ressemblaient à la couverture d'un four à chaux, il se livrait au plaisir animal de manger, avec le recueillement d'une créature solitaire. Espèce de Saturne, vieux, aveugle et sourd à ce monde extérieur étalé devant lui, il dévorait un pain aussi dur que les pierres, en face de cette magnifique nature qui ne disait rien à son âme. Il était un des habitués du samedi, au manoir. Ryno, qui craignait peut-être quelque commérage de cuisine de la part de ce mendiant, vida sa bourse dans le chapeau qu'il lui tendit.

« Que le bon Dieu et la sainte Vierge, et tous les saints du Paradis, vous bénissent, monsieur de Marigny! lui dit-il de sa voix traînante. Vous êtes le père des pauvres gens. »

Il jeta à Vellini un regard oblique et rusé, un regard de paysan Bas-Normand, qui comprend tout et qui n'a l'air de se douter de rien. « V'là biau temps pour les biens de la terre! fit-il avec cette familiarité des hommes primitifs qui parlent sans qu'on les interroge, et biau temps pour la pêche *itou!* J'gagerais que les pêcheurs de d'là, ajouta-il en montrant la voile qui labourait cette mer écaillée d'argent comme un dos de poisson au soleil, auront pris ben des douzaines de *raitons*[1] avant que l'Angelus ait sonné à la cloche de Barneville.

— Est-ce que vous y retournez aujourd'hui, bonhomme? lui dit Marigny pour ne pas laisser son observation sans réponse, car ne rien dire paraît à ces hommes simples le dernier mépris de la fierté.

— Vère! répondit le porte-besace. Et j'vas même plus loin. J'vas jusqu'au Prieuré de la Taille, chez les Hallot. Faut qu'j'me dépêche, car ils ferment la grange à bonne heure et si j'n'arrive pas à la tombée de la brune, i' faudra qu'j'aille jusqu'au moulin. Et en disant cela, il

1. Dans le patois du pays, synonyme de petite raie — une raie maigre, étroite, aux arêtes malléables et dont le foie est excellent.

(*Note de l'auteur.*)

chargea son bissac, enflé comme une outre, sur son dos encore robuste. M'est avis, reprit-il, qu'il est temps de tirer ses grégues, *ma finguette!* car la mer sera haute, c'te relevée, et le pont de Carteret avant deux heures sera sous l'iau. »

Ryno regarda Vellini. « Je te comprends, dit-elle, dans cette harmonieuse langue de sa patrie qui mettait entre eux et les autres un voile sonore. Il faut retourner aux Rivières et la route me manquerait si je tardais. A demain donc ! à après-demain ! à tous les jours, mon pauvre Ryno ! ce ne sera jamais Vellini qui sera la dernière à nos mystérieux rendez-vous.

« Je m'en vais avec vous, bonhomme, dit-elle au Traîne-sacoche, avec cette simplicité hardie, le plus beau joyau de sa nature sincère. J'ai affaire au Bas-Hamet et j'irai jusque sous le chemin de Barneville avec vous.

— Alors, si c'est comm'cha, partons, ma p'tite dame ! fit le vagabond qui n'avait jamais eu un pareil camarade de route, depuis qu'il rôdait, de porte en porte, dans ces parages. D'ici le Bas-Hamet, il y a un bon bout pour vos petits pieds, et l'on ne d'valle pas dans les sables mouvants des mielles aussi aisément que sur le pavé de la grande allée d'une église. Il se fait temps de filer notre nœud. »

Et ils partirent, l'un avec l'autre, comme s'ils

s'étaient toujours connus. Ryno les vit descendre la falaise et suivit de l'œil jusque sous les maisons de Carteret la longue vareuse[1] de toile du mendiant et le mantelet de ratine de Vellini. Ils s'en allaient lentement en causant, tous les deux. Ryno ne pouvait s'empêcher d'admirer la souplesse de cette Vellini, qui frayait si vite avec un mendiant Bas-Normand comme elle l'eût fait avec la plus brillante société de France ou d'Espagne. Lui, qui avait eu l'expérience des charmes divers de tant de femmes, il sentait que même l'âme la plus assouvie ne pouvait se blaser de celle-là. A chaque instant, elle trahissait des saveurs inconnues, des aromes qu'on n'avait pas encore respirés. C'était bien vraiment la maîtresse qui résumait, comme l'avait dit un certain soir Mme de Flers, tout un sérail dans sa personne. Sang mêlé de Goth et de Sarrazin, née dans les Alcazars, mais vivant sans effort avec les poissonniers et les mendiants, tant elle avait été marquée du regard de la Bohémienne que sa mère avait assistée un dimanche, en sortant des vêpres, sous le porche sombre de la vieille église de Malaga !

1. C'est le nom que les paysans du Cotentin donnent à la blouse. *(Note de l'auteur.)*

XVI

Pour l'autre, il n'y a pas de dénouement.

UAND Marigny rentra au manoir, Hermangarde était, depuis quelque temps, revenue de l'église. Les heures qu'elle y avait passées avaient eu pour elle un caractère de solennité, imposant et triste. N'y avait-elle pas célébré, à elle seule, les funérailles de son bonheur ? Elle avait écouté la messe ; puis elle était allée s'agenouiller devant ce simple autel de la Vierge, à la quenouille ornée de rubans par les jeunes filles de la contrée ; et là, sous les légers vaisseaux d'ivoire ou de bois peint, *ex voto* des matelots sauvés du naufrage et suspendus à la voûte de cette église de la côte, elle avait offert à la Mère de Dieu les débris du sien, ses souffrances d'épouse et la perte d'un enfant qui ne serait jamais remplacé. C'était la première fois depuis son ma-

riage qu'elle priait avec cette ferveur, car son
bonheur dont elle était bien punie, avait dévoré dans son âme la place qu'elle y devait à
Dieu. Malgré la peine qui l'accablait, elle
éprouva pourtant les influences de cette prière
que le cœur lance vers Dieu, comme une
flamme, et qu'il fait retomber sur le cœur,
comme un apaisement. Elle ne fut pas consolée, mais elle devint un peu plus forte. Elle
supporta mieux l'aspect de cette maison, théâtre
de la félicité domestique la plus grande qui ait
jamais existé et dont tous les objets lui rappelaient, avec une éloquence désolée et muette,
le bonheur qu'elle avait perdu.

Après sa mère dans le ciel, elle pensa à sa
mère sur la terre; et elle se mit en attendant
Ryno à écrire à la marquise de Flers. Pendant
tout le temps qu'elle avait été si malade, c'était
Ryno qui avait envoyé des nouvelles de Carteret à Paris. Ses lettres n'étaient que de
simples bulletins de la santé de sa femme,
tracés à la hâte au bord de son lit, et nuancés
de tendresses et d'inquiétudes. Hermangarde
pensa qu'une lettre d'elle après toutes celles-là paraîtrait bien douce à la marquise, et lui
attesterait, par sa longueur même, que son enfant était guérie. « Pauvre grand'mère, murmurait-elle, les yeux baignés de ces éternelles
larmes que l'on croit toujours les dernières et

qui ne le sont jamais, vous ne vous doutez point de là-bas que le bonheur, créé par vous à votre fille, n'existe plus ! » Et elle prit le portrait en médaillon qu'elle portait de cette reine des grand'mères, et elle le baisa avec une sainte ardeur de respect et de désespoir. Allait-elle lui écrire les événements qui l'avaient frappée ? Ressentait-elle avec une puissance, augmentée de la certitude de son malheur, le besoin de confiance qui l'avait tant de fois poussée à tout révéler à sa grand'mère et à se faire essuyer ses larmes par cette vieille main qui l'avait bercée et qui l'avait bénie ? Ah ! le besoin de se confier, le besoin de mettre sa tête sur une autre poitrine quand on souffre, elle le sentait avec une énergie qui augmentait son malheur, car elle avait résolu d'y résister jusqu'à la fin. « O ma mère, disait-elle intérieurement, en regardant un buste de cette jeune Antoinette de Flers, comtesse de Polastron, posé sur une encoignure de salon, et couvert d'un crêpe noir que la marquise n'avait pas soulevé depuis la mort prématurée de sa fille, ô ma mère, je vous ai coûté la vie par ma naissance, mais je ne la coûterai pas à celle qui vous a remplacée, en lui apprenant que le bonheur de sa fille est détruit. Priez Dieu de me donner la force de me taire avec mon unique amie, ici-bas ! » Et dans l'exaltation de sa pensée de sacrifice, elle alla soulever le voile noir qui couvrait le buste impassible, et elle embrassa l'argile inerte, comme elle avait embrassé déjà l'ivoire de son médaillon. Elle s'appuyait sur ses affections pour résister à ses affections ! Les cris du cœur étouffés, elle revint à sa table à écrire, comme une Trappistine revient de l'autel, après avoir prêté son vœu de silence, et son noble cœur gouverna tellement sa main dans cette lettre, imbibée de tendresse, que la marquise put croire encore que son chef-d'œuvre de bonheur durait toujours.

Elle n'avait pas fini sa lettre lorsque son mari rentra. D'ordinaire, quand il rentrait au logis, cet homme aimé, elle allait à lui avec l'élan de son âme ravie et elle présentait à ses lèvres ce beau front, soumis au superbe, comme si c'avait été la coupe de l'hospitalité de l'Amour ! Quand il parut, elle se leva d'un mouvement alangui et lui offrit, avec une grâce chaste et triste, ses longues bandeaux d'or à baiser. Il y avait, dans cet abandon, un parti pris si résigné et si fier ! Avec sa robe de couleur violette, cette pourpre éteinte dans laquelle les reines portent leur deuil (n'était-elle pas une reine en deuil et la pourpre de l'amour meurtri n'expirait-elle pas dans le noir des douleurs cachées ?...), elle avait une expression de souffrance discrète et d'amour dompté si auguste, que Ryno l'embrassa comme il eût embrassé une sainte image. « J'écris à notre mère, lui dit-elle, et j'ai laissé une page blanche pour vous. » Avait-elle saisi en Ryno une inquiétude sur les confidences qu'elle pouvait faire à la marquise, et voulait-elle le rassurer en lui livrant sa lettre ouverte, sous prétexte d'y écrire la sienne ? Mais son exquise délicatesse fut trompée ; Ryno fut aussi délicat qu'elle. Il ne lut pas un mot de cette lettre dépliée sous son regard. Avait-il besoin de lire une syllabe pour être certain qu'elle savait se taire ? C'est si facile de mourir sans parler ! avait dit son délire. Son délire n'avait pas menti.

Mais ce magnifique silence, gardé avec la providence de toute sa vie, ce refoulement de toutes ses douleurs dans son âme, non-seulement mêlait une admiration attendrie à l'amour que Marigny avait pour elle, mais soulevait en lui les nobles scrupules du devoir. « S'il est beau à elle, pensait-il, d'épargner la tranquillité des derniers jours de sa grand'mère, et en se privant de l'amère douceur de la plainte, de ne pas accuser un mari coupable, est-il grand, à moi qui ai les torts, d'imiter son silence et de rester, après l'avoir trompée, trompant la marquise qui a eu pour moi une affection si confiante ? Je l'aime toujours, elle, Hermangarde ;

mais après ce qu'elle a surpris, peut-elle vraiment se croire aimée ? Elle qui touche à peine à la jeunesse, comprendrait-elle que je pusse l'aimer et cependant garder dans mon âme ces foudroyantes influences de dix ans passés avec Vellini ?... Absolue comme on est quand on est très-jeune ; fière, pure et jalouse, elle ne comprendrait rien à ce mal enflammé du souvenir dont je suis la victime. Si je lui parlais de mes sentiments, elle attribuerait peut-être mes paroles les plus sincères à quelque égarement indigne d'elle, et dont elle se détournerait, en baissant les yeux. Non, avec elle, son silence doit dicter mon silence. Mais avec la marquise, cette femme unique, qui comprend tout et qui connaît déjà ma vie, dois-je rester lâchement silencieux ?... Ne lui dois-je pas ma confession tout entière, moi qui lui en ai dit déjà la moitié ?... » Et il roulait incessamment dans son esprit de telles pensées. Ce qui le faisait hésiter encore, c'était de causer à une femme d'un si grand âge un chagrin tel qu'elle pourrait bien en mourir. Mais il se rassurait en pensant à la souple force de cet esprit, brisé par toutes les expériences de la vie ; à cette sagesse des vieillards qui empêche les blessures morales d'être mortelles, comme la sagesse des jeunes gens empêche les blessures physiques de les faire périr.

Les jours qui s'écoulèrent irritèrent davantage ce désir de dire tout à la marquise. Ils furent muets, renfermés, contraints. Ils traçaient entre Hermangarde et lui à peu près leur sillon accoutumé ; mais sous ce pli, visible seulement aux surfaces, il y avait des changements profonds, toute une dévastation d'intimité. Ils en souffraient cruellement tous deux. Épris comme ils l'étaient, mais comprimant en eux les sentiments qu'ils s'inspiraient, ils épuisèrent leurs forces dans ce tête-à-tête contenu et embrâsé. Parfois, quand Ryno avait passé plusieurs heures auprès de cette femme si belle et si douce, si grave et si contenue, sur cette causeuse où ils avaient vécu dans l'abandon des plus tendres familiarités, le désir de rompre cette glace, l'amour, la pitié, le repentir, tout le poussait à la prendre dans ses bras et à lui dévoiler le fond de son cœur... mais la pensée qu'elle ne le croirait pas, l'arrêtait. Jamais pourtant, c'était bien vrai, il ne l'avait autant aimée. Jamais il ne l'avait vue aussi touchante que sous la calme et pâle acceptation du malheur... Cet amour sans confiance, cette vie qui ne demandait qu'à se répandre et qu'il fallait comprimer, engendraient, pour lui encore plus que pour elle, des amertumes sans cesse dévorées et sans cesse renaissantes... Il s'en plaignait un soir à Vellini. Avec celle-là, du moins, il

pouvait montrer la pensée dont il étouffait !
Elle le soulageait en l'écoutant. Ainsi, lien sur
lien dans leur destinée ! Vellini n'était pas
seulement la femme de son passé ; la vieille
maîtresse, régnant, comme les rois de droit
divin, en vertu des traditions et du souvenir ;
le génie des ruines de sa jeunesse ; elle était
aussi la femme avec laquelle il pouvait être
franc ; à laquelle il pouvait tout dire ; près de
qui il se dilatait dans la confiance quand il
n'en pouvait plus... quand la main qui étreignait son cœur était lasse et qu'il avait besoin
de respirer !

« Oui, Vellini, lui disait-il un soir dans
cette caverne qui abritait leurs entrevues, oui,
Vellini, cette vie sans abandon, sans vérité,
m'est insupportable. Mon courage est à bout...
j'étouffe. Le front de ton Ryno n'a pas été
fait pour tenir sous un masque. Un de ces
jours, je le sens, le masque ou le front éclatera. »

Le jour expirait dans le crépuscule. Elle
avait allumé sous la voûte du noir souterrain,
une de ces torches de résine semblables à celles
que les pêcheurs penchent la nuit au bord de
leurs barques, pour tromper le poisson qu'ils
pêchent. Elle le regardait à cette lueur rougeâtre... La pitié ne respirait pas en elle, à
l'aspect de son ancien amant malheureux, mais

l'attention froide, profonde, inflexible. Elle étudiait le visage altéré de Ryno, comme le chirurgien étudie les dernières crispations des fibres, avant qu'elles cessent de tressaillir.

On le sait, elle avait sa conviction exaltée, que l'amour de Marigny pour Hermangarde n'aurait qu'un temps, et elle se demandait si ces douleurs en étaient, alors, les dernières phases?

« Tu l'aimes donc toujours, puisque tu souffres ainsi? lui dit-elle de sa voix basse et étendue.

— Je ne l'ai jamais plus aimée! dit Ryno, avec une mélancolie passionnée. Ni sa froideur, ni le sentiment de mes torts, ni l'ivresse puisée sur ton sein, Vellini, ni cette intimité de dix ans, refaite par nous en secret, sur cette côte perdue, et qui devrait être, n'est-ce pas? une diversion puissante à cet amour que je sens pour elle, n'ont pu l'affaiblir dans mon cœur. Je l'aime autant que si elle était la jeune fille d'il y a quinze mois! que dis-je? je l'aime davantage. Ce que j'éprouve auprès de toi, Vellini, ne ressemble en rien à ce que je sens près d'elle. Vous n'êtes rivales que de nom. Toi, tu es un de ces êtres qu'on ne sait comment nommer, un inexplicable pouvoir fait avec les débris d'un amour détruit, qui, à certains jours, se mettent à reflamber comme des laves mal éteintes. Mais elle, Vellini, c'est l'amour même avec ses voluptés et ses souffrances. Le bonheur qu'elle m'a donné, j'en ai soif toujours. Je n'en ai pas perdu le goût, même sur tes lèvres rouges quand je les ai touchées des miennes, ô mon brasier! Tu ne m'as rien fait oublier d'elle. Le sentiment de son amour blessé m'interdit le bonheur dans ses bras, mais cette fierté la rend plus noble à mes yeux, comme elle la rend plus belle. Elle augmente tous les désirs de mon amour. Vivre près d'elle, comme j'y vis maintenant, dans tous les détails de la vie domestique et ne pas oser lui montrer, à cette femme qui est à moi pourtant, qui est ma femme aux yeux de Dieu et des hommes, au nom de tout ce qu'il y a de plus sacré dans les sentiments et dans les lois; ne pas oser lui montrer ce qu'elle est pour moi, rester avec le poids de mon âme, lié de respect à ses pieds et mourir à chaque instant de ce supplice, ah! voilà ce que tu ne comprendras pas, Vellini, toi qui fais toujours ce que tu veux; toi qui n'as jamais résisté bien longtemps à ton impétueuse nature; mais sache-le de moi, c'est bien cruel!»

Son angoisse était si sincère, qu'ils restèrent tous deux en silence, lui ne parlant plus, elle écoutant toujours... On n'entendait que le vent qui sifflait par les meurtrières de la roche et le pétillement de la résine qui brûlait... Ryno, à moitié affaissé sur le banc où elle était assise, avait, avec les nonchalances d'une âme lassée, posé sa tête sur les genoux de cette ancienne maîtresse, qui le consolait en l'écoutant. Singulière confidence d'un amour qui n'était pas pour elle ! Elle lui coulait l'extrémité de ses doigts fins le long des tempes, comme si elle eût voulu magnétiser sa douleur. Elle comprenait bien qu'il souffrît, mais elle ne comprenait pas ces deux délicatesses de fierté invincible, qui se plaçaient entre Marigny et sa femme comme un mur de cristal, imperceptible, mais résistant. Femme exclusive qui avait les yeux de l'âme brûlés par l'amour, comme il y a des yeux de chair brûlés par la flamme ; créature obtuse qui n'admettait pas qu'il y eût dans l'âme humaine quelque chose qui dût l'emporter sur l'amour.

Aussi se tenait-elle muette, étonnée, regardant la tête de Ryno sur ses genoux ; les yeux couverts par les franges noires de ses paupières ; cachant dans l'ombre descendante de son front projeté en avant le sourire de je ne sais quel mépris, errant à ses lèvres, à ses lèvres labourées par tant de baisers, et sur lesquelles rien n'avait jamais étincelé que l'amour et que la colère. Penchée comme elle l'était sur Ryno, elle le couvrait tout entier de

son corps incliné, en le regardant. Lui, la
voyait de bas en haut, à la lueur fumeuse de
la torche qui donnait aux lignes de son buste
les tremblements incertains d'une apparition.
La vue attachée à la sienne, comme deux cou-
rants qui plongent l'un dans l'autre ; magnétisé
par ces doigts qui promenaient leur toucher à
la racine de ses cheveux, Marigny sentit bientôt ses nerfs agacés se détendre, et tout son
être s'en aller dans une torpeur indicible. Des
lueurs bleues, comme les vibrations de la
lumière des étoiles, jouèrent devant ses yeux
alanguis, comme si elles fussent tombées des
regards fascinants de Vellini. Des sons vagues
tintèrent dans sa tête et dans ses oreilles,
comme s'il eût perçu à travers le silence les
oscillations de l'éther. Malgré le froid de la
grotte, une chaleur moite, subtile, énervante,
l'enveloppa en le pénétrant. Venait-elle des
genoux qui servaient d'oreiller à sa tête accablée ? Il ne le savait pas, il ne se le demandait
pas ; mais il souffrait moins, le corps sur les
genoux de cette femme dont l'âme ne ressemblait pas à une autre âme. Il lui sembla qu'elle
ralentissait les palpitations de son cœur. Elle
endormait peu à peu la douleur morale sous
de profonds aiguillons de volupté, semblables
aux frissons de la fièvre, quand elle commence
à nous venir. S'étonnait-il de cela ?... Impuis-

sante à consoler autrement que comme les parfums et les breuvages, cette femme, ce souffle plutôt qu'une âme, enivrait la souffrance avec les ondulations de son haleine, l'aimant constellé de ses yeux, la peau titillante de ses mains. Ce qu'on raconte de la baguette des fées qui épanche des rayons enchantés sur ceux qu'elle touche ou qu'elle doue ; ce qu'on dit des philtres des magiciennes, elle le justifiait, elle aurait pu le faire croire ; et lui qui le sentait, lui dont elle fomentait les blessures au cœur avec les attouchements ailés de ses mains éparses et transfondant à tous les réseaux de ses veines des flots de vivante électricité, il ne put s'empêcher, dans les hallucinations de son être, de penser à ces créatures surnaturelles dont les incantations étaient autrefois si puissantes, à ces philtres dont elle lui avait sans cesse parlé depuis dix ans avec d'incorrigibles superstitions qu'il n'avait pu vaincre, et il lui dit avec la fièvre qu'elle allumait en lui par la fièvre :

« O Vellini, magicienne de ma vie, je crois parfois, quand je suis avec toi, qu'il y a des philtres pour endormir ce que le cœur souffre. Ah ! s'il y en avait, ma charmeresse, comme je te dirais de m'en verser !

— Oui, il y en a, » répondit-elle, heureuse de voir Ryno partager pour un instant les folles croyances dont il avait toujours souri.

Mon Dieu, le philtre, c'était elle-même! et comme elle lui en avait versé les aromes dans ses intangibles caresses, elle lui en versa bientôt l'essence dans ces étreintes qui fondent deux corps comme deux liquides qui se pénètrent. Ils restèrent longtemps à l'épuiser. La torche s'était consumée...

Ryno, presque évanoui sous des sensations qui semblaient lui avoir enlevé son âme sans le faire souffrir, reprit le sentiment de l'existence au contact de quelque chose d'humide et de chaud, qui coula sur son front et sur ses lèvres, et que l'air de la grotte froidit et sécha... Ils étaient comme perdus dans cette obscurité profonde. Quand ils en sortirent, la nuit avançait, noire, mais belle comme la fille du Cantique des cantiques. La mer s'entendait sans qu'on la vît, et les dunes des grèves dessinaient à peine dans les airs assombris une ligne sinueuse entre le sable et le ciel à l'horizon.

C'était une de ces bonnes nuits que bénissent (s'ils bénissent quelque chose) les contrebandiers de ces rivages. Protégés par d'épaisses ténèbres, Ryno et Vellini descendirent ensemble cette falaise que d'ordinaire ils redescendaient séparés. Marigny conduisit la Malagaise jusqu'au petit Pont; et la prenant dans ses bras, cette femme intrépide qui traversait pour lui une lieue de grève sous la garde de son poignard et de son intrépidité, il l'embrassa une fois encore avec le sentiment d'un homme qui s'est interrompu de souffrir et qui va reprendre sa douleur. Il s'en revint au manoir, à pas lents, écoutant de loin la Vellini, qui chantait, en gagnant les Rivières, la vieille romance espagnole :

> Yo me era Mora Morayma
> Morilla d'un bel catar, etc.

La voix s'éloignait et se veloutait, tout en s'éloignant. Mais elle était si vibrante et d'une si mâle gravité, qu'elle résonnait dans l'étendue, comme si les sables mous des mielles avaient été des pavés de marbre retentissants. Paroles, air, voix, expression, tout était nouveau pour ces rivages qui n'avaient jamais entendu de chant pareil. Ryno l'écoutait encore en montant le perron du manoir, et les derniers accents en frémissaient à ses oreilles lorsqu'il entra dans le salon où se tenait sa femme, trop convalescente pour sortir chaque fois que son mari sortait ; craignant d'ailleurs d'être importune ; soupçonnant qu'il retournait de temps en temps au Bas-Hamet revoir cette femme, sortie elle ne savait d'où, et que le vieux Griffon appelait la *Mauricaude des Ri-*

vières, Hermangarde était restée au coin du feu à terminer la tapisserie d'un fauteuil qu'elle destinait à sa grand'mère. Ryno entra doucement dans le salon où elle était seule, endormant le bruit de ses pas sur l'épaisseur du tapis, mais elle n'avait pas besoin de lever la tête pour bien savoir qu'il était là.

« Enfin, vous voilà ! lui dit-elle, et ne voulant pas faire de cet *enfin* un reproche, elle ajouta de ce ton simple qu'elle mettait par dessus ses peines : je vous attendais pour le thé. »

Deux tasses de porcelaine rose diaphane étaient en effet sur la table. En disant ces mots, elle leva les yeux vers lui avec un suave, mais triste sourire, et ce sourire ne s'acheva pas... Une inexprimable épouvante la frappa d'une pâleur verte.

« O mon Dieu ! s'écria-t-elle, qu'y a-t-il ? Quel sang avez-vous au visage ?... Qui vous a blessé ?... » Et elle se jeta à lui, mais elle chancela.

Ce fut lui qui se jeta à elle. Il s'était vu dans la glace de la cheminée. Son visage, teint de sang séché, avait un aspect affreux.

C'était cela qu'il avait senti couler sur lui dans la grotte. Dernière folie de sa folle sauvage qui croyait au charme du sang pour expliquer la fidélité du cœur ! Lorsque, la tête sur ses genoux et dans des égarements qu'il se reprochait, il lui avait demandé des philtres, elle s'était coupé avec les dents quelque veine, pour lui en donner un qu'il connaissait, et dont la mystérieuse influence faisait tout oublier (excepté elle) à celui qui en avait bu.

XVII

La Sincérité inutile.

'INCIDENT qu'on vient de rapporter n'eut d'autre résultat que d'avoir ému violemment Hermangarde et donné à Marigny la douceur de la rassurer. « Je me serai déchiré, sans m'en apercevoir, à quelque branche de haie, lui dit-il, et le sang de cette égratignure se sera figé au souffle du soir. Le sang essuyé (et il l'essuya), il n'y paraîtra plus. » Non, il n'y paraissait plus à son visage, mais essuya-t-il l'impression qu'il avait causée à cette femme, pour qui toute sa vie actuelle devenait de plus en plus un mystère et chez qui il rentrait la nuit, masqué de sang comme un blessé ou comme un assassin ?... En vain voulut-elle regarder dans ses cheveux et s'attester que la blessure dont il parlait était fermée, il ne le permit point. Il en plaisanta avec légè-

reté, et elle, pour qui les moindres circonstances avaient des significations cruelles et qui craignait surtout de faire une indiscrétion de sa pitié, n'insista pas et se calma, comme elle put, en le regardant. Rentrée dans la solitude de son âme, elle ne connaissait plus, depuis quelque temps, que les excentricités de la vie de son mari, naguère encore si partagée. Elle savait qu'à côté de cette vie écoulée près d'elle, il y en avait une autre pour lui par delà ces murs qui les abritaient, sur cette côte trompeuse, qu'elle avait cru longtemps une terre amie, où elle avait planté six mois d'un bonheur incomparable, mais qui était mort là, sur pied, comme il serait mort à Paris. Tout ce qu'elle avait entrevu, tout ce qu'elle avait surpris de cette existence, à part d'elle, et du jour où le premier doute sur la fidélité de Ryno lui avait mordu le cœur, avait un vague, un inconnu qui asservissait son imagination terrifiée par l'affreuse idée que Ryno était infidèle.

Hélas ! chaque jour, il l'était davantage. Et chose horrible, mais vraie, et qui doit peut-être éclairer par un côté les contradictions dont est bâti le cœur de l'homme ! il l'était en aimant Hermangarde d'un amour attisé par le sentiment de ses torts. Ah ! quand on n'est que malheureux, une morne paix peut encore régner sur les charbons éteints de nos félicités fumantes ;

mais quand on est coupable, il n'y a plus de paix possible et le cœur se frappe comme un scorpion, recourbé sur lui-même, qui ne saurait, en se frappant, se faire mourir ! Ryno connaissait cette concentration furieuse et vaine. Il comprenait, par les déchirements de son être, ce que les Livres saints racontent des âmes possédées. N'était-il pas la possession disputée de deux sentiments contraires, qui luttaient en lui et se terrassaient tour à tour? Auprès d'Hermangarde, en effet, ce lys royal au cœur d'or dans son suave calice de neige, il avait des aspirations d'amour jeune et vrai, redoublé par le souvenir des plus exquises jouissances ; mais ces aspirations ressemblaient à celles de l'oiseau dans le vide, car la fierté de l'amour trahi d'Hermangarde avait créé le vide autour d'eux, et auprès de Vellini, ce pavot sombre au cœur brûlé, qui lui versait le lourd sommeil après l'ivresse, comme un néant libérateur, il trouvait un brûlant apaisement à ses désirs d'une intimité perdue, à ces soifs des lèvres d'une femme, à cette convoitise d'étreintes qui le saisissait devant ce beau corsage fermé d'Hermangarde, tant de fois ouvert et pressé sur son cœur, et qu'il fallait regarder maintenant avec le sentiment d'un homme à qui on a coupé les bras et dont le tronc mutilé bouillonnerait de passion et de volonté impuissante !

C'est pour cela qu'il allait incessamment à ces deux femmes, affamé d'intimité, de confiance, de tendresse, quand il se rejetait à l'une qui n'était, hélas ! que le Souvenir et qui le renvoyait, gorgé de caresses, engourdi de sensations, vers l'autre qui était l'Amour et dont la simple vue renouvelait son être et ravivait tous ses sentiments douloureux. Martyr et sybarite tout ensemble, il avait la conscience que les meilleures choses de la vie, dignité, caractère, intelligence, facultés de bonheur, puissances du devoir, étaient broyées sous la double meule de pressoir de cette volupté insuffisante et nécessaire et de cette torture retrouvée toujours au sein de cette épaisse volupté. Il était mécontent de lui comme toutes les âmes qui se jugent et ne se domptent pas. Sa raison se forcenait dans le harnais de ces passions terribles qui nous sanglent le cœur et qu'il ne rompt qu'au risque même de s'éclater. Ah ! l'âme de l'homme n'est pas achevée ; c'est l'ébauche d'une tête de Dieu, sortie de la gaîne monstrueuse de quelque blöc abandonné ! Elle traîne toujours après elle, comme la croupe musclée du lion de Milton se détirant dans sa fange, les empêtrements du chaos. Ryno le sentait. Il admettait de plus en plus que sa conduite de cœur avec sa femme était déshonorante, et pourtant il s'arrêtait court quand les instincts de sincérité le poussaient aux pieds d'Hermangarde. L'idée qui émergeait de ses préoccupations, que cette sainte créature allait se cabrer devant lui, comme devant un traître, comme devant une foi mentie en amour, quand il serait vrai comme Dieu même, en lui disant qu'il n'aimait qu'elle, faisait alors cabrer aussi toutes ses fiertés... Et semblable au cheval hérissé qui a flairé le précipice, il s'écartait et se renfonçait dans les grèves, du côté de la Vellini !... La conviction qu'il avait de n'être pas compris le reprenait, le reployait, le retordait, lui et ses pensées, comme un inextricable nœud de serpents. Dernière ressource de ceux qui souffrent ! il leva une empreinte de son âme. Il moula sa douleur dans un plâtre tourmenté comme elle, dans cette lettre qu'il avait tant hésité d'écrire à la marquise de Flers et qu'il écrivit à la fin, sous l'impulsion de ce besoin de confession, plus impérieux dans l'homme que le besoin de respirer. Écrite, cette lettre, avec des bonds et des rebondissements de plume et de cœur, pareils à ceux d'une chute d'eau qui tombe de pic en pic au fond d'un gouffre, il n'osa pas la relire. Il n'osa pas s'exposer une fois de plus à la vertigineuse vapeur qui s'élevait de toute cette écume de son cœur, précipitée et furibonde ; et il se demanda encore s'il y devait exposer la vieille tête affaiblie de l'héroïque amie qui lui avait donné sa fille, quand un de ces événements imperceptibles à l'œil nu de l'observation extérieure répondit à ses hésitations et détermina l'envoi de cette lettre, comme le tact du doigt d'un enfant détermine la chute d'un fruit mûr.

Il y avait quelques jours que Vellini, un peu souffrante, était restée au Bas-Hamet, et que Ryno, ce malheureux à qui il fallait de l'opium, n'avait senti les engourdissements de sa *Torpille,* comme il l'appelait. Il était allé la voir cependant. Mais il l'avait trouvée, fumant son *cigarro* dans son hamac, en proie à ce morne dégoût de toutes choses qui la prenait quelquefois ; jaune, ridée et affaissée, comme si un affreux sirocco avait pesé sur elle. Revenu auprès d'Hermangarde, l'Yseult aux blanches mains, toujours sereine comme la Résignation et d'une beauté inaltérée comme l'eau des sources, il avait mieux apprécié la différence qu'il y avait entre ces deux femmes. Ce soir-là, entraîné par l'amour qu'il avait pour la plus belle et la plus adorable des deux ; aimable, car il voulait lui plaire, il s'assit à ses côtés, comme si elle n'eût pas été sa femme, mais la jeune fille d'il y avait quinze mois, dont il eût attendu tout son destin. Inspiré par ces yeux d'azur qui lui étendaient tout un firmament dans son âme, il fut éloquent comme la passion vraie, séduisant comme la plus habile coquetterie. Il eut de ces mots charmants et profonds qui, comme le diamant, magnétisent et retiennent l'âme attirée dans les agrafes de leurs feux. Elle l'éprouva, elle le sentit trop fort ; elle vit qu'elle était fascinée. Elle eut peur, sans doute, du trouble qui se fit en elle, car elle lui mit sa main tremblante sur la bouche et lui dit d'une voix qui n'avait plus de timbre :

« Taisez-vous ! »

Il avait plongé ses lèvres dans la conque moite de cette main, posée sur la bouche altérée. Mais les titillations de ces muqueuses idolâtres dans les nerfs les plus subtils de la main donnèrent des sensations trop vives à cette femme qui vibrait tout entière, comme une harpe éolienne, au moindre souffle de Ryno. Elle retourna vite cette main, dont elle avait d'abord donné la paume et dont elle n'offrit plus que le dos aux lèvres de son mari ; voulant se soustraire à cette émotion qu'elle connaissait, à la toute-puissance d'un attouchement pratiqué dans leurs quarts d'heure de délire ! Ryno comprit ce simple mouvement, cette précaution contre elle-même, ce mur épais d'une main retournée qu'elle élevait entre elle et lui, et cela, oui, cela seul fit mieux sentir qu'il était isolé, rejeté dans l'immense isolement de son amour pour elle! et la lettre à la marquise de Flers partit le même soir.

« Que j'ai longtemps hésité avant de vous écrire! disait cette lettre, que j'ai eu de peine à accoutumer mon cœur à la pensée du chagrin que j'allais vous causer! Mais il le faut, l'honneur de mon sentiment pour vous l'exige. Vous saurez tout. Seulement, ma noble mère, tout n'est pas irréparable. Soyez calme, vous pouvez l'être. Lisez la ligne qui suit, pour avoir la force de continuer. J'aime toujours votre Hermangarde. Je l'aime plus peut-être que le jour où vous me l'avez donnée. Après cela, continuez! Le reste est étrange, prodigieux, maudit! mais je l'aime. Le bonheur pour vous, pour elle, pour moi, peut renaître. Il y a encore de l'espoir.

« Oui, laissez-moi vous répéter cette parole comme je me la répète à moi-même. J'aime Hermangarde. Mais j'ai aimé aussi une autre femme, et cette femme, vous la connaissez; je vous ai raconté ma vie avec elle. Je vous ai dit ses puissances, ses fascinations, ses ensorcellements. Je vous l'ai peinte, mais sans pouvoir vous la faire ressemblante, cette insaisissable chimère qu'il faudrait avoir vue; dans la vie de laquelle il faut avoir plongé le flot de sa vie pour en refléter éternellement les teintes érubescentes, pour en rapporter, contractés à jamais, l'éclat igné et le goût brûlant ! Vous, ma mère, qui savez la force des femmes, vous avez peut-être tremblé à ce que je vous ai dit de celle-là ! En vous parlant de Vellini, j'ai cru parfois que vous l'aviez admirée. Les hommes admirent bien ceux qui les foulent aux pieds ! pourquoi les femmes n'admireraient-elles pas encore davantage celles d'entre elles qui foulent aux pieds le cœur des hommes ? Eh bien ! marquise, ce qu'on pouvait craindre est arrivé. Ce que je voulais fuir en m'éloignant de Paris, m'a atteint. La vieille maîtresse de dix ans, la Vellini, quittée solennellement pour les pures et légitimes jouissances d'un mariage d'amour, s'est ennuyée de la solitude de son abandon accepté comme une délivrance, et m'a relancé jusqu'à Carteret.

« Ah ! c'est là une histoire bien simple ! une histoire que toutes les femmes savent par cœur. Revenir à celui qui vous a laissée, tenter de renouer des liens rompus, poursuivre l'être qui mourait de toutes les lassitudes de l'âme sur un cœur épuisé d'amour, le poursuivre parce qu'il ose aller vivre ailleurs, se régénérer, se rallumer par l'absence ; sentir les cendres qu'on croyait froides se soulever sous les pétillements d'un feu qui semblait éteint pour toujours ; éprouver en mille chocs électriques, reçus à la fois, la galvanisation d'un amour nouveau pour un autre, qui est une injure au passé, un outrage à la beauté perdue, une perpétuelle et impuissante jalousie; vouloir tout, ravoir dans un effort suprême; croire reconquérir, reprendre, ressusciter; jeter encore ce gant à la destinée avant de mourir; oui, c'est là une histoire connue et que vous avez vu, sans doute, plus d'une fois se répéter dans la longue expérience de votre vie? Mais écoutez-moi, ô ma mère, et dites-moi si vous l'avez vu se produire comme je vais vous la raconter?

« C'était le jour même de votre départ. Vous vous en alliez. Il semblait qu'avec vous s'en allait notre bon génie, le gardien fidèle d'un bonheur comme six mois de vie humaine n'en ont jamais donné à deux êtres qui se sont aimés... Non, il n'y avait pas trois heures que vous étiez partie que, dans ces campagnes, où vous nous laissiez l'un à l'autre, au sein d'une félicité créée et protégée par vous, je vis tout à coup Vellini passer comme un souvenir muet et obscur. J'avais votre Hermangarde près de moi. J'avais les yeux et le cœur pleins de cette tête sculptée à même la lumière et idéalisée par toutes les adorations de l'amour heureux. Et pourtant la vue de cet autre et sombre visage, de cette tête d'argile de Vellini, rongée par le temps, pétrie et déformée par mes mains, pendant dix ans de passion folle, me frappa au cœur d'une incroyable commotion ! Elle entra comme un trait vengeur dans l'immense oubli que j'avais fait d'elle, et semblable à l'éclair qui coupe un ciel tranquille, elle traversa d'un bord à l'autre toute mon âme et tout mon bonheur. Pourquoi vous cacherais-je quelque chose, marquise ? J'avais plusieurs fois reçu de ses lettres depuis mon mariage, et jamais je n'y avais répondu. Blessée peut-être de ce silence, ou plutôt non, pas même blessée, mais cédant à des pensées et à des souvenirs plus forts que les distractions de sa vie et les résistances de sa volonté, elle était venue voir si sa présence ne pourrait pas plus sur mon âme que les caractères tracés par sa main. Vous vous rappelez quelle était son indomptable foi en elle. Vous vous rappelez cette veine ouverte, un soir, et dans quelle source matérielle et sanglante elle avait pris la fanatique pensée que jamais nous ne serions désunis. Elle venait voir si tout cela n'était pas réellement la destinée, et si je pouvais l'éviter, moi, sur le cœur d'Hermangarde, quand elle, au milieu de sa vie dissipée, elle sentait qu'elle ne l'évitait pas ! Nulle mesquine jalousie, du reste, nul sentiment haineux ou bas, nul désir, nul projet de troubler une union qui eût irrité les féroces vanités d'une autre femme qu'elle, ne la poussaient aux lieux où je menais une vie heureuse. Elle y venait sans plan arrêté, violentée par une attraction souveraine, ayant seulement *la rage de voir Ryno,* comme elle disait dans son langage familier et énergique... Mais qui l'aurait cru ? L'aurais-je cru moi-même ? En venant vers moi, l'attraction qui l'entraînait, elle me l'apportait ! Elle me la soufflait de loin. Elle me l'envoya par le regard, comme on envoie la mort, disent les pasteurs de la Calabre, en parlant de certains yeux qui ont, racontent-ils, ce funeste et terrible don. Rencontrée à peine, tant nous nous croisâmes vite sur cette route où vous veniez de disparaître ! j'emportai dans notre manoir de Carteret, dans ce *nid d'Alcyon* d'un amour sans orages, une impression du passé, vivant dans cette femme, et qui soudainement en éveilla une myriade d'autres au fond de mon cœur ! Je crus que toute cette poussière de nos débris, qui brille comme des étincelles d'or quand un rayon de souvenir les frappe de côté et les colore, tomberait et s'apaiserait sous toutes les limpides tendresses qu'y épanchait incessamment Hermangarde. Je me trompais. Aucun de ces atomes enflammés de la vie qui n'est plus ne se recoucha après s'être levé. Ils s'attachèrent à mon cœur, comme des abeilles furieuses s'attachent à un visage. Ni les baisers, ni les caresses d'Hermangarde, ni les abandons de la plus moelleuse intimité,

rien n'abattit ces tourbillons de souvenirs qui
se mirent à rouler en moi, comme une trombe
d'eau qui tourne dans un gouffre. En vain je
me retrempai dans les flots de cette sainte
intimité du mariage, comme on noie et on
neutralise dans les flots d'un vinaigre pur le
germe morbide de la peste, enfermé sous les
plis d'un papier ou d'un tissu. Ce fut inutile;
le passé, cette nostalgie du temps comme le
mal du pays est la nostalgie de l'espace, ne me
lâcha plus, et vint profaner, par des rêveries
insensées, un amour plein, magnifique, infini,
et qui jusque-là n'avait réfléchi que lui-même.
Ah! comme je me soulevai contre cela, marquise! Comme la chevalerie de mon amour
pour votre fille se révolta fièrement contre ces
aiguillons invisibles, qui faisaient écumer le
lion! Semblable aux mystiques de l'Amour divin, j'avais tous les scrupules des âmes timorées par un sentiment exalté, et ces rêveries
qui me revenaient me semblaient des infidélités latentes et d'involontaires trahisons. Je les
combattais comme des remords. Je luttais
contre elles comme le guerrier du Tasse lutte
contre les fantômes dans la forêt enchantée. Je
savais bien (j'en aurais juré!) que mon amour
pour Hermangarde ne serait point la proie de
ces illusions perdues dont les spectres, en vous
regardant, ont de si tristes et si charmants

sourires, de ces *remembrances,* comme disent les Anglais dans leur langue profonde, qui chantent mieux que la fleur du Rhin, d'irrésistibles *ne m'oubliez pas.* Je savais bien que la réalité de mon amour pour elle ne tomberait pas devant cette fantasmagorie de la mémoire du cœur, plus impitoyablement fidèle que l'autre mémoire ; devant ces perspectives de la vie passée, revues tout à coup, sur un seul signe, dans notre âme, et vers lesquelles, effrayés et épris, nous nous penchons comme des enfants se penchent sur un miroir renversé. Mais je ne voulais pas que ces impressions passassent même sur l'extrémité des fleurs de mon amour pour elle et en ternissent, ne fût-ce qu'une heure, l'incomparable pureté !

« Je ne voulais pas... Ah ! marquise, je ris encore d'un rire bien farouche de cette pensée : que *je ne voulais pas !* Comme si la volonté la plus énergique avait quelque prise sur une chose qui fait autant partie de notre être que d'avoir vécu déjà, d'avoir déjà senti, d'avoir déjà aimé ! On peut empêcher l'amour de naître. Mais ce qui *fut,* peut-on l'empêcher d'*avoir été ?* Non, Dieu lui-même, tout Dieu qu'il est, n'y pourrait rien ! Je ne voulais pas ! Et Vellini n'eut qu'à se montrer, une seconde fois, sur cette plage où je m'étais sauvé d'elle, pour me rejeter dans l'esclavage de cet asservissant passé, immortel comme la pensée, indestructible en nous quand on l'a vécu. Ah! le passé, le tout-puissant passé! Il semblait seul, réduit à sa seule force, car Vellini n'y ajoutait pas la sienne. Excepté ce charme amer et consacrant des souvenirs, il n'y avait rien en elle qui pût balancer les dons de jeunesse, de beauté et d'amour qui fleurissaient dans Hermangarde comme un merveilleux bouquet du ciel! Elle, Vellini, n'était plus jeune. Chaque année, en passant sur elle, avait laissé son sillon. Il n'y avait pas un pli de ses traits, un repli de son âme, un duvet de son corps à la peau de bronze, que je ne connusse, qui ne fût gravé sur mes lèvres ou incrusté dans ma pensée... Pour moi, elle n'était plus qu'un être parcouru, possédé, fini, sans découverte et sans mystère. Et cependant quand je la revis! quand je la trouvai, un matin, sur cette falaise où elle m'apprit qu'elle venait m'attendre; quand je l'entendis me redire les choses mille fois entendues, les vieux refrains de toute sa vie, les *auld songs* de notre longue intimité, je me sentis réenveloppé dans je ne sais quel filet invisible, qui se renouait à mesure que je le déchirais; roulé sous son pied, inextricablement lié, perdu! Je vous raconterai quelque jour les détails de cette entrevue. Elle s'y montra, non comme une femme nouvelle, mais comme la femme des anciens jours. Je lui résistai. Je la repoussai. Je fus dur pour elle. Je m'entourai de mon amour pour Hermangarde; je le fis briller, cet amour, comme un talisman et comme une arme dont je lui labourai le cœur. Elle ne m'opposa aucun de ces moyens suprêmes, aucune de ces magnifiques outrances qu'emploient d'ordinaire les femmes qui luttent pour l'empire, qui combattent pour leur dernier autel. Elle n'eut point une seule de ces coquetteries de génie, comme les femmes qui jouent leur va-tout de cœur en rencontrent. Elle ne fut pas, non plus, une de ces jalouses qui hachent une rivale aux pieds de leur amant, avec des mots que nous ne pouvons nous empêcher d'admirer, tant ils respirent d'intelligence dans la haine et de passion dans leur cruauté! Non, elle ne fut, ni plus ni moins, que ce qu'elle avait toujours été avec moi, l'enfant colère, franc et indompté, la superstitieuse du *sang bu ensemble;* le front ténébreux, noir, obtus, qui, pour toute séduction, se tendait toujours vers moi, avec la même volonté, le même désir, la même pensée! Mais tout cela, marquise, c'était la vie; c'était dix ans noués dans le fond de nos deux âmes; c'était bien plus qu'il ne fallait pour que je sentisse, même auprès de notre Hermangarde, comme des bouillonnements de regrets et les âpres chaleurs d'un sang fouetté jusqu'à l'écume par la présence de cette Vellini retrouvée ! Et pourquoi ne l'avouerais-je pas, marquise, à vous qui comprenez toutes choses ? Les souvenirs dont j'étais esclave n'étaient en Vellini que la moitié de son empire. Fantôme vivant des jours passés, elle n'avait pas seulement le prestige alliciant et cruel des mélancolies ; mais elle avait aussi, elle avait toujours le despotisme des plus troublantes sensations. Elle vous coulait dans le corps, aussi bien que dans l'âme, toute une jeunesse ressuscitée ! En la revoyant, on éprouvait toutes les vieilles soifs étanchées, toutes les vieilles flammes qu'on croyait éteintes... Par une combinaison fatale et qui expliquait bien, du reste, la durée des passions qu'elle avait inspirées, et cette impossibilité de se détacher qui marquait tous les sentiments dont elle avait été l'objet, même dans les âmes les plus frivoles, elle refaisait de chaque regret un désir et rallumait le feu épais des voluptés jusque dans les profondeurs de la tristesse, semblable au volcan qui recommencerait ses éruptions éternelles dans un cratère pulvérisé ! Y avait-il entre mon âme et son terrible regard de ces influences mystérieuses qu'on dit exister entre les éléments et les âmes ?... Je ne sais... mais quand je ressentis peser lourdement sur mes yeux cet étrange œil noir si profond que, comme celui de certaines sorcières de la Thrace, il semble doublé de deux prunelles, il se remua pesamment aussi au fond de moi le bitume d'une mer morte de passions, de ferments, de rêves, que le temps y avait engloutis et qui dormaient là, comme les débris des villes coupables, sous leurs eaux torpides et croupies. Alors, contre ces impressions ressorties du gouffre de l'être, l'amour d'Hermangarde était un talisman qui ne savait plus me défendre! Sa beauté non plus! J'y venais, chaque jour, avec ardeur essuyer mes yeux infidèles, traînés trop longtemps sur cette Vellini dont ils s'étaient imprégnés comme d'un sable brûlant qui les dévorait ; mais ni mes yeux ni même mon âme ne perdaient, dans la contemplation des perfections adorées d'Hermangarde, l'impression prise à regarder cette vieille maîtresse qui résumait dix ans de ma vie, ce succube de mes jeunes nuits, cette jonquille flétrie des *Huertas* de Malaga! Ainsi la beauté la plus admirée était vaincue, une fois de plus, par cette incompréhensible laideur, préférée longtemps à toutes choses et dont la possession avait, sans doute, créé en moi une de ces dépravations que ma raison n'avait jamais acceptée, mais que je n'avais pu arracher... dirai-je, de mon cœur?... Cette maigre forme de Vellini, réapparue dans mon existence, hantait incessamment ma pensée. La tête appuyée sur l'épaule d'Hermangarde, le front enseveli dans cette touffe de lys qui n'avait que de bons parfums à me prodiguer, je ne rêvais qu'à Vellini ; je n'aspirais d'une narine altérée que l'odeur souvenue de la peau cuivrée dont j'avais bu la sueur, tant de nuits ! Je cherchais vainement aux surfaces marmorines de ce corps d'ange dans lequel vivait ma pensée et qui m'appartenait comme la paix du ciel appartient à ceux qui l'habitent, ces sensuelles émanations, respirées sur le sein de Vellini ; ce fumet irritant de la bête humaine qui réveille ce qu'il y a de plus fauve dans nos appétits de plaisir et nous plonge en ces enivrements qui malheureusement ne tuent pas, comme l'ivresse du mancenillier, mais qui font malade pour toute la vie, une fois qu'on les a respirés ! Vous le voyez, marquise, je cherche à m'expliquer ma folie, à me justifier cette incroyable préférence qui me ramenait à la Malagaise ! Souvent je ne pouvais m'empêcher de croire que ce qui me donnait, en pensant à elle, la troublante cuisson de tels désirs était un de ces faits pathologiques et monstrueux qui dominent également la science de l'homme et sa volonté. Je me demandais si dans dix ans de vie commune, j'avais développé, à me repaître d'elle, un de ces goûts, fils de l'accoutumance, qui, contractés, ne se perdent plus et vont au contraire s'exaltant et s'envenimant davantage? Était-elle pour moi, dans un autre ordre de sensations, un de ces condiments enflammés, après lesquels tout paraît fade et sans saveur? Comme ces femmes de Java qui mâchent le bétel et donnent aux hommes un mordant plaisir qu'ils n'oublient plus quand ils l'ont goûté, Vellini, ce *sangre azul* d'une Espagne africaine, avait-elle, avec le caviar aiguisé et incendiaire de ses caresses, allumé dans les sources de ma vie cette soif du feu qu'on n'étanche pas avec du feu, même en enfer?... Ah! toutes ces questions que je m'adressais vous diront assez l'état de mon âme! Il était affreux. Je combattais et je sentais que j'étais vaincu. J'avais horreur de mon désir même, et mon désir s'accroissait de mon horreur. J'étais emporté vers la Malagaise par quelque chose d'anormal, de dépravé, de fou comme serait la frénétique envie d'une femme grosse pour un citron vert ou pourri. Ah! je résolus de m'affranchir de ces obsessions continuelles qui m'aigrissaient et m'enflammaient le sang dans les veines; de rompre ces charmes inouïs qui étaient dans l'âme et dans les sens tour à tour; de reprendre encore ce limon que je croyais épuisé et de le sucer, une dernière fois, pour qu'il ne restât rien de ces sucs qui m'avaient empoisonné ; enfin de faire naître de tout cela un dégoût suprême qui me rejetterait purifié aux pieds d'Hermangarde et tout entier à mon bonheur !

« Hélas ! je ne sais pas, marquise, s'il y avait un autre moyen d'en finir ; mais arrivé au point où j'en étais avec Vellini, je crus vraiment qu'il ne me restait plus que celui-là. Vous qui n'avez jamais craint d'être sincère avec l'homme que vous avez choisi pour fils ; vous dont l'esprit s'est toujours élevé par le fait seul de son niveau au-dessus des préjugés, des hypocrisies et de la fausse sagesse du monde, auriez-vous pensé que je me trompais ? N'eussiez-vous pas trouvé ma résolution téméraire ?... Une lettre que je reçus de Vellini fixa un projet que je roulais depuis longtemps dans ma pensée, grosse d'agitations et de doutes. La Malagaise habitait le Bas-Hamet-des-Rivières. Elle s'était retirée chez des pêcheurs, où elle vivait avec cette souplesse de nature qui se plie à tout, et qu'elle tient peut-être de la double race dont elle est issue. Une nuit, je laissai Hermangarde endormie et je courus au Bas-Hamet. Les passions qui m'emportaient étaient formidables ; mais je me répétais que c'était un coup de partie à jouer avec ce maudit cœur auquel je ne comprenais plus rien ! Je me disais que je rentrerais calme sous mon toit domestique, que j'allais égorger une bonne fois tous ces souvenirs frappés, mais qui palpitaient encore, que je noierais cette folle soif des caresses d'autrefois sous les derniers baisers de deux lèvres flétries. Je me prophétisais que le lendemain nul spectre du passé ne s'interposerait entre mon cœur et Hermangarde. Je le croyais, marquise... et cela eût été vrai peut-être, si la femme vers qui je courais n'avait pas été Vellini. Je la trouvai dans sa cabane, m'espérant, quoique je ne lui eusse pas répondu ; sûre que je viendrais, armée de cette foi qui est sa force ; fanatique et vêtue comme une Bégum de l'Inde, sensuelle et languissante comme une Cadine qui attend son maître ; mettant son orgueil à n'avoir plus d'orgueil et à bien ramper sur ses souples reins à mes pieds. Impossible de vous dire, marquise, les détails de cette nuit, tour à tour heureuse et funeste, dans laquelle je ne sais quel plaisir haletant et terrible brûla mes remords et fit taire la voix éplorée de l'amour ! Je m'en suis réveillé comme d'un rêve dont on garde longtemps les troubles, mais dont la mémoire n'est pas distincte, tant il bouleverse les facultés ! Pendant quatre heures d'une nuitée d'hiver, dans cette cabane jonchée de paille, comme une grange, la plus voluptueuse des filles de la terre, la plus accoutumée à toutes les opulences de la vie, l'enfant

gâtée de la somptueuse duchesse de Cadaval-
Aveïro, la femme aimée et épousée de cette
espèce de Nabab anglais, sir Reginald Annesley,
cette capricieuse qui posait en riant ses pieds
bruns sur le sein nu de sa superbe Oliva,
comme eût fait une sultane favorite avec son
esclave, resta sur des gerbes sèches, entassées
devant un feu de fagots ; roulée dans la chaleur,
la lumière et la cendre comme une salamandre,
plus puissante et plus souveraine dans cette
chaumière nue de poissonniers normands, que
sur les divans de sa rue de Provence, dans les
dentelles et les satins de ses alcôves ! Jamais je
ne compris mieux que tout son charme ne relevait que d'elle seule ; jamais je ne compris
mieux qu'elle métamorphosait la vie autour
d'elle, comme elle la métamorphosait sur son
visage rechigné, maussade, un peu dur, quand
l'expression y circulait tout à coup, avec ses
sourires et ses flammes, comme une ronde
d'astres, éclos soudainement dans un ciel obscur,
à quelque coup de tympan céleste ! Ah ! oui,
la nuit vécue sur son cœur est indescriptible !
Dans ces moments qui passèrent en pétillant
avec la rapidité de la flamme sur une ligne de
poudre, je ne luttai pas, je m'abandonnai ! Je
voulus concentrer et dévorer tout mon passé
en ces quelques heures de délire. Remonté sur
la croupe ailée de ma chimère de dix ans, j'en

aiguillonnai l'ardeur à tous crins : j'en précipitai la course furieuse, j'essayai de la briser sous mon étreinte, pour que tombés, tous deux, du ciel, elle ne vînt plus jamais offrir son dos tentateur à ma force épuisée ! Hélas ! marquise, c'était là encore une erreur. Je devais échouer dans cette tentative désespérée. Après l'expérience, le dégoût, ce dégoût purificateur sur lequel j'avais compté, n'arriva pas ! Vellini, la bohémienne Vellini parlait de sort, et vraiment elle y faisait croire ! En avait-elle jeté un sur moi ?... Quand on la voyait comme je la voyais alors, étendue par terre sur ces gerbes déliées, avec des torpeurs de couleuvre enivrée de soleil, je ne pouvais m'empêcher de penser à tous ces êtres merveilleux rêvés par les poètes, comme les symboles des passions humaines indomptables ; à ces Mélusines, moitié femme et moitié serpent, à ces doubles natures, belles et difformes, qu'on dit aimer d'un amour difforme et monstrueux comme elles, et je me répétais que de pareilles fables avaient sans doute été inspirées aux hommes par des femmes comme cette Vellini.

« Ainsi je sortis de chez elle non pas guéri, comme je l'avais espéré, mais les artères plus pleines du poison qu'elle m'avait versé ; mais la tête et le cœur où j'avais cru étouffer tant de souvenirs, débordant d'un souvenir de plus !

En m'en revenant par ces longues grèves dont vous connaissez l'imposant aspect, j'avais repris tous mes remords, mais il s'y était ajouté la rage d'une tentative qui s'était retournée contre moi! Vellini m'avait volé mon libre arbitre. « Que ta femme soit heureuse et aimée! m'avait-elle dit avec des expressions inouïes et des sentiments plus inouïs encore, mais que des heures pareilles me vengent de ton amour et de son bonheur! Elle toujours, mais moi, parfois!» Et moi, comprenant sa pensée, n'admettant plus la vie sans cette incroyable maîtresse, qui n'avait pas peur de la plus redoutable rivale, j'acceptais le partage qu'elle m'avait proposé. Je ne me préoccupais plus que de cacher à Hermangarde une liaison qu'il m'était impossible de briser ; que de sauver le bonheur de cette noble femme et la dignité de notre amour. Oui, marquise, j'aimais Hermangarde, comme je l'aime encore. Le croirez-vous après ce que je vous écris ?...

« Croirez-vous qu'à côté de cette chose sans nom (car je ne l'appellerai pas du nom d'amour) qui me liait à la Malagaise, je n'avais pas dans le cœur pour votre Hermangarde cet amour que vous aviez béni ? Chère mère, d'autres que vous me le nieraient. Des esprits moins perçants et moins éprouvés que le vôtre, des intelligences qui ne sauraient pas comme vous l'infinie variété de l'âme humaine et les singuliers problèmes qu'elle cache, ne croiraient pas à une si horrible collision dans un seul cœur. Et pourtant rien n'est plus vrai ! J'aimais Hermangarde ; ah ! j'ai besoin de vous le répéter sans cesse et surtout en arrivant au dénouement du récit que j'ai osé vous faire et qui est encore plus douloureux pour moi que pour vous.

« Je rentrai au manoir, marquise, en proie à toutes les contradictions des âmes coupables qui se sentent perdues. Je me sentais prédestiné à Vellini... Les portes que j'avais fermées avec des précautions minutieuses et que je retrouvai entrebâillées, me donnèrent le frisson de pressentiments sinistres. J'entrai dans la chambre d'Hermangarde et j'eus l'affreuse certitude de la vérité. La malheureuse était évanouie sur le pied de son lit qu'elle avait eu peine à regagner. Elle était à moitié vêtue ; elle avait eu le courage insensé de se traîner jusqu'au Bas-Hamet, à travers les grèves couvertes de neige, et elle avait tout vu !... Je l'ai su, je l'appris par les révélations de son délire, alors que je veillais nuit et jour à son chevet et que le médecin tremblait pour sa vie. Elle m'apprit, malgré elle, dans ces effroyables insomnies de fièvre et de douleur où elle gisait sans connaissance, qu'elle avait surpris, par les fentes d'un volet mal joint, ce que je croyais avoir soustrait à tous les yeux. Esclave d'une jalousie trop forte, elle avait assisté, l'infortunée! à cette scène d'une nuit passée dans les bras d'une autre. Combien y est-elle restée, sans crier, sans tomber d'angoisse sur cette neige, collée à regarder cette horrible scène qui dut lui déchirer toutes les fibres de son cœur?... Son délire ne me le dit pas, et quand elle a été arrachée à cette mort qui paraissait certaine, et dont j'aurais été la cause, ô mon Dieu! sa bouche a gardé un silence qui me fait plus de mal que les plaintes et qu'elle n'a jamais rompu par un seul mot. Oh! qu'elle dut souffrir dans son amour, dans sa fierté, dans toutes les délicatesses de son âme, pour être ainsi venue épier dans la nuit l'homme qu'elle aimait et en qui elle n'avait plus foi! Elle avait souvent rencontré Vellini dans les grèves, et sans doute elle avait deviné en cette femme, qu'il est impossible de ne pas remarquer quand on la rencontre, la rivale que lui cachait le destin. Depuis longtemps, d'effrayants soupçons étaient entrés dans son cœur. Elle les y ensevelissait, mais, malgré elle, ils en sortaient... Et moi qui les voyais ravager intérieurement sa vie, je ne les détruisais pas! Je n'osais pas même y toucher, tant Vellini régnait impétueusement sur moi! Mentir, marquise?... Ah! c'était bien assez cruel pour moi, assez humiliant pour

l'honneur de votre petit-fils, que de me taire !
Ceux qui aiment sont les vrais voyants ; on
ne leur en impose pas par des mensonges.
Mentir, c'eût été une indignité en pure perte
qui m'eût dégradé aux yeux d'Hermangarde
comme aux miens, sans lui rendre le repos
qu'elle avait perdu. Après cette nuit fatale au
Bas-Hamet, l'incontestable réalité avait confirmé l'intuition du cœur. C'était pour Hermangarde le dernier coup d'un malheur achevé !
Elle pouvait en mourir, elle a bien failli en
mourir ; l'enfant qu'elle portait dans son sein
en est mort ! Mais elle, échappée à cette mort
d'angoisse qui l'a frappée à moitié, elle redevenait cette fière et pudique Hermangarde élevée
par vous, dont le sang est le vôtre, et qui sait,
comme vous l'auriez su, à sa place, dévorer ses
larmes, car les femmes des races comme la
vôtre, marquise, souffrent des blessures de leur
cœur en silence, avec la simplicité héroïque
que leurs aïeux mettaient à mourir.

« Et elle ne s'est pas démentie ! Elle n'a pas
faibli, sous les tenailles de ce supplice qui recommence tous les jours ! Voilà trois semaines
qu'elle est revenue à la santé et qu'elle couvre,
d'un front calme et des sourires les plus sublimes, des douleurs que je devine trop pour ne
pas les partager ! Elle est douce et belle comme
une martyre, couchée sur des roses flamboyan-

tes, dans un inextinguible bûcher... Mais la martyre n'a pas oublié la dignité de la femme offensée. Elle s'est reprise toute à moi, comme elle s'était donnée. Elle a mis entre nous des froideurs que je suis obligé de respecter et que j'admire, mais dont je souffre de toute la force de mon amour! Ah! chère mère, notre intimité est finie! Le mariage n'a plus entre nous de signification divine! Il n'est plus cette union profonde de deux cœurs transfondus, comme il l'a été pendant six mois! Rien n'est changé, à ce qu'il semble, entre elle et moi, et cependant tout est changé! Nous nous aimons toujours, mais dans cette vie que mes torts et ses sentiments outragés nous ont faite, l'amour n'est qu'un malheur de plus. Qu'est devenu ce vieux manoir de Carteret, ce *nid d'Alcyon,* que vous aviez placé dans la dot de votre fille, pour en abriter le bonheur? Il ne cache plus maintenant que des regrets et des remords. Marquise, c'est moi qui suis le plus malheureux, puisque je suis le seul coupable. N'aurez-vous pas pitié de moi?... Je vous dois tant, vous êtes si bonne! vous m'avez montré, quand le monde était contre moi, une si intrépide confiance, que j'aurais rougi de ne pas tout vous avouer, de ne pas vous dire : Voilà le mal que j'ai fait, pardonnez-moi, condamnez-moi, mais sachez-le! Elle ne vous le dit pas, elle! mais où elle est sublime, je serais infâme. Je ne veux pas courir l'horrible chance d'un mépris que je mériterais si je ne déchirais pas tous les voiles, si je ne versais pas tout mon cœur à vos pieds ! Je ne veux pas que vous puissiez mépriser le petit-fils que vous avez choisi, le Ryno à qui vous avez tendu la main et donné votre sang à pur don ! Votre estime m'est plus chère que votre vie, et Dieu sait pourtant si je donnerais la mienne pour vous ! Oh ! j'ai tremblé, je tremble encore que cette lettre ne soit une rude atteinte à votre vieillesse ! mais être trahie, mère, cela fait plus de mal que de mourir ! J'aimerais mieux vous avoir tuée que de vous avoir trahie, dussé-je en être inconsolable, dussé-je en mourir de désespoir, après vous ! Pardonnez-moi ces affreuses paroles qui m'échappent. Vous ne mourrez pas. Vous êtes sous la sauvegarde d'un esprit immortel qui domine en vous une sensibilité redoutable, il est vrai, mais que vous avez toujours gouvernée. Votre bonté vous soutiendra. Votre affection pour vos enfants vous inspirera du courage. Vous ne mourrez pas ; vous vivrez pour nous ! Nous avons besoin de vous, mère. Il n'y a que vous qui puissiez replacer mes bras autour de la divine femme que vous m'avez donnée et nous marier une seconde fois. Avec votre imposante connaissance de la vie, avec cette sagesse indulgente et comprenante qu'on aime et qu'on respecte en vous, vous expliquerez à votre Hermangarde ces contradictions de l'âme d'un homme qui aime et qui a manqué de fidélité dans l'amour. Elle vous croira, vous. Moi, elle ne me croirait pas. S'il y a un pardon et une amnistie pour de telles fautes, ce pardon et cette amnistie couleront de son cœur dans le mien à votre parole. Il est impossible que tout soit brisé entre nous ! entre deux êtres qui n'ont pas cessé un seul instant de s'aimer ! Ah ! si vous saviez comme le sentiment de mes torts envers elle a redoublé la force de mon amour ! Si vous saviez comme l'admiration pour cette femme, qui cache une affection blessée sous une froideur éloquente, s'est jointe à cette adoration que vous avez vu naître, et qui n'a jamais défailli dans mon cœur ! Si vous voyiez cela comme je le sens, vous auriez encore de l'espoir... La peine que je vous cause aujourd'hui serait diminuée. Vous vous diriez que le meilleur de Ryno est resté tout à votre fille, malgré l'entraînement des souvenirs, et vous dicteriez à Hermangarde un pardon qui rappellerait la félicité des jours passés et qui la rendrait plus touchante !

« Et maintenant je vous ai tout dit, ma noble mère. Je me suis confessé à vous. J'ai agi avec vous comme l'Église catholique, cette source de toute vérité, ordonne qu'on agisse avec Dieu. N'avez-vous pas été le Dieu de ma vie par la bonté, par la confiance, qui est le plus beau rayon de la bonté parmi les hommes ? Je viens vous dire aussi comme à un confesseur : Prenez la direction de ma vie; c'est mon âme que je remets entre vos mains. Protégez-moi contre moi-même. Donnez-moi vos conseils, je les suivrai. Ce que vous exigerez, je le ferai, mon excellente mère. Vous savez maintenant ce qu'est Vellini pour Ryno. Vous comprenez à présent ce que je vous ai dit, un soir, quelque temps avant mon mariage, lorsque je vous eus raconté mes dix ans de vie avec elle. Alors je voulais m'éloigner et aller assez loin pour qu'elle ne pût pas me rejoindre. Je savais le charme inextricable de cet être exceptionnel qu'on aime et qu'on déteste, peut-être à force de trop l'aimer ! Je savais la pesanteur du passé sur mon âme. Oui, j'avais comme un pressentiment de ce qui devait suivre... Mais le bonheur d'être aimé d'Hermangarde l'étouffa dans mon cœur, réenvahi par toutes les crédulités de la jeunesse ! Eh bien ! ce que je pensais à accomplir, je l'accomplirai. J'emporterai ma femme à l'autre bout du monde, pour n'être qu'à elle, pour ne plus revoir Vellini, cette dominatrice Vellini, toujours plus forte que cette âme que j'ai crue forte dans mes jours d'orgueil !

Marquise, en ce moment, je viens de la quitter encore, cette incompréhensible créature, dont vous seule peut-être nous auriez donné le mot, si vous l'aviez connue... Je viens de la laisser froide, lourde, meurtrie, avec un front couvert de vapeurs plus épaisses que tous les miasmes du lac de Camarina, remués par une foudre qui s'y serait éteinte ; se balançant, stupide et morne, dans son hamac. Je l'ai quittée souvent ainsi, croyant qu'enfin ce dégoût, cette laideur, cette stupidité, ces ténèbres, cet anéantissement seraient éternels, mais hélas ! m'abusant toujours ! Le lendemain, une heure après, avec un mot de sa voix, avec un de ses regards qui s'en vont de côté tomber dans le mien, avec une inflexion de ses membres de mollusque, dont les articulations d'acier ont des mouvements de velours, elle faisait tout à coup relever les désirs, entortillés au fond de mon âme, comme le soleil fait retourner vers lui des convolvulus repliés !... Que ne puis-je dire, sûr que tout est fini de sa sorcellerie immortelle : Je l'ai vue aujourd'hui pour la dernière fois ! Mais pour cela, il faudrait s'enfuir, quitter ce pauvre Carteret où vous reveniez ce printemps et où nous avons coulé des jours si paisibles. Il faudrait, pour longtemps, s'éloigner de vous qui êtes une part vivante de notre bonheur ! Ah ! ce serait dur pour tous les trois, je le sais.

Mais si vous le décidiez, cet éloignement que j'ai toujours cru nécessaire, je vous obéirais sans murmure. Je ne serais pas moins courageux que vous. Dictez donc ma conduite, chère mère. Dois-je voyager avec ma femme plusieurs années?... Dites! ne plus revoir cette Vellini, n'est-ce pas le plus sûr?... Tant que je la verrai, tant que j'aurai chance de la rencontrer, je douterai de moi. Elle incarne trop le souvenir, et cette incarnation est si brûlante!... Ah! je suis las et impatienté de ne pouvoir m'arracher à l'influence de cet être chétif que j'ai brisé un peu plus encore, à force de le presser sur mon cœur! Je souffre par trop aussi d'être écartelé à deux sentiments contraires! Pour en finir, j'imiterai plutôt ce prisonnier qui se trancha lui-même avec la hache, laissée à ses pieds par les bourreaux, la main qu'ils lui avaient scellée dans la pierre. Je me couperai les jointures de ce misérable cœur traîné à deux femmes, et je dirai à Hermangarde : « Ce n'est pas ma faute, à moi, si j'ai aimé Vellini avant de te connaître! Pourquoi Dieu ne nous a-t-il pas créés le même jour et placés l'un à côté de l'autre dès le commencement de la vie? Seulement, si ce n'est pas un affreux polype que ce cœur que nous portons dans nos poitrines, et s'il ne repousse pas avec ses souvenirs, à chaque coup mortel dont on le frappe, console-toi, ma tendre amie, le mien t'appartient maintenant sans partage ! Je l'ai mutilé, mais je l'ai fait libre pour qu'il ne fût plus qu'à toi seule, et que chaque atome de vie qui l'anime fût pur de tout ce qui ne serait pas toi. »

« RYNO. »

Qu'aurait produit une pareille lettre, si la marquise de Flers l'avait reçue ? Malheureusement peu de jours après qu'elle eut été envoyée, des nouvelles de Paris arrivèrent au manoir et y jetèrent une noire inquiétude. Ryno put craindre d'avoir porté à sa bienfaitrice et à sa grand'mère un coup funeste dont la pensée avait retenu sa confiance et différé ses aveux. C'était la comtesse d'Artelles qui écrivait à Hermangarde. Elle lui mandait qu'un mal subit avait saisi la vieille marquise, et elle pressait les jeunes mariés d'arriver à Paris en toute diligence, car Mme de Flers, pour qui tout danger, à son âge, était une menace, désirait les voir, et les embrasser si elle devait mourir. Ryno lut, sous les termes contraints et sombres de ce billet tracé d'une main émue, que le mal était bien plus grand que la comtesse ne le disait. Il ne voulut point augmenter les anxiétés de sa femme en lui confiant ses pressentiments, mais il se demandait si sa lettre (et il la regrettait!) n'avait pas déterminé une catastrophe dont, au fond du cœur, il ne doutait plus.

Ils quittèrent Carteret en grande hâte, trop préoccupés de l'état alarmant de leur grand'-mère pour se détourner et jeter un dernier regard de regret sur cette côte où ils avaient été heureux. En quelques heures, le nid d'Alcyon abandonné redevint le manoir vide et solitaire, sur le toit gris duquel les vents de la mer chantaient, depuis si longtemps, leur longue chanson indifférente! Les pressentiments que le billet de Mme d'Artelles avait inspirés à Marigny ne le trompaient pas. Quand ils arrivèrent, sa femme et lui, rue de Varennes, l'excellente marquise n'existait plus. Mme d'Artelles avait épargné à Hermangarde la soudaineté d'un malheur que personne n'avait eu le temps de prévoir. Elle leur raconta, toute brisée de la perte d'une ancienne amie, qu'elle était morte dans son boudoir gris et rose, assise dans son fauteuil, comme à l'ordinaire, qu'elle s'y était éteinte, paisiblement, presque suavement, comme une lampe, après sa dernière goutte d'huile parfumée. Elle n'avait point souffert: elle s'était affaiblie. Jamais le mot : Elle s'en est allée, pour : Elle est morte, n'avait été plus juste et mieux appliqué. La veille, le jour même, rien n'indiquait cette fin subite et douce. « Ma chère comtesse, avait-elle dit à Mme d'Artelles, je crois que c'est mon dernier bonsoir que je vous souhaite. Pourquoi vivrais-je ? mon œuvre est achevée. Ils sont heureux. Je n'ai plus de raison pour durer. » Mme d'Artelles ne voulut point la quitter dans cette rêverie d'une mort prochaine, et elle expira au milieu d'une phrase gracieuse dans la nuit, en causant avec cette amie, sa partenaire de conversation depuis quarante ans.

Ainsi Marigny avait eu tort de craindre. La marquise était morte dans l'illusion qu'ils étaient heureux. Dieu lui avait sauvé l'angoisse des confidences de Ryno. Quand cette lettre, dans laquelle il avait cherché l'apaisement d'une âme qui étouffe, comme d'une apoplexie de sentiments inexprimables, parvint à Paris, Mme de Flers n'était plus, et la comtesse garda, sans en rompre le cachet, cette missive dont l'écriture lui était bien connue et qui ne s'adressait plus à personne. Par un de ces hasards dont se compose la trame mystérieuse du drame humain, peu de jours après l'arrivée de M. et de Mme de Marigny, Mme d'Artelles remit à Hermangarde cette lettre cachetée, comme si elle l'eût remise à la main même qui l'avait écrite. Elle avait été si longtemps témoin de cette communauté de toutes choses qui existait entre Hermangarde et Ryno, et croyant aussi, comme la marquise, que ce bonheur dont la tendresse n'avait pas encore rencontré d'écueil durait toujours, elle n'imagina pas que la femme qui pensait par la pensée de son mari pût ignorer le contenu d'une lettre que ce dernier avait écrite. Elle la lui remit donc tout naturellement, et Hermangarde l'ouvrit sans trop songer à ce qu'elle faisait, la mort de sa grand'mère lui ayant causé un de ces chagrins qui distraient de tout ce qui n'est pas la pensée fixe, inconsolable... Une fois engagée dans cette lecture, pouvait-elle s'arrêter ?... Les sensations qui l'entraînaient, qui la suspendaient à ce récit plein de remords, de regrets, de luttes de cœur si cruelles et de lumières si fulgurantes sur cette *Mauricaude des Rivières,* cette rivale inconnue, devinée, haïe au premier coup d'œil, étaient trop vives, trop maîtrisantes pour qu'elle ne lût pas, jusqu'à la fin, ces poignants détails. Elle s'y précipita, elle s'y roula, poursuivie, poussée par ces cris, ces explications, ces analyses de Ryno qui la mordaient au cœur, à la tête, partout, comme un cerf forcé par des limiers féroces. Puis, quand elle eut touché le terme de cette confession dans laquelle Ryno demandait à sa grand'mère de le rendre à la femme qu'il aimait et de l'ôter à celle qu'il n'aimait plus, elle remonta cette lettre page par page, ligne par ligne, presque mot par mot, comme on repasserait dans les halliers qu'on aurait teints de son sang, avec le plaisir douloureux de le voir ruisselant aux épines. Peut-être une âme moins royale que la sienne eût entendu la voix de cet amour qui se débattait sous des regrets et sous des impressions qu'il insultait, pour mieux les vaincre. Elle en aurait été touchée de pitié. Mais elle, non. Elle ravivait seulement son désespoir en se retrempant dans ces eaux amères. Elle ne comprenait pas les empires partagés et que le cœur de l'homme ressemblât au globe qu'il foule et dont une moitié plonge dans la lumière quand l'autre s'abîme dans la nuit. Le fil de l'âme de son mari, elle ne l'avait plus. Elle se perdait dans ce labyrinthe du cœur d'un homme. Quand Marigny rentra, il la trouva, assise devant le guéridon de sa grand'mère, lisant encore cette énigme qui ne se résolvait pour elle qu'en la déchirant. Il s'approcha d'elle. Sa physionomie lui disait ses agitations.

« Ah! s'écria-t-il, délivré du poids d'un silence qui était la moitié d'un mensonge, vous savez tout maintenant. Si vous m'avez compris, ne me pardonnerez-vous pas?... » Et il la prit dans ses bras pour la première fois depuis qu'elle le savait infidèle.

Elle en frissonna de ce mystérieux frisson, fait de terreur, de volupté, de désir et qu'ont les jeunes filles que nous pressons, pour la première fois, sur nos poitrines. N'était-elle pas redevenue jeune fille, sous les froideurs de ce mariage, glacé tout à coup par la fierté de l'amour offensé, comme cette blanche fleur qui fleurit sous la neige et la perce au jour de l'hiver ?...

« Hermangarde, reprit Marigny, tu le vois, je t'aime ! Ce n'est pas le hasard, c'est notre grand'mère qui a voulu que Mme d'Artelles te remît cette lettre et non à moi. C'est là encore une manière de nous protéger dans la mort, de nous rapprocher du fond de sa tombe. Ce que je n'aurais pas osé te dire, elle te l'apprend, elle... Oui, j'ai été bien coupable, bien entraîné, mais je n'oppose à cela qu'un mot vrai : je t'aime ! Est-ce que ce mot-là, dit comme je le dis, — et il le disait avec la séduction d'un amour sincère, — ne peut donc pas tout effacer ?

— On n'aime pas deux femmes, répliqua-t-elle avec l'expression que dut avoir Christine de Suède, quand elle prononça, en regardant sa couronne, le *Non mi bisogna è non mi basta* de son abdication.

— Mais, répondit-il, la tenant toujours liée de ses deux bras, je n'en aime pas deux. Je n'en aime qu'une. Vellini n'a que les souvenirs, mais toi, tu as l'amour !

— Tant pis alors, dit-elle sans amertume, se levant toute droite dans les bras de Ryno, inexorable comme la justice, triste comme le dernier mot du destin. Il vaudrait mieux qu'elle eût tout, elle... vous seriez heureux et vous pourriez m'oublier, moi qui n'ai pas de souvenirs de dix ans pour vous captiver! Vous ne souffririez pas comme je souffre. Vous ne sauriez pas à votre tour ce que c'est que l'amour sans l'espoir et sans la confiance, car, Ryno, *je ne vous crois plus.*

XVIII

L'opinion de deux sociétés.

L y avait un peu plus d'un an que le manoir de Carteret n'avait revu ses hôtes, et tout y était redevenu triste, inanimé et muet, comme avant l'arrivée de Mme de Flers et de ses enfants. Depuis cette époque, le *logement des maîtres,* comme disaient les fermiers du manoir, qui habitaient dans une de ses cours, était resté strictement fermé. Seulement quand il brillait un rayon de soleil sur cette plage, on ouvrait les persiennes et les fenêtres, et on donnait un peu d'air aux draperies des appartements. C'est ce qu'on avait fait ce soir-là. On sortait des derniers jours de juin et le temps était digne de cette saison, qui va être l'été et qui est le printemps encore.

Le ciel avait la beauté d'un ciel du Midi.

Le soleil qui se plongeait à mi-corps dans la mer unie, semblait s'y dissoudre, et lui donnait, tant elle était calme, la physionomie d'un lac d'or. Les blanches maisons de Carteret, qui n'ont qu'un étage, étaient teintes de rose, sous les rayons obliques de ce soleil couchant, qui, croulant doucement à l'horizon, n'éclairait plus que les objets placés au niveau de la mer, au sein de laquelle, par degrés, il disparaissait. Tout ce qui dépassait ce niveau, la falaise, les pics des dunes, l'église et son clocher en aiguille, pointu et blanc comme les anciennes coiffures des paysannes du Cotentin, les peupliers à la cime frissonnante et verdâtre, plantés sur les fossés du cimetière et qu'on entr'-apercevait de la grève, par le chemin qui mène à l'église, s'étaient comme essuyés des lueurs étincelantes qui les avaient noyés longtemps et avaient repris, dans un ciel clair encore, mais sans prisme, la netteté pure de leur propre couleur. L'air était chaud comme la vapeur d'un four, malgré l'heure avancée et une brise qui commençait de s'élever. Le sable avait gardé l'impression du soleil brûlant qui l'avait frappé toute la journée. Ce soir-là, la grève était plus animée qu'à l'ordinaire. Les enfants du village, à peine vêtus, erraient en différents groupes sur les bords du havre. Les uns jouaient au palet avec le galet plat du rivage et les autres barbottaient, les jambes nues, dans des trous creusés par eux dans le sable et que l'eau de la mer, qui filtrait partout sous ces arênes, allait bientôt remplir. Les garçons de ferme des terres voisines chassaient devant eux les pesants chevaux de labour, chargés de varech, et les douaniers qui devaient faire une battue nocturne sur la côte préparaient, dans l'anse du havre, leur *patache,* petit bâtiment à voile triangulaire, beaucoup plus poétique que son nom. Assis sur les marches de cet escalier qui conduisait de la cour du manoir à la grève, le vieux Griffon se chauffait à ces derniers rayons d'un beau soir, doré, long, splendide! Il avait l'immobilité d'une statue, avec ses yeux blancs, sans regard, qui ne voyaient plus la mer, cet amour ardent de toute sa vie, la seule chose que, dans cet univers dont il avait vu le dessus et le dessous, il regrettât de ne plus apercevoir encore, du fond ténébreux de sa cécité.

C'était l'heure touchante et solennelle où, tant de fois sur le pont chancelant du navire, dans les mers où il avait passé, il avait adressé à la Vierge Marie cet *Ave Maria* du crépuscule qui rappelle aux matelots en mer l'*Angelus* sonné aux cloches de la patrie. Barneville alors le sonnait d'un ton grave à sa tour carrée et le clocher aigu de Carteret le répétait d'un timbre chevrotant et clair. L'ancien matelot, perdu dans ces souvenirs de jeunesse, que la vieillesse et la cécité rendent plus distincts par le repoussoir de leurs doubles ombres, écoutait ces bruits d'un jour mourant dont il ne voyait plus la lumière. Tout à coup il fut tiré de sa rêverie par un pas lourd qu'il reconnut sur les coquillages dont la grève était parsemée, et le bruit d'un bâton qui frappa contre les marches sur lesquelles il était assis.

« Bonsoir, père Griffon, dit la voix traînante du mendiant qu'on a vu errer dans cette histoire, qué'qu' donc que vous faites là, immobile comme un saint de pierre, à bayer aux mouettes par un si biau temps?

— Eh! répondit le matelot, je réchauffe ma vieille membrure à ce soleil que je ne vois plus et que j'aime à sentir sur mes os. Des mouettes! ah! que ne puis-je en voir la queue d'une, à ces pauvres bêtes! Mais les yeux ont fini leur service; il n'y a plus de lumière dans le bassinet : c'est fini, mon bonhomme. Qui m'aurait dit autrefois que moi, Griffon, le contre-maître de l'*Espérance*, j'en viendrais à me planter, des heures durant, comme un cul-de-jatte, sur ces chiennes de pierres, sans avoir tant seulement un bout de corde entre les doigts, j'en aurais levé les épaules de mépris, et pourtant, le diable m'emporte! c'eût été la pure vérité!

Oui, c'eût été la pure vérité, reprit-il après une pause, avec la singulière mélancolie des hommes d'action qui n'agissent plus, il était écrit que Jean-François-Nicolas Griffon verrait de ses deux yeux qu'il n'a plus, périr bien des équipages, mais qu'il échapperait, lui, de tant de braves gens, à l'abordage, à la tempête, à la faim, aux rages du canon et de la vague, pour enfin venir misérablement mourir à terre, comme un saumon charrié par le filet à la rive, et qui n'a plus assez de reins pour ressauter dans les eaux !

— Bah ! dit le pauvre, qui comme tous ses pareils, avait son espèce de philosophie, qu'importe où l'on meurt ! Qu'importe la fosse où l'on nous pousse, quand le fond du bissac est usé ! Vers ou poissons, c'est tout un quand il s'agit de nos charognes... Mais v'zêtes encore diablement solide, père Griffon, et v'n'allez pas de sitôt lever l'ancre, comme vous dites, vous autres matelots. »

Tout en parlant ainsi, mains et menton appuyés sur sa gaule, il vit que les fenêtres, ordinairement fermées, du grand salon du manoir étaient ouvertes et que les brises agitaient, par-dessus la rampe, les rideaux de velours ponceau, atteints d'un dernier rayon du soleil.

« Tiens ! dit-il avec ce regard de mendiant

à qui rien n'échappe, car qui a besoin d'être dans la vie meilleur observateur qu'un mendiant ? tiens ! les fenêtres du manoir sont tout grand ouvertes ! Est-ce que les maîtres seraient de retour ou qu'on les attendrait ces jours-ci ?...

— Nenni dà ! fit le père Griffon. Ils ne sont pas venus et on ne parle pas qu'ils viennent, m'a dit le fermier, l'autre soir. La marquise est morte l'an passé, quand ils s'en allèrent ; c'était son bien, à elle, et qu'elle aimait, sa terre de Carteret, qui est, après tout, un beau bien ! Mais les enfants n'ont pas toujours le goût des pères : les jeunes gens ne pensent pas comme les anciens. P't'être qu'on ne verra pas de sitôt de maîtres au manoir.

— Que le bon Dieu nous protége ! dit le mendiant. Ils faisaient du bien, tout jeunes qu'ils fussent, autant que la vieille marquise. Quand elle s'en retourna, les laissant au manoir, on ne s'aperçut pas qu'elle y manquât, ma *finguette !*... L'ouvrage alla tout de même dans Carteret pour ceux qui travaillent, et l'aumône itou pour tous ceux qui comme *mai* sont cassés par l'âge et ne peuvent plus tenir un manche de charrue ou un fouet.

— Vère ! répondit Griffon, ils sont de bonne race ; ce sont de braves gens, des gens de vieille roche, bons et sains comme de l'eau de mer.

Vous avez, père Loquet, perdu une bonne porte, quand ils sont partis !

— Ce n'est pas mentir, ma *finguette !* Avec c'ha que j'en avais perdu une autre pour le moins aussi bonne, à la mort de la défunte comtesse de Mendoze, qui s'en est venue tourner l'œil à sa terre de la Haie-d'Hectot. Encore une digne dame, celle-là, et morte si jeunette... de la *pérémonie,* à ce qu'ils disent[1]. Ah! s'il faut que les grandes gens s'en aillent, et qu'il n'y ait plus que les fermiers sur les bonnes terres, ce sera un fameux malheur pour le pays ! »

Et comme, malgré l'heure, il faisait chaud sur cette grève et à trois pas de ce mur qui avait répercuté le soleil tout le jour, il ôta son grand chapeau, le planta sur l'extrémité de son bâton, et du revers de sa main calleuse il essuya la sueur qui collait ses cheveux gris à son front, labouré de rides.

« C'est étonnant, dit-il, v'là la demie de sept heures qui sonne partout, à Barneville et à Carteret, et il fait chaud comme à midi. Je viens de loin et je m'en retourne loin ; je prendrais bien un verre de bon cidre pour sécher ma sueur. »

On voyait à son air gaillard et à son bissac

---

1. Pulmonie.

posé en baudrier sur son corps et gonflé aux deux bouts par les charités qu'on lui avait faites, que sa journée avait été bonne.

« Si vous n'étiez pas paresseux comme un vieux liron, reprit-il, j'vous dirais b'en de v'nir *quant et mai* jusqu'au Bas-Hamet de la Butte. J'ai récolté quelques mauvais sous dans les presbytères aujourd'hui, et j'pourrions d'viser, en amis, des affaires du temps passé d'vant une chopine ou même un pot. Ça vous va-t-il, mon vieux sabord?... ajouta-t-il gaîment de sa voix mordante. La bonne femme Charline a acheté dernièrement un tonneau fait avec le crû le mieux famé de Barneville. C'est le meilleur *baire* de la côte : amer à la bouche, doux au cœur !

— Merci, fit le contre-maître de l'*Espérance*, c'ne serait pas de refus, si le Bas-Hamet n'était pas si loin et si j'avais mes yeux pour en r'venir ce soir, à la tombée. Mais à c'te heure, aveugle comme je suis, il est bien tard pour naviguer tout seul, sans boussole, dans une lieue de sable, car j'ne suis pas de ces aveugles qui s'orientent d'eux-mêmes, comme j'en ai vu... et du diable ! si le cidre de la Charline, tout bon qu'il est, serait capable de me faire retrouver mon chemin perdu.

— Si ce n'est que ç'ha, répliqua le mendiant qui, ce soir-là, était bon compagnon, bougez-vous *de là* et vous en venez ! C'est aujourd'hui la veille de la Saint-Jean, le plus long jour de toute l'année ; j'avons le temps de siffler un pot ou deux, et même un coup de gin par dessus, avant la nuit close. Quoiqu' j'aie tout le chemin de Sortoville à faire, mes quilles ne sont pas tellement lasses qu' j'ne puisse bien vous reconduire jusqu'au Petit-Pont. Une vieille chouette comme *mai* ne craint guère de s'attarder en route et marche aussi bien de nuit que de jour.

— Tope donc ! » dit Griffon qui se leva de ses marches. Et ils prirent le chemin du Bas-Hamet, en coupant diagonalement la grève pour arriver plus vite au cabaret de la Butte. Le soleil avait disparu dans les flots. Leur miroir, lisse comme un bassin, changeait ses reflets d'or en couleurs violettes qui s'évanouissaient à leur tour dans la couleur accoutumée de cette mer, verte, le soir, comme une prairie. Le plein était superbe et silencieux. Le vent d'ouest n'apportait dans l'étendue que le chant monotone des vachères qui revenaient de traire ou qui y allaient du côté des terres de Barneville. Arrivés à un petit bras de mer oublié par le reflux comme il y en avait tant sur ces grèves, ils ôtèrent leurs chaussures et passèrent à gué, les jambes nues, dans ces eaux tièdes de toutes les fermentations d'un beau soir d'été.

Ils avaient tous deux l'habitude de marcher dans ces sables où l'on enfonce jusqu'aux chevilles. Aussi atteignirent-ils bientôt le but de leur course. Quand ils eurent dépassé le houx de la Butte, le jour était haut encore, quoiqu'un mince croissant montrât déjà sa corne pâle dans un ciel foncé, qui devenait de plus en plus gros-bleu... Le varech, étendu devant les quelques maisons qui composaient le Bas-Hamet, exhalait l'odeur marine et forte qu'il conserve, quand le soleil l'a desséché. Avant d'entrer dans la cabane de dame Charline, ils entendirent la voix aigre de cette vénérable commère faire un insupportable dessus à d'autres voix, et le joyeux frémissement d'une friture, alors que le beurre, étendu et bouillonnant sur la poêle, attend le poisson qu'il va pénétrer. Charline Bas-Hamet était, en effet, assise devant un feu vif sur un escabeau. Elle apprêtait un souper pour quelques personnes, parmi lesquelles ils reconnurent le pêcheur Capelin. Une longue table, couverte d'une nappe et de pots d'étain, ornait cette espèce de cuisine, noire, enfumée, mais propre, car l'aire en était lavée et balayée plusieurs fois par jour. Jamais sorcière n'aima tant son balai que la Charline. Quand elle en avait bien joué, d'ici et de là, sur la terre de sa maison, elle passait à d'autres exercices et frottait perpétuellement un petit buffet en noyer, et la vaisselle et les tasses anglaises qui le chargeaient, afin, disait-elle, de leur donner un *reluisant* qui engageât les pratiques à boire et à manger chez elle. Aux deux angles de cette pièce, qui composait avec la grange cédée, comme on l'a vu, à la señora Vellini, tout le logement des Bas-Hamet, il y avait deux alcôves, l'une en serge verte, pour les deux filles qui couchaient sororalement ensemble; l'autre, pour le père et la mère, en serge bleue, avec un galon jaune et des glands. C'était le lit de leur mariage. C'était sous son ciel un peu passé que cette lune de miel, dont l'humeur acariâtre de Charline avait fait souvent une lune rousse, s'était levée et couchée, il y avait bien vingt-huit ans. Une fenêtre étroite, au bout de la table, éclairait cet intérieur, avec une porte basse qui donnait sur un petit jardin potager, et une plus grande qui s'ouvrait sur la grève. Celle-ci, selon la coutume normande, ne se fermait jamais qu'à la nuit et encore au loquet, comme au bon temps du duc Rollon.

« Bonjour, la compagnie! firent nos deux amis en entrant, et ils allèrent s'asseoir sur la *bancelle*[1] qui entourait la table et dans l'embrasure de la fenêtre ouverte. La Charline!

---

1. Bancelle — petit banc.

apportez-nous une chopine de votre nouveau tonneau, dit le mendiant, qui semblait être très au courant de toutes les futailles du Bas-Hamet, et ma *finguette !* ajouta-t-il comme un homme qui se cave de grosses dépenses, si vous avez un peu de *sauticot*[1], et un morceau de *choine*[2], pour mettre avec, baillez-les ! car la brise du soir et la marche nous ont affilé l'appétit, et ce n'est pas tous les jours la veille de la Saint-Jean.

— Va pour le sauticot et le cidre ! fit Griffon, mais je veux payer mon écot aussi, comme mon confrère de la besace. Vous avez là de la friture qui sent bon, mère Charline, donnez-nous-en avec une brave bouteille de ce gin qui a fait la nique aux habits verts[3], et qu'il y en ait pour le camarade Capelin et pour votre homme quand il va revenir de la marée ; car c'est un vieux matelot comme moi que le père Bas-Hamet, et j'nous sommes rencontrés aux Indes dans un temps où j'n'avions froid ni aux yeux, ni au bout des doigts, mille pavillons ! »

La seconde des infantes de ce cabaret de pêcheurs, petite fille de douze ans, maigre comme une cigale, aux manches retroussées et aux

1. Espèce de crevette bâtarde. (Expression populaire.)
2. *Choine*, pain blanc, pain.
3. Les douaniers.

bras plats, dont le chignon, couleur de filasse, tombait sur un cou que le soleil avait plus hâlé que bruni, tant il était naturellement blafard, mit sur la table la friture demandée à sa mère, et Capelin, le preneur de crabes, s'attabla, sans plus de cérémonie, avec les deux amphytrions.

« Merci pour mon homme, fit Charline, mais buvez sans lui, mes braves gens. Il est à Jersey et ne reviendra qu'à la fin de la semaine. Il est parti par la marée d'hier, — au soir.

— A-t-elle été bonne, la marée d'hier soir, camarade Capelin ? fit le Griffon à son convive.

— Ah ! la mer est meilleure que les hommes ! répondit Capelin, en engloutissant une moque[1] de cidre qu'il avait fait chauffer dans les cendres. Elle donne toujours, mais les hommes n'achètent plus. Nous mourrons de faim, cette année, ou il nous faudra aller vendre notre poisson jusqu'à Valognes ou à Cherbourg. C'est bon, ça, pour Pierre le Caneillier qui a un bidet, mais c'est enrageant pour *mai* qui porte à dos mon petit mannequin[2]. Les bonnes maisons de l'an passé n'existent plus. Y'n'y a p'us personne aux *Eaux de la Taille,* si ce n'est de vieux ladres qui marchandent jusqu'à leurs

1. Espèce de tasse à fond large et à une seule anse.
2. Panier d'osier qui a la forme d'un cône renversé.

œufs, et le manoir de Carteret est vide ainsi que le château de la Haie-d'Hectot.

— Est-ce que les maîtres ne reviendront pas à Carteret ? dit Charline.

— G'ny a pas d'apparence, répondit Griffon.

— Ah ! reprit Capelin d'un air d'importance, la belle jeune dame ne s'y plaisait plus. Elle s'y ennuyait. Elle en a fait une maladie. Depuis la mort de la marquise, il y avait de *la brouille* dans le jeune ménage. Ils ont beau avoir du poisson frais sur leur table, les grandes gens ne sont pas toujours heureux.

— Oh! par exemple, vous vous trompez joliment, père Capelin, fit de sa voix fraîche la brune Bonine, qui repassait des coiffes sur une table à part, au fond du cabaret, et qui approcha son fer à repasser, bleu et lisse comme l'acier, de sa joue ronde et écarlate. J'ai vu souvent Mme de Marigny à la messe à Carteret, et je puis assurer qu'elle avait l'air bien heureux.

— Oui, oui, dit Capelin comme un homme parfaitement sûr de ses informations, dans les commencements, mais pas sur les fins! Il paraît qu'il y a eu entre les mariés des affaires que personne ne sait et ne connait... La fille de chambre, Mlle Nathalie, une fameuse délurée tout de même et qui a tourné la tête à plus d'un garçon dans Carteret, le disait assez haut à qui voulait l'entendre. *Mai* aussi j'lai vue, Mme de Marigny, et plus souvent que vous, mademoiselle Bonine, quand j'allions porter de la crevette et du homard au manoir. Elle descendait parfois à la cuisine, et j'puis vous jurer sur ma part de paradis qu'elle avait l'air aussi triste... que vous, mademoiselle Bonine, quand il fait un gros temps et que Richard le Caneillier est en mer. »

A ce mot, les joues déjà rouges de la pauvre Bonine flambèrent aussi fort que le charbon allumé sous son trépied et qui servait à chauffer son fer.

« C'est comme je vous le dis! reprit Capelin, dont l'importance croissait en raison de l'attention qu'on donnait à ses commérages. Il y avait qu'éque chose entre l'arbre et l'écorce, et la cause de toute cette discorde était chez vous, mère Bas-Hamet !

— Taisez-vous, mauvaise langue! s'écria Bonine indignée, en frappant de son fer sur le linon qu'elle repassait et qu'elle roussit dans son impétueuse distraction.

— Qui? fit Charline en montant tout à coup sa voix à des octaves inconnues aux musiques humaines. Ah! la *Mauricaude,* l'Espagnole? Est-ce que vous en avez entendu causer à Carteret ?

— Pardié! dit le pêcheur de crabes, c'est

une histoire assez connue. La jolie Marie Meslin, la Sançonnet et la Lamperière l'ont assez racontée à tous les lavoirs du pays. Il m'est avis, la mère Charline, que vous la savez aussi bien que *mai*. Elles disaient donc que cette *amfreuse*[1] petite Mauricaude qui se retirait chez vous, mère Charline, et que j'avons tant rencontrée sur les grèves, était *une ancienne* de M. de Marigny, qu'il avait laissée là pour épouser sa femme, et qui le persécutait, depuis quelque temps, comme une vraie vision de Bréhat! Elles ajoutaient qu'elle était un brin sorcière et qu'elle l'avait ensorcelé si bien qu'il ne pouvait se démêler d'elle. C'était là p'têtre des mauvais propos, car j'n *crais* pas qu'il y ait des femelles qui chevauchent les hommes, comme le loup-garou chevauche le diable. On a toujours bien un *parement* de fagot, pas vrai, mère Charline? dont on peut les régaler, quand elles commencent de *viper*[2] trop fort. Mais enfin, faux ou vrais, c'étaient là des bruits! On les *crayait,* quand on l'avait vue, car sur mon âme, elle avait la mine d'un mauvais esprit. Sa

---

1. Affreuse.
2. Onomatopée de génie. Vibrer n'exprime qu'un son. Mais il y a le sifflement suraigu des colères de la vipère dans *viper*, mot digne de faire une entrée triomphale dans la langue, si la porte n'en était pas si basse et si étroite.
(*Note de l'auteur.*)

diable de figure noire ne vous revenait pas. Le soir, quand je la rencontrais rôdant dans les grèves, j'aurais mieux aimé, Dieu me protège! rencontrer la Blanche Caroline. Vous la rappelez-vous, père Griffon ? Un soir, à la brune, elle vint se chauffer avec nous, sous le havre, à un feu de matelots qui goudronnaient leur bâtiment. Vous aviez encore des yeux qui y voyaient dans ce temps-là. La belle Mme de Marigny y vint *itou*. Vous vous souvenez de quel air elle la regarda, tout le temps! C'est depuis ce soir-là que Mme de Marigny a toujours été malade, car on dit qu'il est des yeux dans lesquels il y a des sorts comme dans les herbes, et qui ont le *pouvoir* de faire mourir.

— J'lai ouï dire en Sicile et en Corse, dit le vieux Griffon, mais jamais j'n'en ai eu la preuve *par devers moi*, et l'aumônier de l'*Espérance* disait que c'était un péché mortel de croire à ces sornettes répandues dans l'esprit des hommes par leur vieux ennemi, le démon.

— Péché ou bonne œuvre, répondit Capelin, c'était la *dirie* sur la côte[1]. A toutes les portes où j'allais vendre mon poisson, on en causait. Y'a p'us, mère Charline. D'aucuns prétendaient que vous en saviez plus long que vous ne vouliez en conter, et que, bien des nuits, M. de

1. La *dirie*, ce qu'on dit.

Marigny était venu voir la Mauricaude au Bas-Hamet.

— Ceux qui disent cela en ont menti! s'écria l'innocente Bonine, dont la voix monta presque au niveau de celle de sa mère.

— Oh! oh! mademoiselle Bonine, reprit le pêcheur de crabes avec une très-remarquable intonation d'ironie, il ne faut pas monter comme un lait qui bout, au moindre mot qu'on dit en riant! Parce que la Mauricaude vous a donné les deux bagues que vous avez aux doigts, et qu'elle vous faisait regarder qu'euque fois dans son miroir *charmé* où vous voyiez si votre amoureux contait fleurette à d'autres, quand il dansait à la foire de Portbail, ce ne sont pas des raisons, voyez-vous, pour jurer si fort de sa vertu! »

Bonine baissa sur son fer, moins brûlant que sa tête, un front que l'obscurité qui venait peu à peu empêchait de bien distinguer. Il était vrai que Vellini lui avait donné les deux bagues qui ornaient ses mains potelées et roses, et qu'un jour, Capelin, qui passait dans le sentier du champ, au bout du jardin, avait vu l'Espagnole montrer son petit miroir d'étain à l'ignorante jeune fille, et l'avait entendue lui souffler ses superstitions.

« Eh bien! après? dit la Charline, qui mit ses deux poings sur ses flancs évidés et secs, et qui vola tout à coup au secours de sa fille confondue, quéqu'ça vous regarde, vieux endurci, les bagues de Bonine et ses amoureux? Votre abominable langue en veut donc à tout le monde, ce soir, vieux hottier du diable, dont les paroles malavisées feraient tourner et pourrir le poisson sur la paille de son panier! Quéqu'ça vous regarde, je vous le demande, la conduite de la Mauricaude? Vous devait-elle quelque chose qu'elle ne vous a pas payé, pour que vous en disiez les horreurs de la vie? Et ne v'la-t-il pas une fameuse garantie des débordements d'une femme qui vaut mieux à l'ongle de son petit *daigt*[1] que vous à tout votre vilain corps, que la langue de pierre-à-couteau d'un bavard comme vous, et pour mettre le *béconage à prix*[2], à même la réputation de toutes les honnêtes femmes depuis Carteret jusqu'à Portbail! »

Tous nos soupeurs qui sirotaient leur gin se mirent à rire à l'explosion retentissante de la colère maternelle de Charline. Sans doute, ils étaient accoutumés aux cris perçants de cette glotte d'acier qui avait les vibrations d'un

1. Pour doigt.
2. Mettre le *béconage à prix*, mettre à prix l'action de se servir *du bec*, probablement. Tout ce dont l'auteur répond, c'est qu'une pareille locution est employée dans les basses classes de Normandie.

gong chinois, car ils continuèrent de rigoler et de boire, pendant que le dominateur de la situation, le pêcheur de crabes, répliquait avec une insouciante tranquillité :

« V'là b'en du bruit pour rien, mère Bas-Hamet! mais des paroles, comme on dit, ne sont pas des raisons! Vous avez p't'être les vôtres pour ne pas parler de c'tte coureuse de Mauricaude, qui est partie sans qu'on sût même d'où elle venait. Mais t'nez! demandez à votre voisine, la petite veuve Montmartin, si elle n'a pas vu, toutes les nuits, le cheval noir de M. de Marigny attaché à la porte à côté, pendant que vous dormiez, vous, votre homme et vos filles, sans vous douter du maudit sabbat que la Mauricaude faisait dans votre grange avec son ancien amoureux! Les fers du cheval, qui s'amusait moins que le maître, et qui piaffait, en l'attendant, ne faisaient pas grand bruit sur la litière de varech étendue à votre porte. Mais la Montmartin qui, depuis la mort de feu son homme, pris sous sa charrette, ne dormait pas, et se relevait la nuit pour rallumer son *grasset*[1], a vu, elle, plus d'une fois M. de Marigny, et elle en a été si saisie, qu'elle me le dit dans le temps et qu'elle ne l'aura pas oublié! »

1. Petite lampe à bec, qu'on attache par un crochet à la muraille et qui contient de l'huile en réserve dans un double fond.

La Charline se taisait. Au fond, elle était friande de commérages. Qu'on ne s'y trompe pas ! Elle n'avait défendu l'Espagnole que pour couvrir Bonine attaquée. Mais elle ne haïssait pas les détails donnés par Capelin, et elle les écoutait, avec un plaisir d'autant plus profond qu'elle le cachait.

« Enfin, dit le pêcheur de crabes, comme un orateur qui garderait la meilleure de ses preuves pour la dernière, me nierez-vous aussi ce que j'ai vu moi-même, la mère ! et mieux que je ne vous vois, car la nuit tombe et il ne fait pas mal noir *cheux* vous. Les mauvais propos sont les mauvais propos. Mais il ne s'agit plus de la langue des autres. C'est moi, Capelin, assis à cette table, aussi vrai que j'sis vivant et que Dieu est un Dieu, qui ai rencontré cet hiver M. de Marigny revenant du Bas-Hamet. Certes ! il n'en r'venait pas, à cette heure-là et dans cette saison-là, comme on dit, pour des prunes, car il faisait un temps terrible, qu'on n'eût pas mis un chien dehors, et la bise soufflait dans la grève à vous couper la figure en trente-six morceaux.

— Vous aviez p't'être trop bu d'un coup ? dit l'hôtesse du cabaret de la Butte, comme un cavalier allonge un coup d'éperon, en serrant la bride à son cheval.

— Non, foi d'homme ! reprit le narrateur. Il

était plus de minuit et je m'en r'venais de la pêche aux crabes. J'n'avais rien pris. Ma hotte était vide. La nuit avait été mauvaise comme quand la Caroline ou le Criard sont sous les Dunes. Justement je l'avais aperçue, la Caroline, qui rôdait aux environs du manoir. J'aurais même juré en justice qu'elle était entrée dans les cours ; et je m'dis, l'ayant vue de loin et ne la trouvant plus, lorsque je passai devant les portes : « Est-ce qu'il y a qu'euque malheur qui menace les gens du manoir, que la Caroline hante chez eux, la nuit ? » Et je passai sans me détourner, car j'n'aime pas à la rencontrer, c'est la vérité ! quand, au bout du Petit-Pont dont j'tenais la rampe, v'là que j'entends patraflas ! et que j'avisai le cheval de M. de Marigny qui entrait dans l'eau des quatre pieds. « Bon, me dis-je encore en pensant à tous les propos de la fille de chambre, bien sûr qu'il revient de voir la Mauricaude au Bas-Hamel. » I'me r'connut comme j'l'reconnaissais, et j'nous parlâmes. Mais p't'être b'en qu'au fond de son cœur il n'en était pas plus content qu'il ne fallait et qu'il eût souhaité que je fusse à cent lieues de là... I'ne s'arrêta pas, et quand j'fus passé, je le regardai qui filait, comme s'il avait eu un diable assis sur la croupe de son cheval. Cette Mauricaude, c'tte Caroline, le temps, la male heure qu'il était, tout me faisait venir des idées étranges à la tête... Pour se promener dans les grèves par ce froid de loup, quand on était riche comme M. de Marigny et qu'on n'avait pas sa pitance à gagner comme *mai* et, *par-dessus tout,* pour quitter, à une pareille heure, une femme comme la sienne, la perle des femmes qu'on n'en a jamais vu une pareille dans tout le pays ! il fallait bien que le diable s'en mêlât, et toutes les histoires des lavoirs me revinrent. Il s'en est tellement mêlé, Dieu m'ait en aide ! que pas plus tard que le lendemain, j'ai marqué ça dans ma mémoire par une entaille sur le manche du couteau que v'là, la pauvre Mme de Marigny était à la mort et qu'elle n'a jamais repris, depuis c'tte époque, la joie de ses yeux et les couleurs de la santé ! »

Et il frappa de son couteau, ce couteau monument dont il évoquait le témoignage, sur la table devant laquelle il était assis. Quand il se tut, il y eut un moment de silence : la Charline et Bonine étaient domptées par cette histoire racontée avec une impression sincère. La nuit était enfin venue. Par la fenêtre ouverte, on voyait des lueurs de lune qui se jouaient dans le houx de la Butte, mais le profil de la maison projetait son ombre sur le varech. L'intérieur du cabaret plongeait dans l'obscurité. Il n'y rayonnait qu'un peu de braise dans l'âtre, et le feu de charbon qui chauffait les fers de

Bonine. Superstitieux comme ils l'étaient tous, sur cette côte d'où le merveilleux ne s'est pas envolé encore, ils restaient sous l'empire du récit passionné de Capelin. La pauvre Bonine était la plus troublée. Elle sentait ses bagues tortiller autour de ses doigts comme de petites et sibilantes vipères, à la langue de flamme, et elle tremblait de s'être trop attachée à quelque favorite de Satan.

« Eh bien ! dit Charline qui était au fond une virago de cœur et de courage, que le diable y fût ou n'y fût pas pour quelque chose, ce n'était pas, après tout, une mauvaise créature que la Mauricaude ! Elle avait ses idées et ses nivelleries[1], mais toutes les grandes gens ont les leurs. Si elle a fait de la peine à Mme de Marigny, c'est un malheur, oui ! et je ne l'excuse pas, car il faut laisser les maris aux femmes. Mais pour nous qui l'avons hébergée, j'n'avons rien à lui reprocher. Bien loin de là ! J'l'ons vue b'en des fois donner aux pauvres qui venaient lamenter à la porte. Elle était généreuse plus que b'en des riches qui ont de belles terres dans le pays.

— Ah ! pour ch'a, ch'est la vérité, dit le mendiant Loquet qui s'était tu jusque-là, s'occupant

---

1. Mot patois, synonyme à manies et à bagatelles, — tout ensemble.

à manger et à boire, au moins pour deux jours. Ch'est la vérité qu'elle était charitable et pas fière ! Je n'sais pas si elle avait signé queuqu'mauvais pacte avec Grille-Pieds, mais c'que j'sais bien, c'est que l'argent qu'elle m'a bouté n'a pas brûlé ma *pouquette*[1] et qu'elle m'en a donné, à plusieurs reprises, plus que personne, depuis que j'rôde dans les environs... Un jour, surtout, que je la rencontrai avec M. de Marigny qui sortaient tous deux du *Tombeau-duDiable*... vère ! du *Tombeau-du-Diable !*... ce qu'ils y avaient fait ! j'n'en sais rien, mais ils en sortaient ; M. de Marigny, qui est grand aussi avec les pauvres, me vida tout son boursicot dans mon grand *capel,* ma finguette ! Ils parlaient grimoire entr'eux, mais elle, la Mauricaude ! m'dit qu'elle s'en r'viendrait avec *mai* au Bas-Hamet, et ma finguette ! elle y revint de son pied mignon, légère comme une bergeronnette, parlant et riant avec un vieux comme *mai,* et quand j'fûmes sous le chemin de Barneville elle me donna itou tout ce qu'elle avait sur elle, si bien que, ce jour-là, je fis une journée comme j'n'en ai pas fait depuis et comme le bon Dieu ne m'en renverra peut-être jamais. »

1. *Pouquette* pour *pochette*. On l'écrit ici comme les paysans normands le prononcent.

. . . .
. . . .

C'est ainsi que sur cette côte sauvage et retirée de la Manche, au fond de ce cabaret de bouviers, de pêcheurs, de mendiants, on s'entretenait, un soir, de Vellini. Elle n'avait vécu que bien peu de temps sur ce rivage et déjà tous ces gens simples, qui l'avaient connue, étaient pleins d'elle, ne parlaient que d'elle. La Mauricaude, comme ils l'appelaient, défrayait leurs conversations et s'imposait à leurs souvenirs. Elle allait peut-être bientôt entrer dans les légendes de la veillée, comme cette Blanche Caroline qui revenait aussi dans leur vie et dans leur discours. Elle avait saisi l'imagination de ces êtres spontanés et primitifs, comme elle saisissait l'imagination des hommes les plus développés dans leurs facultés, les plus exigeants et les plus blasés dans leur goût, les plus hautains en sensation, en appréciation, les plus difficiles. Les uns et les autres concluaient de la même manière, quand ils parlaient de l'Espagnole. Les hommes ont presque tous les mêmes pensées, quand il s'agit des mêmes mystères, et il y en avait un en Vellini dont on pouvait bien décrire l'effet et la puissance, mais que l'observation humaine dépaysée était impuissante à expliquer.

Or, précisément le même soir où nos Bas-

Normands devisaient chez la Charline de la Butte, car dans ce jeu de la vie il est de singuliers carambolages de circonstances, le vicomte de Prosny se trouvait à Paris chez Mme d'Artelles, avec la ponctuelle exactitude d'une montre dont elle était le grand ressort depuis quarante ans. Il avait dîné au café Anglais, son restaurant ordinaire, seul, avec lui-même pour tout convive, comme Lucullus chez Lucullus. C'était sa coutume de dîner seul. Il avait observé que la conversation, ce charmant hors-d'œuvre pour les oisifs à table qui goûtent dédaigneusement du bout des lèvres les ailes de faisan piquées de crêtes ou les coulis d'ortolans truffés, était une distraction et une duperie pour ceux qui réellement savent manger. Aussi, comme les Ascètes qui redoublent au désert leur tête-à-tête avec Dieu, comme les amoureux, ces autres Ascètes, qui emportent leurs maîtresses dans la solitude pour que les rayons les plus indifférents de leurs yeux ne soient à personne, il avait appliqué aux sensations de la table cette concentration solitaire qui multiplie l'intensité du plaisir par l'isolement de tout ce qui n'est pas la jouissance elle-même. Quand il eut achevé sa tasse de café à Tortoni, dans ce petit salon bleu qu'avait aimé le prince de Talleyrand, il avait traîné sa lambine personne à l'Opéra, car il était un des plus vieux anecdotiers à lorgnettes du *Coin de la Reine,* puis il en était sorti et s'en était allé chez Mme d'Artelles, après avoir fait un grand coude par la rue de Provence, où il avait pris une petite voiture basse qui l'avait charrié au faubourg Saint-Germain. C'était bien toujours le même homme qu'Éloy de Bourlande-Chastenay, vicomte de Prosny. Son maigre et grand corps, que les plaisirs de sa jeunesse n'avaient pu dissoudre et qu'un égoïsme de premier ordre avait fini par durcir dans ses eaux pétrifiantes, avait la solidité d'une pyramide, sous sa jaune et sèche enveloppe de papyrus. Depuis sa première apparition dans cette histoire, il n'avait pris (comme on dit) ni un jour ni une heure. Si notre corps ne pensait plus, peut-être, qui sait? serions-nous immortels! A ce compte-là, ce vide ambulant d'idées, le vieux Prosny devait momifier la vieillesse. Son œil de faucon pour l'éclat, étonné toujours, quand il n'était pas implacablement curieux, n'avait pas plus perdu sa flamme verte qu'une émeraude d'un siècle n'a perdu la sienne, pour être enchâssée dans une gothique monture et vue sur le fond d'un bras de vieille femme, ridé et grenu. Il avait presque assisté à la mort assoupie de la marquise de Flers, de cette femme qui, mieux que Mirabeau, avait emporté, en mourant, les lambeaux de la monarchie et une bonté digne de durer toujours. Quoiqu'elle fût sa contemporaine et son amie, sa mort ne lui avait coûté ni un coup de dent ni un quart-heure de sommeil. De longue main, il se préparait à soutenir le choc redoublé d'une perte plus cruelle encore dans la personne de Mme la comtesse d'Artelles, cette sœur Siamoise de la marquise, qui traînait sa vie au lieu de vivre, depuis la mort de sa moitié. La comtesse d'Artelles, il est vrai, était liée par des intimités que le temps avait soudées dans toutes les habitudes de leur existence ; mais c'était un homme à enterrer toute une race d'amis et d'anciennes maîtresses avec l'impassibilité d'un fossoyeur. Routinier, tous les jours le voyaient vers la même heure dans le salon de Mme d'Artelles. Ce petit salon de forme ovale et très-drapé où se tenait la dolente comtesse, dans une bergère, devant laquelle il s'établissait en vis-à-vis, était comme un temple consacré à l'Amitié et au Souvenir. Le soir, il était baigné des lueurs nageantes d'une lampe d'argent, chef-d'œuvre de ciselure et d'art, donné à la comtesse par la marquise, dont le portrait se répétait sur les lambris en plusieurs éditions, à différentes époques de sa vie. Des profusions de scabieuses et de violettes des bois emplissaient les vases des consoles, car Mme d'Artelles ne voulait autour d'elle que des fleurs de deuil, versant aux imaginations par les sens des inspirations mélancoliques. D'ordinaire, quand M. de Prosny entrait dans cet asile crépusculaire des *brunes pensées,* comme disait Mme de Sévigné, ce vieux et souple praticien des convenances, qui connaissait le chagrin de la reine douairière de ses sentiments, avait la courtisanerie d'une tristesse qu'il raccordait à la sienne. Il se mettait au diapason des soupirs. Pour les besoins de cette situation de tous les soirs, il stéréotypait sur son visage cette phrase qu'il avait répétée longtemps sur la mort de sa femme. Médaille frappée à l'honneur de sa mémoire, à elle, et commémorative de ses débarras, à lui ! usée à force de l'exhiber. La comtesse lui savait gré de cette tristesse, revêtue à son seuil et qu'elle prenait pour une éternelle sympathie. Mais ce soir-là, il était entré chez elle, et elle l'avait remarqué, d'un air presque scandaleusement dégagé. Une expression d'ironie retenue circulait dans le rictus de ses lèvres.

« Eh bien ! ma chère comtesse, lui avait-il dit sans lui demander de ses nouvelles, et en lui baisant la main avec autant de distraction que si c'eût été une bague d'évêque et non la main d'une femme qu'il avait aimée autrefois, prendrez-vous maintenant de mes almanachs ?

— Que voulez-vous dire avec vos almanachs ? répondit Mme d'Artelles, qui travaillait à son éternel filet, et quelle mouche vous a piqué, monsieur de Prosny ? Vous dansez comme si c'était une tarentule ! On dirait que vous allez vous envoler.

— Pour vous prouver que non, je m'assieds, fit-il en s'affaissant dans une bergère. » Sa *badine,* cette canne de muscadin, qui survivait à tous les badinages de sa trop badine jeunesse, vibrait entre ses jambes qu'il croisa, mais avec un mouvement qui sentait la superbe d'un triomphateur.

« Ce que je veux dire, comtesse, c'est que mes prédictions sont accomplies ! reprit-il d'un air solennel ; mettant des pauses entre chaque mot comme s'il eût acclamé sa gloire, et poussant sa joue avec sa langue, en étudiant l'effet qu'il produisait sur Mme d'Artelles. Après dix-huit grands mois d'incertitudes, je viens à l'*instant même* d'acquérir la preuve d'une chose que j'avais depuis longtemps prévue et calculée, comme on calcule une éclipse. Au fait, c'est une éclipse aussi ! Le parangon des maris, M. de Marigny...

— M. de Marigny ? fit la comtesse la tête levée et avec un point d'interrogation dans le regard.

— ... a fait comme le chien de la Bible, comtesse ! dit M. de Prosny. Il est retourné... vous savez bien où.

— Mais c'est fort malpropre, ce que vous dites là, vicomte ! répondit Mme d'Artelles qui savait sa Bible et qui allait parfois au sermon.

— Mais dire n'est pas faire ! dit le vieux cynique ; et moi je ne me charge que de vous apprendre une chose que vous caractériserez, quand vous la saurez, comme il vous plaira. Voyons ! ajouta-t-il en tirant sa montre et en la comparant à la pendule, il est juste dix heures trois quarts ; où croyez-vous qu'est à cette heure M. de Marigny, ce génie de l'amour conjugal, éclos, par miracle ! dans la peau sulfurique d'un libertin ?...

— Ah ! mon Dieu ! fit Mme d'Artelles, ma pauvre amie, la marquise de Flers, aura donc bien fait de mourir ?...

— Il est, continua M. de Prosny qui passa sur le mot touchant de la comtesse, sans plus l'entendre que la roue d'un char n'entend les cris de ceux qu'elle broie, — rue de Provence, n° 46, chez la señora Vellini.

— Est-ce bien sûr, cela ? repartit la comtesse qui voulait douter.

— Par Dieu ! si cela est sûr ! fit le vicomte. Je l'y ai vu entrer moi-même, et sa voiture, plantée à la porte, atteste le fait suffisamment à ceux qui passent. Américaine noire, attelage isabelle, rosettes de rubans jaunes à la têtière des chevaux, avec l'écusson écartelé des Marigny et des Polastron aux portières, comme si nous n'étions pas en bonne fortune. Rien n'y manque, en fait d'étiquettes ! Marigny n'aime pas l'incognito. Ce que j'aime de lui, c'est que s'il devient ministre un jour, il mettra sa gloire à être impopulaire. Je ne connais pas d'être qui jette le gant à l'Opinion mieux que lui. »

La comtesse laissa tomber son filet sur ses genoux, muette, humiliée, consternée ; car, on l'a vu, elle avait cru à la conversion de M. de Marigny par la vertu du grand orviétan de l'amour conjugal.

« Il était à l'Opéra avec sa femme, reprit M. de Prosny ; il en est sorti presque avec moi, et je l'ai vu monter dans sa voiture sous le péristyle ; c'était après le deuxième acte. Il a laissé Mme de Marigny dans une loge de face avec Mme de Spaur et Mme de Vanvres, et il s'en est allé, comme un prisonnier délivré, retrouver sa vieille maîtresse, comme s'il n'avait pas pour femme la plus belle et la plus intéressante personne de Paris !

— Voilà donc les hommes ! dit Mme d'Artellés ; et pourtant, vous ne me croirez pas, si vous voulez, monsieur de Prosny, mais je vous jure qu'il a aimé Hermangarde ; que j'ai été témoin de cet amour et que je ne l'oublierai jamais !

— Et vous ferez bien, comtesse, répliqua de Prosny, pour que quelqu'un s'en souvienne, car lui, probablement, ne s'en souvient plus ! »

Ici, il y eut une pause entre les deux septuagénaires, mais Belzébut et Belphégor, qui sont les diables du mariage, dansaient leurs danses dans les pensées du vieux Prosny, car il reprit philosophiquement avec un sourire comme doivent en avoir tous les genres de diables en gaieté :

« Après tout, qu'y a-t-il d'étonnant à cette fin qui est une reprise ? Est-ce que le Marigny dont nous avons jaugé les passions pouvait éternellement rester dans la solitude de Carteret, en vis-à-vis des perfections de madame sa femme, et passer ses jours à se mirer dans son bonheur, comme un fakir de l'Inde se mire dans le bout de son nez, et passe quarante ans de sa vie à méditer sur la syllabe Boum ?...

— Si, monsieur de Prosny, c'est étonnant ! dit mélancoliquement la comtesse. De pareilles dépravations étonnent toujours. Voilà maintenant, reprit-elle après un silence, la tristesse d'Hermangarde expliquée ! Il n'y a donc pas que la mort de sa grand'mère qui ait jeté cette profonde pâleur sur son beau visage, et donné à son regard cette navrante expression qu'on

comprend si peu et qui fait si mal! La marquise de Cagny me le disait l'autre soir :
« Pourquoi donc cette belle Mme de Marigny, dont le mariage a tourné la tête à toutes les jeunes filles qui ne veulent plus faire maintenant que des mariages d'inclination, a-t-elle dans le monde une si grande tristesse ?... On la dirait atteinte d'un secret qu'elle cache ou de quelque secrète et douloureuse maladie ? Est-ce la mort de sa grand'mère qui lui donne cet air-là ? ou bien les suites de sa fausse couche ?... Dans tous les cas, il n'est guère possible d'avoir moins que cette jeune femme, qui devrait être si heureuse, la physionomie de son bonheur. »

— Vous pourrez maintenant faire la réponse, dit le vicomte, et renseigner les curiosités de Mme de Cagny. Hermangarde est sacrifiée à une ancienne maîtresse, et, quoiqu'elle s'en taise, elle le sait. Voilà toute l'histoire, et cette histoire n'est pas nouvelle. La Vellini ne se trompait guère quand elle me dit un soir, en gaminant avec sa pantoufle qu'elle faillit me jeter à la tête, que sa liaison avec M. de Marigny n'aurait jamais de dénouement. Elle savait la force de ses nœuds. Elle connaissait le pouvoir infaillible de ses amorces et comment on repêchait, toujours avec le même hameçon, dans le fond des bras d'une femme neuve et charmante, le poisson qu'on a fricassé, depuis dix ans, dans le poêle de tous les plaisirs ! Qu'on dise, après cela, que les hommes manquent de fidélité et de constance ! ajouta M. de Prosny, en ouvrant somptueusement sa tabatière, comme si elle eût renfermé tous les arcanes de l'âme humaine.

— Taisez-vous, vicomte ! fit Mme d'Artelles impatientée, allez-vous appeler fidélité ou constance de pareilles abominations ?

— Ce sont des abominations, dit M. de Prosny qui se dessina tout à coup en moraliste, parce que cette Vellini n'est pas de votre faubourg, ma chère comtesse ; car vous avez fini par trouver très-touchante, au faubourg Saint-Germain, la *liaison* consacrée par des années de communauté, de Mme d'Hénoës et de M. de Fargirens, dont le sentiment est définitivement et officiellement accepté... Ce sont des abominations, parce que c'est cette Vellini qui a cousu M. de Marigny à sa jupe ; mais supposez que ce fût Mme de Marigny, par exemple, qui entraînât, au bout de dix ans, le señor Vellino, secrétaire de l'ambassadeur d'Espagne, marié et retournant, malgré son mariage, au pigeonnier de ses amours de dix ans ; vous autres femmes, qui dirigez l'opinion dans ce pays, vous formeriez un bataillon carré d'amazones de moralité attendrie pour couvrir et défendre une si périlleuse situation, et vous êtes si spirituelles, que probablement vous réussiriez !»

— Et nous aurions raison ! fit M™⁰ d'Artelles, qui, comme toutes les femmes, avait la grande solidarité de son sexe et voyait la moralité des actions humaines moins dans le fond des choses que dans une certaine plastique de sentiments et d'attitudes. — Allez-vous comparer à une femme comme il faut, à un ange comme M™⁰ de Marigny, cette vieille macaque de Vellini, qui n'a pas dans sa personne l'ombre d'une excuse à offrir pour tous les torts dont Marigny se rend coupable envers une femme qui est vraiment une perfection ?...

— Ce n'est donc plus qu'une simple question de forme, fit de Prosny, qui se retrouvait parfois *avocat de sept heures,* et qui avait des lucidités de logique ; mais que savez-vous si la Vellini n'a pas, sous sa basquine d'Espagnole, des justifications à l'usage de M. de Marigny ?... M™⁰ de Staël, qui avait la peau de nos bottes à revers, quand nous en portions, disait que ce n'était pas sur sa figure que Dieu avait mis son vrai visage. Et ne vous rappelez-vous pas la fameuse chute de cheval de la maîtresse du duc d'Yorck, dans les mémoires de Grammont ; laquelle retourna, bout pour bout, l'opinion d'une cour anglaise, délibérée et discutée comme un acte du parlement ? La Vellini, qu'on prendrait pour la femelle d'un Centaure, et qui monte à cheval comme la plus habile écuyère du Cirque, ne nous édifiera pas sur ce point de la question autant que l'est M. de Marigny. Mais, comtesse, quand je vous accorderais qu'elle est laide comme... tout ce qu'il y a de plus laid, n'êtes-vous pas des spiritualistes dans votre faubourg Saint-Germain ? Et la constance de Marigny n'est-elle donc pas plus méritoire que si on l'expliquait avec des idées... avec des idées...

— Allons donc, vicomte ! fit Mme d'Artelles, interrompant les ricanements du vieux roué qui se permettait l'ironie : vous savez fort bien avec quoi on l'expliquerait, et vous, tout le premier ! sans qu'il en résultât beaucoup de gloire pour M. de Marigny, qui mourra, sans doute, dans l'impénitence finale d'un goût enragé.

— Un goût enragé et passé à l'état chronique, sans cesser, pour cela, d'être à l'état aigu, repartit M. de Prosny, c'est peut-être la meilleure définition qu'on puisse donner de l'amour. Ce qu'il y a de sûr, c'est que Marigny aurait dans le cœur un de ces sentiments dont vous autres femmes composez des religions, et qui contiennent les sept sacrements de l'amour, qu'il n'agirait pas autrement qu'il ne fait, à cette heure, avec sa señora Vellini.

— Elle lui a empoisonné l'âme ! dit Mme d'Artelles, échauffée par les indignations qu'elle couvait, en écoutant le résumé du vieux Prosny.

— Je ne dis pas non, reprit le vicomte, mais avec quel poison, madame la comtesse ? Tout est là. Elle a créé en lui des besoins d'elle, infinis, éternels, que les plus ravissantes personnes avant Hermangarde, et Hermangarde par-dessus le marché, n'ont pu assoupir, ni faire oublier. En amour, même conjugal, comme en politique, y a-t-il autre chose que le résultat ? Et le résultat, comme pour les empires, n'est-il pas de briller et de durer ? Eh bien ! voilà l'œuvre de cette Vellini que vous méprisez si fort, comtesse ! Nous serions au temps d'Éléonora Galigaï, dont elle a bien quelque chose, avec sa maigreur de brûlée et le feu cabalistique de ses yeux noirs, qu'on pourrait, ma foi ! très-bien croire qu'elle a passé quelque pacte avec le démon. Heureusement nous sommes au XIXe siècle ; et d'ailleurs l'âme de Marigny ne ressemble guère à celle de la faible Marie de Médicis. Vous le dites vous-même : c'est avec les femmes un homme bien plus gouvernant que gouverné, de manière que... de manière que... on doit conclure que le démon, c'est elle, en personne, avec tout son cortége de tentations ! »

Et il se tut, pensant à ces tentations dont il

parlait, et que lui, le vieux épuisé des orgies du Directoire, avait parfois senties comme des petites langues de feu, frétiller dans les veines de son sang croupi... Il poussait sa joue avec sa langue, ce tic qui lui était familier, et il rêvassait... Les idées, sans traduction possible, qui avaient souvent hanté son cervelet très-corrompu, s'entrelacèrent dans sa pensée et y tournèrent, en se tenant par la main, comme les douze belles Heures du Guide, auxquelles elles ne ressemblaient pas. Les distractions l'emportaient... on ne savait où ! Où se croyait-il ? Il ressemblait dans son fauteuil au duc de Brancas, le Ménalque de la Bruyère, étalé dans son fossé, comme dans son carrosse, et s'y regardant trotter, sans bouger de la fondrière. Mme d'Artelles, la Validé de sa vie, qui n'avait pas perdu l'habitude de lire dans le parchemin de cette âme qui pouvait encore grésiller sur les réchauds du vice, pour peu qu'ils fussent bien allumés, fut piquée sans doute de voir son ancien cavalier-servant s'abandonner près d'elle à des distractions malséantes. Elle lui rendit piqûre pour piqûre. Avec cette malice de pensionnaire, originelle à la femme, et qu'on retrouve sous la peau de la plus majestueuse, quand on la gratte bien, elle prit son aiguille à filet, et elle darda le genou de l'antique muscadin de toute sa force. Féroce plaisanterie qui était tout ensemble une petite vengeance et une leçon.

« Est-ce que vous dormez, monsieur de Prosny? » fit-elle, hypocrite comme on ne l'est pas.

Il sauta comme une grenouille qu'on galvanise, malgré ses gouttes et le poids de sa digestion. « Diable! s'écria-t-il, mais non, comtesse, je ne dormais pas. Vertu de femme! Vous avez là une atroce manière de réveiller les gens! ajouta-t-il, se frottant le genou de la main droite. Vous piquez comme un *picador*.

— Cela vous rappellera le pays de cette Vellini! » fit Mme d'Artelles.

Et comme il redressait les vertèbres de son long buste et qu'il se levait : « Est-ce que vous me quittez? reprit-elle. Mon aiguille à filet vous met-elle en fuite?

— Non, répondit-il, mais il est onze heures; l'heure du whist au cercle de la rue de Grammont. Il doit y faire joli, ce soir, si quelque indiscret a vu stationner la voiture de M. de Marigny, rue de Provence, à la porte de la señora. Vous vous rappelez ces paris que les amis de Marigny ont engagés sur son mariage. Les voilà perdus et gagnés! Le tour est fait. C'est le jour des comptes. Rupert a solennellement promis que, s'il gagnait ses trois cents louis, il donnerait un souper sterling à tout le

Cercle, et que j'en dicterais le menu. Ces jeunes gens se sont souvenus que j'avais été le convive des soupers de Cambacérès, et ils ont voulu honorer ma vieillesse de cette dernière marque de considération... de manière que...

— Elle est flatteuse, interrompit ironiquement Mme d'Artelles. Quelle horreur! souper ainsi du bonheur d'une femme!

— Ma foi! ce n'est pas nous qui l'avons jetée aux murênes, fit le vicomte. Que Marigny s'arrange comme il pourra avec sa conscience! Nous n'avons, nous, à nous occuper que du souper! »

Et sur ce mot, il salua la comtesse d'Artelles, et s'en alla au Cercle de la rue de Grammont.

FIN.

TABLE

DEUXIÈME PARTIE.

I.	— La comtesse d'Artelles au vicomte de Prosny.	1
II.	— On guérit de la peur.	16
III.	— Un nid d'Alcyon.	33
IV.	— Courrier par courrier.	48
V.	— Dans l'embrasure d'une fenêtre.	72
VI.	— La providence qui s'en va.	92
VII.	— Le criard.	106
VIII.	— Le diable est déchaîné.	121
IX.	— La robe rouge.	139
X.	— Deux espèces de coins de feu.	152
XI.	— La blanche Caroline.	167
XII.	— Le Fetfa d'une sultane longtemps favorite.	186
XIII.	— L'infidélité de la fidélité.	209
XIV.	— Dénouement pour l'une.	241
XV.	— Le tombeau du diable.	256
XVI.	— Pour l'autre il n'y a pas de dénouement.	272
XVII.	— La sincérité inutile.	289
XVIII.	— L'opinion de deux sociétés.	330

Achevé d'imprimer
le 15 avril mil huit cent soixante-dix-neuf
PAR CHARLES UNSINGER
POUR
ALPHONSE LEMERRE, ÉDITEUR
A PARIS

www.ingramcontent.com/pod-product-compliance
Lightning Source LLC
Chambersburg PA
CBHW070455170426
43201CB00010B/1349